设计与市场博弈

——当代民营建筑设计机构职业化发展研究

董 艺 编著

同济大学出版社
TONGJI UNIVERSITY PRESS

图书在版编目（CIP）数据

设计与市场博弈：当代民营建筑设计机构职业化发展研究 / 董艺编著 .-- 上海：同济大学出版社，2020.12

ISBN 978-7-5608-9526-0

Ⅰ.①设… Ⅱ.①董… Ⅲ.①建筑设计—民营企业—企业发展—研究—中国 Ⅳ.①F426.9

中国版本图书馆 CIP 数据核字（2020）第 188064 号

设计与市场博弈——当代民营建筑设计机构职业化发展研究

董 艺 编著

责任编辑：荆 华
责任校对：徐春莲
封面设计：张 微
版式设计：朱丹天

出版发行：同济大学出版社
地 址：上海市杨浦区四平路 1239 号
电 话：021-65985622
邮政编码：200092
网 址：http://www.tongjipress.com.cn
经 销：全国各地新华书店
印 刷：常熟市华顺印刷有限公司
开 本：787 mm × 1092 mm 1/16
字 数：474 000
印 张：19
版 次：2020 年 12 月第 1 版 2020 年 12 月第 1 次印刷
书 号：ISBN 978-7-5608-9526-0
定 价：98.00 元

本书若有印刷质量问题，请向本社发行部调换。

* 版权所有 侵权必究

序 一

2020年，在庆祝深圳经济特区建立40周年越来越浓的氛围下，我收到了由董艺博士撰写的《设计与市场博弈》书稿，她希望我为该书作序。我欣然应允，同时，建筑师的使命和责任驱使我愿为她的专著写点心声。

20世纪90年代初，我国第一个民营建筑师事务所于深圳创建开业至今已26年，民企设计机构在业界和市场的生存发展状况长期缺少推介与关注，董艺博士通过研究汇集的这洋洋20万字的博研专著，或许是当代民营建筑设计企业研究的开篇之作。它对民营设计机构自省、总结、提高和促进社会各界对民企的关注与研究，无疑将起到积极的推动作用，更是一部感恩伟大改革开放精神的佳作。

我一直认为，民企中应该特别关注的群体是由建筑师执业创作型的小规模事务所，一般而言，虽其专业水平与创新能力是很强的，但在市场博弈中它有时往往处于弱势，这并非他们自身不努力，而是创作环境与市场规则的诸多限制令其优势难以发挥，生存维艰，创作受限,焉能大发展？特别是现行的设计资质规定将本应属于建筑师统揽全局的职业肢解为规划、建筑、室内、园林等各自独立的行业与企业，犹如一个交响乐队不要指挥，乐手各唱各调，显然成为人尽皆知的笑话。当今不少建筑工程设计都缺乏龙头专业的建筑师统领指挥下的创作活动，房子盖起来好坏都能用，卖出去总可赚到钱，但对设计优劣无人真正问津。长期以来人们埋怨东西南北各地盖的房子都一个模样，没有地域特色，千城一面！其实这一后果不能全怪建筑师，现行资质限制令建筑设计单位只能设计孤零零的房子，可以说建筑师这一职称已是名存实亡，这样长此以往后果难以设想。因此希望现行的资质管理要从建筑与城市本身的规律出发应该早日放宽，以科学的态度为建筑师提供真正主宰建筑设计的创作环境，这样也有利于加强民企特别是小型事务所在市场博弈中的竞争能力，要知道毕竟民营设计机构将越来越成为符合城乡建设发展规律的一个优秀的设计组织形式。

作为改革开放中国第一个民营建筑师事务所的创办者及守望者，我尤其认为，不仅深圳要续写“春天的故事”，作为描绘建筑蓝图的建筑师都必须“改革不停顿，开放不止步”，鼓足“创”的劲头，砥砺“干”的作风。作为老一辈的资深建筑师及曾为民企设计机构的管理者我还特别呼吁：资质放宽必然要有教育的配合，建议高等院校建筑系所设建筑学专业要培养全职建筑师；职业教育学院按规划、建筑、室内、园林等专门化培养技术型的专业人才，形成一个科学合理的人才与产业的链条，促进建筑业上升至一个更高的水平，此外要加强城市与建筑的人文与历史文化教育，让传承与创新牢牢捆绑在一起，以期中国当代建筑作品诞生惊世之作，与长城、故宫等世界遗产共同光耀于世界建筑文化之林！在这方面华夏民企设计机构有更大的发展空间，肩负更宏大的责任与使命。

特此为序！

左肖思

深圳左肖思建筑师事务所创始人

序 二

Design 和 Business 的平衡是设计机构的管理核心

董艺博士早年师从同济大学支文军教授多年，得到支老师悉心指导，学习期间积极参与建筑杂志的编辑工作，为今后职业发展奠定了较好的基础。博士毕业后加盟华建集团数年，主要从事集团品牌建设工作，已成为业内“后浪”群中的翘楚。

这本书来源于其博士毕业论文，论文将民营企业设计机构职业化发展历程作为研究对象，选题比较大胆，业内人士无人系统研究过，学术研究参考资料少，业内人士也对民营企业看法不统一。另一方面，博士生还未有过职业实践，对行业政策背景和内容并不了解，需要花大量精力去收集学习和分析。在与董博一起工作多年后，我逐渐明白这符合她的性格，她对未知世界探索的兴趣和勇于接受挑战的勇敢。

论文研究的民营设计机构特指中国改革开放以后，新成立或转制成立的私营设计公司。三十年前，中国市场开放已经历了十个年头，鉴于当时的中国改革开放的环境和体制改革的不断深入，以及设计行业人力和智力密集的行业特性，部分改革力度较大的地区，如浙江省、江苏省和深圳市，转制了一大批省市级地方设计院，同时鼓励部分名人成立个人设计事务所。从此，建筑设计业出现了新的不同所有制设计机构的市场主体——民营设计机构。由于民营设计机构出现比较晚，一般规模不大，服务内容较单一，经营情况不稳定，受市场波动影响较大，初创期面临诸多困难和挑战。但是，民营企业市场意识和创业事业心强，机制灵活、决策简单，在市场上具有一定的竞争力和冲击性，通过竞争来获得市场份额，迅速成为市场的重要主体。

董博将民营设计机构作为研究对象，具有独特的视角和研究思路。其将研究的重点放在“设计”与”市场”的博弈上，抓住了建筑设计企业本质和核心，即“设计”和“市场”两大重点，以及二者之间的平衡。在市场经济环境下，设计企业发展离不开设计能力和设计技术，这是立院之本。设计能力决定了企业在市场中的议价能力和市场的机会，有了市场议价能力和机会，就能覆盖高水准设计品质的成本，进一步巩固和提高企业的设计能力。我理解董博论文中的“市场”除了传统含义之外，还有一层更广泛的含义，中文中没有合适的对应词汇，英文叫 Business，含义包括经营、营销和管理等内容，总而言之能盈利，不做赔本买卖，俗称“会做生意”，管理学“会经营”。这一方面对具有显著专业技术特点的智力密集型企业来讲，十分重要，有技术不一定能赚钱。企业管理是门特殊学问，是实践的科学，需要具有相应素质的人才，高智商是充要条件，更为重要的是具有高的情商。政府大力鼓励大学生创业，大学生应当要清楚自身是否具备这方面的素质，需要对社会和市场的困难和风险有充分的思想准备，创业不是人人都能成功的，况且，具备了内在一切条件，还需要外在的机遇，历史上英雄无用武之地大有人在。当今社会和市场的机遇窗口期稍纵即逝，十分宝贵，是稀缺资源。欧美学生建筑学毕业后自主开业可能性很小，合伙事务所是无限责任，即使获得执业证书，也不敢开业，赔偿风险很大，保险公司不予投保。多年前有机会拜访美国的设计同行交流学习，美国同行概括设计行业经营心得：Design 和 Business 的平衡是设计机构的管理核心，这与董博的论文题目“设计与市场博弈”不谋而合，道出了设计机构经营管理的真谛。

董博的论文虽然主要研究民营设计机构的发展历程，但是，论文不仅仅对研究对象和事件的简单梳理和描述，还跳出民营企业这个主题范畴，探讨民营设计机构未来的发展，建筑设计行业的未来发展趋势和变革，具有一定启发性，可以引起同行的思考和共鸣。虽然，有些观点还可以进一步商榷和讨论，但是，那些涉及行业和企业发展的思考的维度是十分具有价值的，虽然，论文完成已有多年，但是，现在读来还具有一定的现实意义和价值。无论多年以后，设计机构仍然需要平衡“设计”和“市场”两个轮子，可能只是方式方法有所不同，侧重面有所差异。

当今世界科技发展日新月异，大数据、互联网、云技术、虚拟技术和智能科技将主导未来，将不断影响人们的工作和生活，行为方式和思维方式，这是人类面临的前所未有过的挑战。由于民营企业大都游离在体制外，国家一些科技发展政策和科研投入基本不涉及民营企业，多数民营企业科研经费投入比例不高，科研人才不足，科研能力不强，科研成果乏善可陈。民营企业要有长远的发展，科研工作和技术储备十分重要，没有技术进步，企业走得不会很远。董博的两个轮子是否需要增加一个新轮子“技术”，这样，企业三个轮子运行结构更加稳定。

国内民营设计企业经过三十年的发展，有些进入了新老交替的阶段，股权和权力的交接对公司来讲，是重大的变化。是“建二代”继承还是股权多元化的选择？一系列的相关问题需要民营企业“后浪”去面对解决。在经营策略方面，是选择产业链的延伸，还是做精做强主业？是继续耕耘本土市场，还是拓展全国市场或则海外市场？是进入资本市场上市，还是自我发展？诸多市场发展和内在需求因素需要民营企业家去探索，去书写自己的未来新篇章。

张桦
上海勘察设计行业协会会长
华建集团高级顾问

序　三

有理由期待更多中国民营设计企业在转型与变革中做优做强

董艺的博士学位论文“设计与市场博弈——当代民营建筑设计机构的职业化发展研究（1993—2011）”，终于要以学术专著的形式出版了，这是一件非常有意义的事。作者当时的关注点与研究视角就很有时代感，今天来看仍然不失现实意义，并经过多年进一步的完善和修订，相信其出版成果会到达新的高度。作者毕业后一直从事国企设计机构品牌管理与事业拓展工作，与自己的研究领域和核心知识密切相关，从传统的择业意义上来说，作者选择的是一条正统和理性的职业发展路径，应该是值得倡导的一条职业生态发展之路。

董艺在同济大学就读本、硕、博的 12 年期间（2000—2012），正是中国经济迅猛发展、城市化进程日益加速、建筑设计市场持续繁荣、本土民营建筑设计机构蓬勃发展的阶段。特别是在读博期间，董艺积极参与《时代建筑》杂志编辑团队的专业媒体工作，不仅参与常设栏目“设计事务所访谈”的工作，还深度参与以研究和推荐当代中国建筑设计机构为主的“别册”的出版计划，以及系列丛书《建筑中国——当代中国建筑设计机构及其作品》图书的编撰工作等。作为兼职编辑，在与当时众多中国顶级的设计机构创始人及高管的联系、访谈与沟通过程中，以及随后相关的资料整理、撰文和活动组织的经历中，董艺逐步把自己的研究对象聚焦在当时越来越活跃的建筑设计力量——民营建筑设计机构，敏锐地抓住了中国当代民营建筑设计机构在历史的演进过程中所面临的市场、设计品质和品牌等核心问题的研究。在书中所刊登董艺的专题研究《内外兼修：文化与品牌》一文，已充分体现了作者对中国当代民营建筑设计机构基本的认知。

中国当代民营建筑设计机构发端于 20 世纪 90 年代初，得益于国家持续的经济发展、城市建设、行业政策放开和房地产业的蓬勃发展。回顾 1993 年，建设部颁布了《私营设计事务所试点办法》，迈出了改革的第一步；2000 年，建设部颁布《建筑工程事务所管理方法》；2001 年中国加入 WTO，次年《外商投资建设工程设计企业管理规定》开始实行，紧接着境外事务所大量涌入。随后，以不同所有制形式出现的设计咨询公司、股份公司、合伙制公司、设计工作室等设计机构，逐步在中国大地创立并成长起来。大约在 2010 年代开始，中国当代民营建筑设计机构已经成为中国建筑设计行业的重要组成部分，与国营建筑设计大院、境外建筑设计机构形成三足鼎立的竞争格局，在占据住宅设计市场的基础上，逐步进入原先由国营设计院和境外建筑设计机构垄断的高端设计市场。在总体意义上，中国当代民营建筑设计机构在公司治理、企业管理、品牌建设及设计实践和作品品质等方面起到了先锋与实验的作用，逐步成为中国最有活力、最具创造力的设计力量，并在市场经济和国际竞争的背景下日趋成熟，对当代中国建筑设计行业产生深刻影响。

本书基本保持了学位论文的结构关系，聚焦 1993—2011 年间中国当代民营设计机构在那个最重要的历史阶段所经历的重大变革、演进与发展，并从三个方面展开对“设计与市场博弈”论述，探讨市场意识与职业道德、规模扩张与设计品质、设计机制与市场化机制等多层面、多角度的博弈关系，并对本土民营建筑设计机构的未来趋势进行了研究。

在过去的近 10 年里，世道变故显而易见，无论是国际背景、经济发展模式、城乡建设规模、房地产市场，还是设计市场和民营设计机构的格局，都已发生重大而明显的变化。为此，作者以“后记”的形式，重点阐释了民营设计机构在步入转型期过程中所必须应对的问题，进一步延续了她研究和观察的视线。

世界历史的长河中，伟大的文明与鼎盛的国家不断轮换交替。21 世纪，中国似乎迎来全面发展的盛世年华，城市建设的兴盛孕育了中国的建筑设计企业。企业也是一个具有生命体的有机体，其成长过程包括若干个具有不同特点的时期，标准的生命周期分析理论把企业生命周期概况为诞生、成长、成熟、衰退四个阶段。诞生期的企业重视生存管理；成长期的企业关注组织架构建设及核心产品确定；成熟期的企业聚焦制度完善和创新发展：衰退期的企业则需要不断自我革新和蜕变重生。要想成就百年企业，就需要企业充分了解自己所处的生命阶段，通过合理规划，避免幼年期的“发育不足”，延长青壮年期的繁荣，在进入衰退期前不断进行自我更新，涅槃蜕变，开启新一轮的生命循环，最终成就百年基业。中国改革开放已有 40 多年，我们有理由期待会有更多的中国民营设计企业在转型与变革中做优做强。

支文军

同济大学建筑与城市规划学院教授、博士生导师、时代建筑杂志主编

序 四

提供一种洞察中国设计企业发展的历史视角

不久前董艺博士告我，她准备把八年前的博士论文“设计与市场博弈——当代民营建筑设计机构职业化发展研究”编辑出版，嘱我为其写一些文字，我欣然答应了。

应允的原因有两个，一是当年董博士在写作论文时曾访谈过我，并把“联创国际”列为论文中的典型企业样本；二是今天我作为中国民营设计企业发展历史的一个深度参与者，重新阅读这篇八年前的著作，感触颇多。董博士为我们展现了 20 世纪 90 年代至本世纪前十年民营设计企业发展过程中一些偶然和必然的时代特征，它或许会为今天中国许多年轻的设计企业的发展提供一些启示。

中国民营建筑设计企业的起始是 1994 年，在当时的深圳出现了中国第一批民营设计事务所，到今天已经有 26 年了。

如果我们把这 26 年划分成三个阶段，1994—2000 年，2001—2010 年，2010—2020 年，很显然设计行业在这三个发展阶段都对应着一些显著的产业发展特征。

1994—2000 年是当代中国第一批民营建筑设计公司起步阶段，这个时期的大时代背景是小平的南巡讲话和 1998 年的中国住房体制改革，中国取消了福利分房。市场催生出一大批民营房地产企业，由此在整个建筑产业链的成长中，诞生出中国第一批民营建筑设计公司就不足为奇。这个时期的民营建筑设计公司有几个有意思的特征：第一，当年大部分创始者是 60 年代出生的；第二，在行业发轫之初，企业的经营和生存主要靠各种关系资源；第三，行业的领跑者主要是一些国际公司，尤其是港澳台的一些二线公司和各种海归企业。

2000—2010 年，是中国民营历史上经济发展最快的 10 年，也是中国民营经济比重不断扩大的 10 年。中国城市及房地产业的发展，把民营设计企业也带到了一个新的历史时期。这个阶段发展有四个特征：第一，中国涌现出一批大型民营设计企业；第二，行业发展开始逐步成熟，品牌被视为一部分企业发展的加速器；第三，部分大中型设计企业开始探索全国化布局及市场细分服务；第四，随着经济周期带来的行业波动的影响，部分企业开始把管理的体系化建设提到了议事日程上来。

2010—2020 年这十年，中国民营设计主流企业开始整体走向成熟，随着中国城市建设进入一个新的历史时期，房地产市场的周期性波动影响了中国设计企业的生长、成熟、衰亡的演变，这个时期的行业发展呈现出：第一，60 年代的“创一代”企业家开始逐步退出主流舞台。70 年代企业家成为市场主体，企业的生命周期所产生并购已成为行业的话题，这种现象随着部分民营设计企业的上市，将会愈演愈烈；第二，由于城市建设增量的减少，行业发展避免不了进入一个存量竞争的局面，特别是最近几年“头部企业”现象的出现，大型设计企业比中小型企业获得更多社会资源配置，发展也更快；第三，随着中国民营设计企业规模、产品线乃至地域地不断扩张，中国规模型设计企业越来越不依赖于“设计创新能力”这一传统衡量指标，而是更加借助管理模式或服务方式的创新来推动企业的快速发展。

到今天为止我们可以看到，中国民营设计企业的历史还一直在持续的演变中。董博士的这本书把那个历史断面设计企业演变的原委、它的时代特征，历史必然阐述得非常详细而清晰。它的出版不仅会为我们这些身浸其间的从业人员提供一种洞察中国设计企业发展的历史视角，同时也会为大家预期自身企业未来的发展可能提供一种可借鉴的路径。

薄曦
联创设计集团创始人

前 言

中国当代民营建筑设计机构形成于20世纪90年代，在之后30年间，伴随中国快速城市化进程，得益于行业政策放开和房地产蓬勃发展，走过“作坊式”的初创阶段迅速成长为现代建筑设计企业，与境外建筑设计公司、国有建筑设计企业形成强有力的竞争关系。从这一历史阶段的宏观数据中可以清晰看到中国民营经济的蓬勃发展，1998年国有企业占84%，2002年这一数据变为62.7%，2005年变为41.4%，2010年变为36.4%，国有企业约占企业总数的1/3。这一趋势在建筑设计企业中得以充分体现，在这一历史时期当代中国民营建筑设计机构快速发展，成为建筑设计行业中不可忽视的重要组成部分。与国有设计院相比，民营建筑设计机构从其诞生起就直面市场竞争，凭借良好服务意识和机制优势，通过近几十年的发展积累过程，在人才、技术、管理等方面都获得了长足进步，逐渐走向成熟，在国有、境外、民营三分的市场格局中占据更大的份额，扮演更为重要的角色。

本书研究内容包括当代民营经济发展、建筑设计咨询行业、民营建筑设计机构建筑师、建筑作品等方面。研究的时间段从20世纪90年代当代民营建筑设计机构萌芽到21世纪初十年，在这历史长河中短短一瞬的30年中，民营建筑设计机构如雨后春笋般快速茁壮成长，迸发出的蓬勃生长力，使其快速走过了发展的“婴幼儿期“，进入发展”青壮年期“，如此大规模、高速的发展进程在世界工程设计咨询行业发展史上也十分罕见。企业发展与外部经济环境紧密相关，2012年对于当代民营建筑设计机构发展来说是一次紧急“刹车”，之后发展一改“高歌猛进”势头，已构建完成的民营建筑设计机构版图几乎没有太大的格局变化。因此，20世纪90年代到21世纪头十年这一历史时段显得格外珍贵，是研究中国当代民营建筑设计机构从诞生到壮大，到成熟的重要历史时期。本书对样本的研究也截取了这一富有历史意义的30年时间段。

现阶段对当代民营建筑设计机构研究较少，缺乏对这一群体系统性地深度研究，已开展的研究大多停留在针对某个现象或某个发展阶段所作的简单描述和总结。这些研究成果主要集中在从建筑学专业对项目评价或者从管理角度对建筑设计企业管理层面的研究。缺少将二者相结合，从建筑设计行业本身特有的管理特点和作品评价双维度上来关注建筑设计企业的发展问题。

民营建筑设计机构发展历程就是当代中国本土独立开业建筑师的奋斗史，没有任何背景的民营建筑设计机构从其诞生之日起走过了漫长、艰难的市场开拓过程，研究其发展历程就是梳理当代中国建筑设计行业的市场化历程，通过对具有代表性的民营建筑设计机构样本研究，可以厘清整个建筑设计行业的历史、发展现状和未来走向，从而更为有利促进中国当代建筑设计行业高品质发展道路。

当代民营建筑设计机构从其体制上来说与西方建筑设计事务所相近，伴随中国宏观经济持续良好发展基本面，必将诞生一批能够代表中国当代对建筑和文化理解，并具有高完成度建成项目的优秀建筑设计机构。民营建筑设计机构凭借其体制优势和更为开放的心态和视野，无疑将承担这一使命，而一批优秀企业诞生也将全面提升中国建筑设计行业在国际上的地位。

民营企业简称民企，是指所有的非公有制企业，从广义角度来说，民营只是与国营相对应的概念。从经济学角度来说，民企指在中国境内除国有企业、国有资产控股企业和外商投资企业以外的所有企业，包括个人独资企业、合伙制企业、有限责任公司和股份有限公司。从企业的经营权和控制权的角度看，含一小部分国有资产和（或）外商投资资产，但不具企业经营权和控制权的有限责任公司和股份有限公司亦可称之为“民营企业”。

按照经济学对民营企业的定义，本书研究的当代中国民营建筑设计机构是指在中国境内，除了国有设计院、国有控股的设计企业和外商投资企业之外的所有从事建筑设计的企业，包括 1993 年建筑设计事务所政策放开后诞生的大批个人建筑设计专项事务所、由设计事务所或建筑咨询企业发展而来的民营建筑设计有限责任公司、2000 年年初开始出现大量中小型国营建筑设计院转制而成的民营建筑设计机构以及一些挂靠在大中设计院下产权相对模糊的中小公司等。这些民营建筑设计机构从其公司性质上来分，包括个人独资、合伙制、有限责任公司和股份有限公司。而从企业经营者层面来分，包括 20 世纪 90 年代开始出现的本土建筑师开创的民营建筑设计机构，2000 年后出现的“海归”建筑师开办的个人建筑设计事务所，以及在国外注册而实际创办人和大多经济活动都在国内进行的建筑设计机构。从机构规模层面来分，包括追求个性创意的小型个人建筑设计事务所和中大型的规模化商业性建筑设计企业。

本书研究的当代民营建筑设计机构主要集中在经历一定发展时间、已形成一定规模、拥有一批高品质建成项目的商业性民营建筑设计机构。这是因为符合这些特征的民营建筑设计机构已经走过了机会型初创期，形成较为成熟的工作流程和内部管理制度，处于良好发展状态，具备研究的条件。本书主要运用实地调研和文献研究的方式，重点研究样本包括 CCDI 悉地国际、联创国际、上海天华建筑设计有限公司、浙江绿城建筑设计有限公司、天津华汇建筑设计有限公司、三益中国、汉嘉设计集团、成都基准方中建筑设计事务所、赛德设计集团（现为启迪设计集团）、上海日清建筑设计有限公司、浙江绿城东方建筑设计有限公司、深圳华阳建筑设计集团等，截止 2011 年，这些企业成立时间都在 10 年以上，产值突破亿元，员工超过 200 人，具有准确企业定位和发展战略，已完成一批具有较好社会和业界影响力的建成项目。此外，为保证样本的普适性，还选择了基础研究样本，主要覆盖中国建筑设计活跃市场地区，包括，长三角地区：上海的中房建筑设计有限公司、大境建筑设计有限公司、水石设计机构、DC 国际、尤埃建筑设计有限公司、栖城国际、日兴建筑设计有限公司、泛太建筑设计有限公司、亚来建筑设计有限公司等；江浙的苏州园区院（现为中衡设计集团）、绍兴华汇工程设计集团、浙江中设工程设计集团、安道设计有限公司等；渤海湾地区：北京墨臣建筑设计事务所、州联国际、天津中天建等；珠三角地区：深圳的筑博建筑设计有限公司、华筑建筑设计有限公司、柏涛建筑设计有限公司、毕路德建筑顾问有限公司等。截止 2011 年，基础研究样本的企业成立时间在 5 年以上，产值超过千万元，员工人数超过 100 人，已建成一批品质较高的建成项目。

此外，笔者还大量调研国内各类建筑设计机构、行业协会及相关媒体等，搜集第一手材料，走访了包括北京、上海、深圳、天津等重要城市的具有影响力的近 50 家民营建筑设计机构、国有设计院、境外建筑设计机构的近 70 多位管理者和建筑师。

当前公开发布的建筑设计行业数据比较宏观，主要为对企业性质、营业额、各资质企业数量和从业人员的宏观统计，对个体企业数据无法查到。因此，本书中的数据大多来自《设计新潮》杂志，从 2003 年开始正式发布的民用建筑设计市场排行榜的数据。书中的图片来自各设计企业官方网站、《建筑中国》系列丛书和网络，在此说明和感谢。

编者

目 录

绪论：洞悉
——“市场化”和“设计化”的博弈

伴随改革开放40年来中国经济的腾飞，民营建筑设计机构如雨后春笋般蓬勃发展，不断壮大，谱写了一曲动人的旋律，以其独具创意的建筑设计水平、不断创新的服务方式、蓬勃丰沛的发展动力，成为当代建筑设计行业重要的组成部分，值得被关注和研究。

本书聚焦中国当代民营建筑设计机构，记录和梳理当代民营建筑设计机构最重要的发展历程，分析其产生的背景、发展现状和未来发展趋势。针对这一当代中国建筑设计的重要力量，本书选取了“市场化”和“设计化”角度来加以观察和剖析，这对要素始终贯穿中国当代民营建筑设计机构的发展过程，是研究这一对象的有力线索，对这对要素的不同理解和处理方式，一定程度上决定了民营建筑设计机构的发展模式、特点和未来。

高度“市场化”是促使民营建筑设计机构迅速发展的动力，但迅速发展过程中设计品质的下降，风险对当代本土民营建筑设计机构的持续性发展带来限制。不少民营建筑设计机构积极探索，在机制层面进行创新，努力在“市场化”和“设计化”之间取得平衡。研究“市场化”和“设计化”的关系，就是针对建筑设计企业的特殊性，寻求在设计品质与市场经营之间求得平衡的机制方法，使建筑设计企业既遵守普适的经济发展规律又能强化设计核心，保证设计的独立性和品质，坚守建筑师的职业道德底线，最终促进行业良性、可持续发展。

一、建筑生产的职业化、学术性与行业特征

西方产业革命所引发的契约化社会分工和社会化大生产，成为现代工业和制造业的基础，同时，促生了以商业性为本质的现代建筑设计服务业，使建筑设计从艺术门类中分离出来，成为专业技术的提供者。同时，建筑本身的多义性又促使当代建筑设计呈现多元化发展模式，促成建筑学术和建筑设计行业的分化。由关注建筑学

理论研究和发展的学者、致力于将建筑学理论与建造结合的实验性建筑师等为主支撑的建筑学术工作，是推动建筑学发展的驱动器。而选择满足社会对建筑设计的需求，将建筑设计更多看作社会商品生产的职业建筑师，则承担作为业主代表，维护和监督建造生产过程的社会责任。

建筑学术和建筑设计行业保持着相互排斥又相互促进的关系，在思想和物质实践层面的不断磨合碰撞过程中，推动整个建筑设计水平的提升。

1. 建筑的多义性

什么是建筑？自古以来，对于建筑定义纷繁众多，建筑具有多义性的特点：

城市是本书的研究对象，它在此被理解为建筑。我所说的建筑，不仅是指城市视觉形象与城市不同建筑的总和，还包括城市的历史建设。

——阿尔多·罗西

……建筑是不可约减的复杂物……部分基于外部规则的一个不稳定的混合物。

——查尔斯·詹克斯

“建筑”一词源自拉丁文，其语义显然也应当源于拉丁文。同样，维特鲁威的《建筑十书》对此也有阐释。其说：建筑是由法式、布置、比例、均衡、适合、经营构成的。

布鲁诺·赛维曾经写道：“建筑的本质……不因空间自由布置而受到材料的局限，确是通过这种限制的过程而被组织成为这种有意义的形式……这种限制决定了视觉可能的界线而不是在‘空处’视觉所起的作用。”

——《建筑美学》[英] 罗杰·斯克鲁顿 著 刘先觉 译

18 世纪德国哲学家谢林说，“建筑是凝固的音乐”。

著名的现代建筑师格罗皮乌斯提出：“建筑，意味着把握空间。”

美国主流建筑师赖特认为：“建筑，是用结构来表达思想的科学性的艺术。”他承认建筑是一种艺术，但建筑又具有构成建筑物的科学性和人们使用建筑的合理性。

意大利建筑师奈维认为：“建筑是一个技术与艺术的综合体。”（《建筑的艺术与技术》奈维著）

——《建筑概论》沈福煦 编著

帕拉蒂奥认为："建筑是'自然的模仿'，它要求'简洁'以实现'成为另一种自然'的目标。当我们说到美的建筑时，也隐含着真实的和好的建筑。"

芬兰当代建筑师佩卡·海林说过："建筑不仅仅是一个自由艺术家个人直觉性创作过程的结果，这门艺术具有社会群体性的基础。"

——《建筑批评学》郑时龄 著

建造活动源自远古人类出于遮蔽的需求而形成的构筑活动。建筑活动的核心是建造（Building）过程，建筑学（Architecture）是关于建造活动的技术和艺术的知识体系。如果以一定的技术手段和物质材料，在一定的时间、地域、经济、技术条件下完成一定目的的空间的限定和围合、庇护的过程是建造（Building）的话，那么，对这种建造过程和手段的主体化、目的化、审美化的观照和体系化就是建筑学和建筑艺术。即，建筑就是建造手段的目的化和审美化。[①]

古罗马人威特鲁威在《建筑十书》中，提出建筑设计的三原则为：实用（utilitas）、耐久（firmitas）和美观（venustas），以此作为评价建筑物的方式。

中文的"建筑"一词引自日本，日本近代建筑家伊东忠太提出，"建筑"既包含作为建造过程结果的建筑物（Stucture，Building），同时也涵盖建造的技艺与学问的意义（Art,Study），这种源于建筑要素的多样性，也成为建筑作品与理论的特征。

产业革命改变了经济社会的发展方式，在西方近代社会发展过程中，不仅在物质层面上出现的新的需求和功能要求，同时，以市场等价交换为原则的建筑商品性得以发展，赋予建筑"经济性"的新属性。建筑生产开始摆脱原先的个体化、贵族化特性，褪去特权化特质，而呈现出消费社会下的商品性、交换性，经历手工作坊到批量生产的大工业时代。

这一分化现象的出现，逐渐演变为现代生产方式在建筑设计领域的渗透，建造活动形成了由大规模工业化生产、供货体系所制成的，由现代化的组织管理体系下的协同作业完成的，大量供给、大量消费、大众品位和价值体系所认可的社会化产品的生产过程。造型、结构、材料、施工以及设备都成为商品化的对象，其结果就是加速了建筑生产过程中的劳动分工。[②]

① 姜涌．建筑师职能体系与建造实践．北京：清华大学出版社．2005

② 赖德霖．重构建筑学与国家的关系：中国建筑现代转型问题再思．建筑师．2008年04期：37-40

在当代，建筑具有了多维度的评价方式，具有多义性特征。以坚持追求艺术化、审美化，以文化批判创新和艺术实验为目的艺术维度的建筑创作。以追求商品交换价值、业主对服务认可为创作导向，建立在专业化分工和资源高度集约化共享的更多出自经济诉求的建筑生产过程等。不同的出发点，带来建筑评价的复杂性，衍生出建筑设计立场和方法的复杂性。

（1）作为生活方式的建筑——空间与功能：公共机构建筑师，涉及公司职业建筑师。

（2）作为商品及服务的建筑——服务，功能性与交换价值性：地产建筑师，商业建筑师。

（3）作为工业产品的建筑——技术与经济，大规模生产：建设公司建筑师，项目监管建筑师。

（4）作为阅读文本的建筑——历史文脉与语义：建筑学院研究型建筑师。

（5）作为艺术品的建筑——形式自律性与艺术的原创性试验：艺术家工作室。①

2. 建筑设计职业化过程

“建筑师”最早出现在古希腊罗马时代，是知识宽泛的科学技术专家，其精通城市建设、公共建筑、军事技术等，拥有很高的社会地位。

进入中世纪，随着社会分工专业化发展，出现了石匠、木匠、铁匠、焊接匠、抹灰匠、彩画匠等细分工种，工匠中手艺高超成为匠师，负责监督建筑施工的全过程，被称为主要建设者（master builder）。

进入文艺复兴时期，建筑师又从匠师中分离出来，出现全能型的建筑师，熟悉各类工种的知识的同时，具备很高的文化艺术素养，是具有天赋和启蒙责任的艺术家和早期科学家，同时，在经济上与艺术家一样依附于资助人。

17 世纪晚期开始盛行于欧洲的古典主义时期，建筑开始成为服务于贵族和上层阶层的艺术门类，成立了专门的培训和教育机构，于1671年成立的法国建筑学院成为历史上第一个建筑学教育机构，成为传播古典主义建筑风格的机构，成为整个欧洲古典风格的发源地。虽然出现了建筑师，但其还未完成职业化过程，普遍被认为是艺术家，通过资助人获取项目。

① 姜涌．设计事务所的两种模式．世界建筑．2004 年第 11 期：96–99

现代意义的建筑师职业发源于英国，18 世纪末至 19 世纪初从英国开始的产业革命，社会生产力提高，社会化大生产和专业分工进一步加强，工匠主导的施工企业型建筑师作为营建的承包商开始出现，同时，为监督承包商建造过程的现代职业建筑师出现，其出现是以公共监督人和中立协调人的身份，保证建造过程的公开和公正，保障公众和业主的利益不被专业化的手段所侵害。其本质是与医生、律师一样的自由职业，具有独立性。产业革命催生了现代建筑设计行业，使建筑生产过程在契约社会和社会消费需求的环境中具备了商业特质。行业内部分工逐渐产生，土木工程师（civil engineer）、设备工程师（services engineer）、建筑估价员（quantity surveror）成为独立职业相继出现。造型、结构、材料、施工以及设备都成为商品化的对象。其结果就是加速了建筑生产过程中的劳动分工，也促成了商品的设计者，即介于使用者（业主）和制造者（营造工匠）之间的建筑工程师，并终于成为一种独立的自由职业。

行业协会的出现，标志着建筑设计的最终职业化。1834 年英国建造者协会成立（The Builder Society），确立了建筑师与其他专业区别。1837 年英国皇家建筑师学会（The Royal Insititute of British Architects，简称 RIBA），1857 年美国建筑师学会（American Institute of Architects）成立。在标准的建造合同里，建筑师的独立地位得以确立。同时，建筑学教育体系更为完备：通过学徒期，授予毕业证书、职业学位来组织训练建筑师。西方发达资本主义国家通过长期演变，在“业主 – 建筑师 – 承建商”三方之间发展出一套完善的制衡机制。建筑师具备法定地位。首先，依据所订契约成为业主（委托人）的工程代理人，保障业主的利益，使投资取得最好的效益。其次，在业主和承包人之间，处于工程仲裁者角色，避免投机行为和费用竞争，宣称独立地位。此外，建筑师还是政府所指定的建筑法规、规范的执行者。

伴随大型、高造价工程的出现，19 世纪晚期大型建筑设计事务所开始在美国出现，这类综合公司往往包括了工程师、景观师、室内设计师、建设经理等，建筑师在其中处于核心地位。

两次世界大战期间，工程量饱和，建筑师忙碌于设计中，美学标准让位于经济技术利益，导致建筑学专业的衰落。第二次世界大战之后，“建筑师 – 企业家”出现，与以往商业性建筑师相比，更开始注重其服务能力，许多当今知名的建筑设计机构诞生于这一时期，并开始逐步向跨国公司发展。

勒·柯布西耶认为优秀的建筑师必须立足于职业，“建筑师固然是以完美的建筑设计为自己的追求，但作为一种职业，建筑师的设计必须而且不得不满足社会的需求，否则他就只能退出历史舞台”。建筑师本质上是一名职业者，不是以艺术家或知识分子作为首要条件。

3. 建筑生产的特殊性

西方产业革命所引发的契约化社会分工和社会化大生产成为现代工业和制造业的基础，同时，也直接促生了以商业性为本质的现代建筑设计服务业的诞生。建筑生产与一般社会商品生产存在差别。

（1）定制性：建筑物的功能、场地条件具有独一无二的特性，每一次建筑设计都是不可复制的，存在定制的特征。

（2）地域性：建筑项目存在一定的地域环境中，具有独一无二的气候、环境、文化环境。

（3）预定性：只在接受报酬后，开始设计和建设过程，业主需要为设计方案先买单，然后得到产品。

（4）主观性：建筑物的风格造型受到业主、建筑师审美和价值观倾向影响，带有强烈的主观色彩。

（5）临时性：每个建筑项目所涉及的项目团队都是根据项目要求进行临时组合成一个团队的，在工程结束后，组织不再存在。在这一过程中，工程目标、参与人员和工作方式都是临时性的。

（6）一次性：每一次建筑设计和生产过程都是一次性的，不会重复，在建造完成后，建筑物将在较长时间内存在，具备其特殊性。

建筑生产过程区别于工业化产品生产过程的特殊性，直接导致建筑设计的工作流程设计、项目运营方式与普通工业化产品的不同。在商业性导向下的现代建筑设计生产过程中必需具备市场经济法则所必需要求的分工合作、效率成本集约化特征的同时，更需要从建筑生产过程的特殊性出发，寻求两者的契合点。

二、组织型建筑设计机构的核心价值

现代西方建筑设计机构在经历了百年发展过程中，形成了多元化的生产模式和价值取向。按照不同的价值取向，主要可以分为两类：强化建筑设计创意的建筑家工作室和将建筑设计作为商品参与市场经济的组织型建筑设计机构。

组织型事务所的核心价值由两部分组成：经济性和品质性。经济性要求其产生的建筑产品在其生产过程及生产导向上都必须符合经济性原则，以适应市场需求。而同时，必须保证品质性，其组织化的生产方式积累大量成熟的工程经验，必须在整个生产流程中，通过制度和流程设计来最大程度保证项目实现的品质，扮演专家的角色，通过知识的转化得到利润，用良好的服务和设计带来的价值提升获得业主和社会的认可。

1. 从西方到东方的引入：中国建筑设计事务所的诞生

以私人或股份合作制为产权特征的建筑事务所的经营模式在国外已有 150 年以上的历史，并且这种经营模式在不断进化演进过程中发展得更为成熟和多元化，以满足更为细分的市场需求。建筑师职业对于中国而言完全是舶来品，伴随西方职业建筑师在 20 世纪初的进入，实现了职业和行业的引入。

我国传统建筑以木结构为主，建筑设计和建造都由木匠头承担，称为“都料匠”，承担主持设计、材料、雇工及施工工程的管理，虽然具有一定设计成分，但其社会身份认定仍属于匠人，并未形成行业和系统理论。1894 年甲午中日战争失利以后，中国被迫进一步开放门户，一些西方职业建筑师也随其他西方移民一起逐步进入中国，并最先在上海立足，开办了以通和洋行、思九生洋行、倍高洋行、哈沙德洋行、赖安公司、公和洋行等为代表的建筑设计公司，建筑师作为一个新的职业在中国出现。

20 世纪 20 年代，留学西方学习建筑设计的留学生归国，中国真正意义上的第一批建筑师出现，打破了当时只有西洋建筑师开业的垄断局面。这些本土建筑事务所参照国外体制，一般由“企业”“内务”“图房”三部分组成，“建筑师”职业也正式引入，在此之前，我国并未有“建筑师”“建筑事务所”等概念，只有“工程师”“工程所”“工程事务所”“工程公司”等名称。中国建筑事务所的繁荣从 20 世纪 20 年代一直持续到 40 年代，与当时洋建筑师形成很强的竞争关系，包括基泰工程司、东南建筑公司、华海建筑事务所、凯泰建筑事务所、上海的华信工程司、华盖建筑师事务所、启明建筑事务所、董大酉建筑师事务所、杨锡镠建筑师事务所、兴业建筑师事务所、信怡工程司、五联建筑事务所等。这些在海外受过高等建筑教育的留学生，在执业的同时，具有很强的社会责任感，肩负探求民族建筑特色的使命，掀起了民族风格探索思潮和设计实践活动。

1949 年后，中国大部分私营建筑事务所仍继续开业，一部分建筑事务所经过重组后开业。如 1950 年在原华盖建筑师事务所的基础上组建上海联合建筑师、工程师事务所。同时北京、上海等各地相继成立公营建筑设计机构。至 1956 年，我国完成对全部私营建筑事务所的社会主义改造。①

近代中国完成了对现代建筑师职业和现代建筑设计行业的移植，本土第一代执业建筑师的教育背景在海外，但本土传统文化中建造学术理论的“真空”，遭遇了横向移植的尴尬性，在建筑创作和理论研究层面缺乏延续性。在国家计划经济体制时期，国家控制建筑的立项、设计、投资、施工和使用，赋予建筑风格更多政治因素，中国建筑师传承上出现断代现象。直至 1978 年改革开放后，中国建筑师得以重新获取西方建筑设计实践和理论信息，当时西方社会盛行的后现代主义风格作为装饰风格被引入，与其存在的文脉发生断裂，这也造成当代中国原创设计水平不高，学术边缘化的根本性原因之一。

20 世纪 90 年代，在认识到国内设计水平与西方存在巨大差距之后，行业管理者和学者认识到传统设计院模式存在体制上的弊端，积极学习西方建筑设计经营模式，大力发展建筑事务所模式，从体制层面提升本土建筑设计竞争力，释放优秀建筑师的创作力。1993 年建设部就印发了《私营设计事务所试点办法》进行建筑事务所试点，2000 年颁布了《建筑工程事务所管理办法》，建筑事务所试点范围不断扩大，全面放开。

本书的研究对象是当代中国民营建筑设计机构，包括：1993 年建筑设计事务所政策放开后诞生的大批个人建筑设计专项事务所，由设计事务所或建筑咨询企业发展而来的民营建筑设计有限责任公司，2000 年初开始出现大量中小型国营建筑设计院转制而成的民营建筑设计机构以及一些挂靠在大中设计院下产权相对模糊的中小公司等组成。其凭借体制优势、良好市场和服务意识已成为当代中国建筑设计力量的重要组成部分。其采用的私人或股份合作制的产权模式与西方成熟模式相似，在对西方模式经验的积极借鉴过程中迅速成长。

2. 建筑设计企业多元化的所有制形式

建筑设计机构的类型，按照所有制形式可以分为以下几种。

① 伍江 . 旧上海外籍建筑师 [J]. 时代建筑 . 2001 年 01 期：6

合伙（Partnership）制：由若干名注册建筑师合伙主持，并可雇佣其他工作人员。合伙方式由合伙人自行商讨，并可随时取消合伙关系。在单位亏损的情况下，合伙人之间存在一定的义务，但法律要求至少有一名合伙人必须对债务负全部责任。在负债情况下，债主有权向该债务的合伙人的私有财产提出扣押要求。中国现行的建筑事务所都采用合伙人制，而国外建筑事务所也可以申请有限责任的方式，在国内考虑到对建筑事务所风险性控制，只允许成立合伙人制。

有限责任（Limited Liability）制：具有法人地位，必须遵守本国企业法规定。在亏损情况下，企业主应承担自己股份额或保证金额内的债务。在破产时，按法律规定在企业资产中进行全部或部分赔偿。中国当下民营建筑设计机构中，大多采用有限责任所有制形式，尤其在企业规模快速扩张之后，不少原先为合伙制的建筑事务所出于风险考虑，改为有限责任制。

从国际经验来看，企业性质一般与企业规模息息相关，小型建筑设计机构以私人开业为主，中型机构多采取合伙经营、有限公司的形式，大型机构则多为有限公司，还有一些是股份有限公司。由于资本国际化的发展，发达国家的一些建筑设计机构打破国家界限，在许多国家和地区建立子公司，成为力量雄厚的大型跨国公司。

3. 组织型建筑设计机构的核心价值：提供高品质建筑产品

现代西方建筑设计机构在经历了百年发展过程中，形成了多元化的生产模式和价值取向。按照不同的价值取向，主要可以分为两类：强化建筑设计创意的建筑家工作室和将建筑设计作为商品参与市场经济的组织型建筑设计机构。

建筑家工作室由独立的建筑师或有相同志向的建筑师组合。不论其成名与否，在本质上是以文化批判创新和艺术实验为目的的建筑艺术创作团体和建构的工匠作坊，经济运行的维系及发展则只是其附属产物。它本质上服务于人类的精神自由和艺术探索，没有作为服务对象的客户，而只有艺术鉴赏者和委托人、保护人（Patron）。其目标是精神的独立和将来艺术创作的独立。建立“实验建筑－商业建筑－反思（实验建筑）－商业建筑（提升）”良性互动的建立。

组织型建筑设计机构则遵守现代市场经济法则，通过组织规模化的建筑设计生产来获得利益，是现代社会第三产业服务业的组成部分。“组织事务所不论规模如何，是由建筑师组成的为甲方提供建筑设计咨询服务以换取报酬的公司，是通过以图纸等设计文件对项目的预期计划转为商品进行价值交换，获得投资回报及赢利的经济实体。”[①]因此，设计是作为生意和业务，项目是作为一个经济工程被运作，其产品必须具有交换价值的商品，即为客户所做的设计实现预期和客户的满意。其核心价值在于运用工业革命后流行于制造业的“流水线”生产方式，建立精细化、资源高度集约化共享的设计流程和管理模式，符合市场竞争下的经济性要求，同时，将建筑设计的艺术性特征与大众消费文化下产生的普适审美趣味结合，承担监督方的技术专家责任。[②]组织型事务所具有以下特点：

设计评价的商品性导向。作为组织体的制度内活动，设计必然经历自下而上的层层审批和圆润化，以减小投资风险。新奇的、边缘的、批判的形式，首创的技术常常是被否定的，作品是谨慎围绕业主的喜好为中心、适度且适用的。

经济性要求。结构资本是组织满足市场需要的一整套能力和系统，体现为企业的管理哲学、组织文化、组织结构、信息技术系统、战略计划、经营目标、制度规范和工程设计咨询流程等基本知识因素。设计是作为生意和业务（Business），设计项目是作为一个经济工程（Project）而被运作，对时间、成本的控制是非常严格的，“多快好省”的设计是赢利的保障。

专业化分工。采取工业革命后流行于制造业的“流水线”生产方式为基本特征的设计企业。随着科技的发展，建筑技术和建筑构造措施趋于复杂，专业技术含量日益提高，这种精细的设计流程专业化分工的生产方式和资源高度集约化共享的管理模式，对设计效率的提高和设计质量的保证起到了极大的促进作用。许多企业——不一定是最大的那些——现在的工作都必然地与工程师和生产者紧密协作，后者为他们制造建筑的一些局部，研究和开发每个构件以使它满足需要的性能。建筑生产的模式也同样日益调整自身，以确保各相关工种之间持续有效地合作，适应项目的发展和变化。[③]

因此，相对艺术家指向的作坊，组织型事务所必须以满足市场需求为首要前提，同时，市场竞争又要求其必须不断为社会提供高品质的建筑产品，完成绝大多数城市建筑的设计量，承担重要的社会责任。

① 姜涌．建筑师职能体系与建造实践．北京：清华大学出版社．2005

② 王健．大院工作室：路在哪里．建筑设计管理．2010年11期：13，26

③［美］克里斯・亚伯 著，张磊 司玲 侯正华 陈辉 译：建筑与个性——对文化和技术变化的回应．

三、“市场化”与“设计化”

“市场”和“设计”是现代组织型建筑设计机构所必须合理解决的两个核心因素，其分别对应了组织型建筑设计机构的两大核心价值，即“经济性”和“品质性”。“市场化”和“设计化”强调组织型建筑设计机构围绕“设计”和“市场”因素，对机构发展愿景、发展战略、组织架构、运营模式等各项制度和管理层面不断进行动态设计和调整，是一个持续的、自上而下的过程。

市场化是现代组织型建筑设计机构“经济性”的外在表现，是指建筑设计机构在发展过程中，对外所呈现的企业市场行为。“市场化”具体表现是以市场经济性为核心，用现代企业的管理模式来运营建筑设计机构，追求规模效应和企业利润，注重设计效率，运用分工合作的生产方式，以满足业主的需求为导向的建筑设计机构运作模式。“市场化”是现代组织型建筑设计机构最为重要的特征，表现在其设计作品层面，是指其项目的审美和价值取向，都以获得市场认可为导向，以满足业主方的要求为导向。

设计化是现代组织型建筑设计机构“品质性”的内在表现，是结合建筑设计专业的特殊性，在企业内部进行相匹配的制度设计，其核心是建筑师对建筑美学和建造品质的坚持，以追求建筑设计逻辑性和理性为项目导向。当代西方成熟商业性建筑设计机构通过在企业战略、项目管理和制度建设层面上进行制度设计，通过内部机制调整的方式以提升设计品质为最终结果，通过自身职业水准为社会提供高品质的建筑产品。其所追求的设计作品往往能在业主和建筑专业两个层面获得较好的效益，需要建筑师具有高超的沟通技巧。

市场因素，从设计层面来看，对于商业性建筑设计机构的职业化水平提出要求，促使其必须不断进行设计水平的提升和技术创新，使设计师更直接面对业主的要求和建筑设计市场的竞争，突破自身建筑美学的局限，从更宏观的包括经济、运作等视角出发，确保项目实现度。从管理层面来看可以使建筑设计机构处于良性发展过程中，规模化发展有利于技术快速积累、支撑企业战略性投入、提升企业抗风险能力，提升企业的物质积累。设计因素，从建筑专业角度来看，满足建筑师的职业理想，追求建筑设计的创意性、逻辑性以及建筑美学高度，对诞生优秀建筑设计作品起到关键性作用。从建筑设计机构的经营层面上来看，则从根本上提升建筑设计企业的核心竞争力，塑造企业品牌，促进建筑设计机构在市场中获取更大的份额，经济和社会效益的稳步上升。对于成熟的建筑设计机构来说，市场因素和设计因素共同推动建筑设计品质的不断提升，其目标指向一致。

四、“市场”与“设计”博弈

现代数学中的博弈论是二人或多人在平等的对局中各自利用对方的策略变换自己的对抗策略，达到取胜目标的理论。博弈论是研究互动决策的理论，其强调的是系统中任何一个要素都不是孤立的，一个要素的变化影响到另一因素，研究的是两者之间的关系。“市场化”与“设计化”博弈，是指“市场”和“设计”两者互相影响，对于商业性规模化建筑设计机构来说，研究两者的互动关系，积极根据一个要素的变化而对另一个进行调整，正确处理“市场”与“设计”的关系，可以促进建筑设计机构更好的发展，为社会提供高品质产品。

在中国建筑设计行业长期处于前所未有的速度增长之时，关于“设计化”与“市场化”的争论从未停息，人们习惯于标签式的做法，把建筑师个人或者建筑设计机构划归到不同的标签之中，非此即彼。对于民营建筑设计机构的认定，更将其直接纳入市场化范畴内，认为其更多追逐市场利益，其从事的建筑设计过程是生产商品，与设计作品无缘。同时，将设计与市场对立起来，似乎顾此就得失彼。

“市场化”和“设计化”的矛盾具有当前的社会属性，是在这个特殊时代背景的产物，大社会环境影响下的建筑设计行业，设计量大，建筑师从业压力较大，长期处于不理想的执业环境中。建筑设计企业呈现单一规模化的价值取向，面对市场和业主的压力，放弃对职业道德的坚守，甚至沦为甲方的“绘图员”，一味迎合市场口味，丧失了建筑师职业的独立性，造成社会资金浪费，低品质、粗制滥造的建筑设计层出不穷。这一背离职业道德的做法在短时间内可以产生可观的经济效益，但最终会导致行业普遍水准下降，影响到行业和个体企业的未来发展。此外，一些建筑设计企业背离设计行业本质，通过资本和现代金融手段，谋求企业快速规模扩展和发展，把“做大”作为企业愿景，追求高额利润率。“跑量”设计只能短暂地获取高经济回报，其损害的是企业的核心竞争力，不支持持续性发展。

市场化和设计化的博弈恰恰是从对立走向统一的过程，过分地强调任意一方面都是不对的。“设计化”与“市场化”并不矛盾，对于商业性组织型建筑设计机构来说是核心两个要素，对其进行合理把控是其成熟度的标志。成熟的商业性组织型建筑设计机构可以较好处理“设计化”与“市场化”之间的关系，使“市场”因素与“设计”因素共生共荣，从两个角度对其进行评价都可以获得较高收益。当下中国的民营设计机构的转型出现的问题并不是设计化不够，恰恰是市场化程度不够，这需要建立现代的企业制度，正向的企业文化等。

当代中国民营建筑设计机构与西方成熟建筑设计品牌相比，还不具备处理好“市场”因素和“设计”因素的能力，在其身上，“市场”因素和“设计”因素矛盾的状态尤为突出，两者矛盾过程也是民营建筑设计机构不断走向成熟的过程。直面市场是现代企业管理的出发点，高品质设计是建筑设计机构的核心利益，最终目标是以“设计”为本，以“市场”为器，全面提升当代组织型民营建筑设计机构的核心竞争力，促进其可持续发展，提升当代中国建筑设计的职业化水平。本书围绕“市场化”和“设计化”这对关键因素展开对当代民营建筑设计机构地研究，就是针对建筑设计企业的特殊性，寻找在设计与市场之间求得平衡的机制方法，使建筑设计企业既遵守普适的经济发展规律又强化设计核心，保证设计的独立性和品质，坚守建筑师的职业道德底线，最终促进行业良性、可持续发展。

第一章　当代中国民营建筑设计机构的生存环境

本章试图从政策、经济、全球化的时代背景层面分析当代本土民营建筑设计机构的生存环境。政策层面的全面放开和有力支持、持续高速发展的建筑业市场直接促生了当代中国民营建筑设计机构，为其蓬勃发展提供了有利条件。而地产转型、资质限制和话语权的缺失则构成其面临的挑战。当代中国民营建筑设计机构的发展时段几乎与境外设计师大举进入中国建筑设计市场同步，境外设计事务所在对当代中国民营建筑设计机构构成有力竞争的同时，也赋予当代中国民营建筑设计机构国际化视野，为诞生中国当代优秀本土建筑设计机构奠定基础。

第一节　建筑设计市场持续高速增长

20 世纪 90 年代起，中国建筑市场持续高速增长，建筑设计业务量饱和，促生大量富有创业精神的当代民营建筑设计机构。近 30 多年的建筑业持续发展支撑着民营建筑设计机构快速增长。持续向好的外部经济促使伴随成长的民营设计机构不断发展和走向成熟。

一、房地产业快速蓬勃发展和民营资本的进入

国有大型的综合设计院是我国计划经济时代唯一的建筑设计机构形式，作为早期事业单位，设计院的任务就是完成国家建设投资分派的设计任务。20 世纪 80 年代以来，设计院实行企业化转型，逐步向市场化转轨，极大提高了国有设计院的竞争力。出于资源对接的原因，国家投资的项目更青睐国有设计院。因此，当代民营建筑设计机构的诞生和迅速成长与中国改革开放之后房地产快速蓬勃发展紧密相关，房地产商尤其是民营房地产商由于与民营建筑设计机构资源对等，其合作和沟通也更为有效，成为民营建筑设计机构

最为重要的业主类型之一。

1992 年邓小平南方谈话之后，我国经济进入高涨期，1992 年到 1993 年间，我国出现了第一次房地产热，在这个大背景下，房地产投资异常活跃，大批房地产开发公司纷纷涌现。当时国有房地产企业占了大多数，民营房地产企业则初露头角，包括万科、万通、合生、顺驰和富力等在内的知名的民营房地产企业都处于初创期。

民营房地产企业最早在民营经济发展的桥头堡深圳诞生，同期，1993 年深圳成立了全国第一家民营建筑设计事务所，开放自由的氛围让大批民营建筑设计机构开始萌芽。由于深圳与香港比邻，更容易接触到先进设计经验，建筑师眼界也比较开阔，因此其设计的住宅在形式上让人耳目一新，南派住宅设计风格由此诞生，飘顶、凸窗等设计手法打破原先呆板一成不变的住宅设计风格，风靡全国，对我国住宅设计风格产生深远的影响。

1998 年 7 月 3 日，《国务院关于进一步深化城镇住房制度改革加快住房建设的通知》发布，全面实行住房分配货币化，标志着实行了 40 多年的福利房分配制度发生了根本性变革，住房供应体系逐步走上了住宅建设市场化和住房消费货币化的道路。当时，国家政策法规对房地产企业的限制与要求并不高，房地产业的准入门槛不高，民营房地产企业得以快速发展，开始与国有房地产企业两分天下。1998 年到 2001 年，城镇商品住宅完成投资保持了 30% 左右的增长速度。据国家统计局有关专家估算，2000 年我国城镇住宅与房地产业增加值约 5400 亿元，占 GDP 的比重约 6%，超过了钢铁、能源、化工、电子、汽车、纺织等产业。2000 年 GDP 增长中，投资增长贡献 41.94%，其中房地产开发完成投资增长占固定资产投资增长额的 30%，拉动 GDP 增长约 1 个百分点，带来建筑业、制造业、采矿业等几十个相关产业产出增加约 2700 亿元。至 2007 年，我国房地产开发投资额已经达到 25279.7 亿元，占全社会固定资产投资额的 18.4%，2000—2007 年房地产开发投资增长占固定资产投资增长额 74.5%（表 1–1）。[1]

伴随房地产经济蓬勃发展，2003 年之后，民营房地产企业开始占据主导地位。2003 年，国务院发布“18 号文件”首次公开肯定了房地产在国民经济发展中的支柱性地位，明确“支持具有资信和品牌优势的房地产企业通过兼并、收购和重组，形成一批实力雄

① 焦卉 . 当代中国建筑师事务所创新设计的实证性研究——公共建筑设计组织 . 合肥工业大学 . 2009

表 1–1　我国固定资产投资概况

指标	单位	1995 年	2000 年	2006 年	2007 年
全社会固定资产投资额	亿元	20 019.3	32 917.7	109 998.2	137 239.0
房屋建筑面积					
施工面积	万平方米	215 085	263 294	462 677	551 588
住宅	万平方米	140 452	180 634	265 565	320 906
竣工面积	万平方米	145 600	181 974	212 542	229 724
住宅	万平方米	107 433	124 529	131 408	143 809
房地产开发					
房地产开发投资额	亿元	3149.0	4984.1	19 422.9	25 279.7
开发房屋竣工住宅面积	万平方米	12 525	20 603	45 471.8	47 767

表 1–2　我国各类房地产企业数量　（单位：个）

年份 企业类型	1998	1999	2000	2001	2002	2003	2004	2005	2006	2007	2008	2009
国有企业	7958	7370	6641	5862	5015	4558	4775	4145	3797	3616	3941	3835
集体企业	4538	4127	3492	2991	2488	2205	2390	1796	1586	1430	1520	1361
民营股份制企业	7464	9925	13 144	16 656	21 154	26 344	46 330	45 016	47 885	51 918	75 821	69 478

（资料来源：《中国房地产发展报告》）

厚、竞争力强的大型企业和企业集团”的产业政策（表 1–2）。

如表 1–2 所示，内资房地产开发企业中，国有、集体房地产开发企业数量逐年减少，民营、股份制企业不断增加。国有房地产企业所占比重由 1998 年的 39.9% 下降至 2003 年的 12.3%，集体企业所占比重由 22.7% 下降至 5.9%，民营、股份制企业则由 37.4% 上升至 81.8%。[①] 房地产业与住房制度改革同步发展，成为中国经济发展的重要动力和组成部分，带来住宅类型设计量的迅速增加，成为这一时期设计机构业务占比重最高的建筑设计业务类型。

住宅建筑类型相较其他建筑类型对建筑技术要求较低，设计准入门槛较低，但由于其直面市场消费者，需要在建筑设计上具有一定的创新性。此外，由于地产商需要快速回笼资金，因此对项目整

① 《建筑创作》杂志社．1978—2008 中国建筑设计三十年．天津：天津大学出版社．2009：24

个开发周期的速度提出较高要求。

这些特点对于刚成立的民营建筑设计机构来说弥补了其技术上的短板，而民营建筑设计机构当家人往往设计能力较强，同时，民营建筑设计机构在服务态度和市场意识方面更具有优势，这些特征使得民营建筑设计机构相比国有建筑设计机构更容易受到民营房地产开发商的青睐。住宅建筑类型成为支撑民营建筑设计机构的重要业务类型，这一时期大多数民营建筑设计机构的住宅设计类型占到50% 以上，甚至 70% 以上，同时，民营建筑设计机构也对住宅业务类型形成较大依赖性。

在中国房地产产业十几年的高速发展过程中，涌现了大量以住宅设计起家，以住宅设计见长的优秀民营建筑设计品牌，如上海天华建筑设计有限公司、深圳柏涛建筑设计有限公司、浙江绿城建筑设计有限公司等。同时，由于民营设计机构长期以来将设计才华倾注于住宅类型设计上，使得我国住宅建筑设计不断创新和完善，在立面风格把握、户型布局人性化设计、材料和构造处理上都趋向于成熟，与民营房地产商共同推动了中国当代住宅产业化进程，使其具有很高的社会化特征，为当代住宅设计发展做出巨大贡献。

二、从住宅类型设计转向其他开发类型

1992 年正值改革开放初见成效，全国城市化进程迅速加快，以城市建设、小城镇发展和普遍建立经济开发区为主要特征。1992年到 1998 年，城市化率由 27.63% 提高至 30.42%，年均提高 0.42个百分点。旧世纪之交，我国城市化，更是从沿海地区向内地全面展开。大中小城镇建设投资扩张，成为新一轮经济高速增长的主导因素。[①]

1998 年随着国家住房改革的大力推进，房地产进入快速发展阶段，房价一路攀高。2005 年中国政府认识到房地产经济过热，开始了第一次宏观调控，短时间内形成了观望气氛，但总体影响不大，很快房地产再次井喷。据数据显示，2005 年，全国各建筑业企业房屋建筑竣工价值为 12 989.59 亿元。其中，住宅占主要地位53%，为 6 894.58 亿元；其次是厂房、库房占 18%，为 2 321.57 亿元；第三位是办公用房，占 10%，为 1 327.29 亿元。这一时期大量住宅设计业务量成为推动民营建筑设计机构的最重要支撑，有些民营建

① 《建筑创作》杂志社 . 1978—2008 中国建筑设计三十年 . 天津：天津大学出版社 . 2009：148

筑设计机构甚至出现住宅业务比例高达 90% 以上的现象，涌现出大量以住宅设计闻名的民营建筑设计企业。

2005 年以后，针对房价一路走高所造成的社会公平性问题，国家从政策层面开始多次对房地产进行调控，出台“7090”政策、廉租房和保障房政策等，希望从根本上遏制房价，改变地产过热的现状。之后宏观调控强度不断加大，在一定程度上造成了房地产行业的不确定性。这一趋势使得不少以住宅设计为主的民营建筑设计机构认识到房地产的不稳定性所带来的经营风险，其一方面继续争夺住宅设计中出现的廉租房和保障房等新住宅类型的项目，另一方面也开始积极寻求进入新的设计类型领域，获取企业更大发展空间。

同时，宏观政策调控的连续出台和城市化进程深入所带来的消费者精神需求的提升也推动原先以住宅开发为主的开发商的开始转型，逐渐进入商业、城市综合体、酒店等物业开发类型。如原先以住宅类型出名的绿城地产，也开始进入超高层办公、商业综合体以及医院等类型。同时，国内也开始出现以商业开发为主的地产商，如万达、华润等。

地产商的业务转型，使得原先一些与地产商长期以来形成战略合作关系的民营建筑设计机构也开始接触更多商业地产项目，而此时民营建筑设计机构也已经完成了自身技术和人才初期积累，具备承接复杂、综合性强的建筑类型的能力。同时，在进入新地产类型过程中，民营建筑设计机构依然保持其设计创新性和高服务能力的优势，使得民营建筑设计机构可以在新领域中得以持续发展。商业地产、酒店、创意产业园等新兴地产类型对前期策划和后期运营提出更高要求，这就需要民营建筑设计机构由设计业务向项目的前后

图 1–1 绿城设计转战公建 千岛湖酒店

图 1–2 三益中国设计完成上海老码头更新项目，成为申城热门场所

端延伸，为业主提供更多的服务内容，而民营建筑设计机构体制比较灵活，使其与不同资源团队进行联合更为便捷，搭建更全面的服务平台。

在这样的转型大潮中，涌现不少成功者，如联创国际在公建设计类型，尤其在交通建筑领域大展拳脚，三益中国积极成为本土商业地产第一品牌，设计完成不少城市更新项目，绿城设计开始承接大量酒店和超高层办公等（图 1-1、图 1-2）。伴随开发类型的改变，民营建筑设计企业开始进入更广阔的发展领域。

第二节　政策导向：鼓励当代民营建筑设计机构诞生

当代民营建筑设计机构的诞生与国家不断出台建筑设计行业支持性政策直接相关。20 世纪 90 年代开始的建筑设计专项事务所试点，是行业管理者为了快速提升和繁荣国内设计行业水准并借鉴西方先进发展理念而进行了体制改革。从小心谨慎的大师试点，到扩大试点范围，再到完全放开建筑设计事务所申请范围，建筑设计事务所成为当下民营建筑设计机构非常重要的组成部分。

世纪之交伴随国有设计院企业化改制过程的不断深入，行业内一批国营设计院转制为民营建筑设计机构，这些转制企业拥有品牌、人才和技术的优势，在改变了产权之后，呈现出巨大企业活力，成为当下民营建筑设计机构中的另一重要组成力量。

一、当代中国建筑设计行业的市场化进程

20 世纪 50 年代，百废待兴，国家进入建设高峰期，成立了大量建筑设计院，其生产经营体制基本按照苏联模式建立，同期从 20 世纪 20 年代开始出现的建筑事务所模式逐步完成了社会化改造过程。当时建筑设计院主要包括部属设计院（如原建设部建筑设计院 1953 年成立），省、自治区和直辖市设计院（如北京市建筑设计研究院 1949 年成立），省辖市设计院和地区，县的设计室（如绍兴市建筑设计研究院 1977 年成立）。各设计院虽然规模不同，但生产经营体制相似，工种齐备，在 1949 年初工程量大、任务急的情况下，发挥了重要作用。

从20世纪80年代开始，伴随改革开放历史进程，国家开始由计划经济向社会主义商品经济转变，需要兴建大量旅馆建筑，由于中国当时缺乏涉外宾馆的建造经验，与一些境外建筑师进行合作设计。同时，这一阶段伴随着大量外资进入，境外建筑师也随之进入，带来了中外建筑设计水平的交流，使我国建筑设计师也第一次得以近距离接触国外建筑设计机构的建筑作品。

这一时期，管理部门明确提出要在建筑设计行业进行体制改革，各设计院开始探索设计体制创新，在设计收费的基础上，实行设计单位企业化经营和经济承包责任制，由事业单位向企业化和社会化方向发展。1985年12月，建设部发布《推进城乡勘察设计改革实施要点》，要求勘察设计单位要继续完善技术经济承包责任制，当时业余勘察设计还只能是“有组织、适量、适度的进行”，不允许任何单位和个人以“业余劳动”名义进行无证勘察设计，严格勘察设计单位的资格审查和发证管理，坚决取缔无证勘察设计。1987年11月，建设部、财政部联合印发《工程勘察设计人员兼职的有关规定》，规定中指出，工程勘察设计人员业余兼职可由本单位安排，也可以自行联系，其劳动所得归个人所有。这一时期，丙级设计单位大量出现，政府管理机构为维护建筑市场秩序开始进行治理和合并工作。当时北京的甲、乙级建筑设计机构有140多家。[①]20世纪80年代中后期，最先在北方出现了当代建筑设计事务所的雏形，如大地建筑设计事务所、中京建筑设计事务所等，均由著名建筑师领衔，但在生产经营体制方面仍沿用国营建筑设计院模式。

进入20世纪90年代，市场经济快速深入发展，房地产经济开始兴起，建筑设计需求快速增长。巨大城市建设量吸引了全球建筑设计机构关注，大量境外设计师开始进入并抢占了国内高端设计市场，也让政府管理者认识到中西方巨大的建筑设计水平差距。到20世纪90年代末，在即将进入WTO的形势下，管理部门为提高国有建筑设计院的竞争能力，大力推进国企现代企业化改革，进行体制创新。1994年9月，国务院发布《关于工程勘察设计单位改建为企业的批复》，明确要求实行事业单位企业化管理的工程勘察设计单位逐步改建为企业，逐步向现代企业制度过渡，建立以适应社会主义市场经济体制的中国特色的勘察设计新机制。1995年5月，建设部发布《关于确定30个大型勘察设计单位作为现代企业制度试点单位的通知》，确定30个大型勘察设计单位作为勘察设

① 《建筑创作》杂志社．1978—2008中国建筑设计三十年．天津：天津大学出版社．2009：120

计行业建立现代企业制度的试点单位。大型国有建筑设计机构积极学习国外知名设计公司的经验，开始合并与重组，建企改制。在这一波国企改制过程中，还出现一些改制成民营设计机构的特例，如1993年11月，广东顺德市建筑设计院率先改制，签订承租经营合同，1995年职工出资买断全部产权，设计院改名为有限责任公司，成为民营企业。国有设计院转变为民营企业的高潮在21世纪初达到高潮。

管理部门层面在推进国企改制的同时，也积极推动本土建筑事务所发展，开始积极在国内进行设计事务所试点，20世纪90年代中期，我国开始涌现私人设计事务所，标志着中国建筑设计行业的全面市场化时代的到来。

二、设计事务所政策：从局部试点、谨慎控制到全面放开

20世纪90年代，面对中国如此大规模的城市化进程，吸引全球工程咨询行业关注，境外建筑师大量涌入，牢牢抢占了高端建筑设计市场，切分了建筑设计市场中利润最高的部分。本土建筑设计机构不敌国外建筑设计机构的残酷现状使得政府主管部门开始深思，并积极展开对国外建筑设计市场和知名工程咨询品牌的调研和学习。

发达国家建筑设计市场呈金字塔形结构，小型的建筑设计专项事务所占80%以上，同时市场细分特征非常明显，各类配套的结构、设备等专项事务所非常多，往往和建筑专项事务所形成良好的配合机制。充分市场化的竞争格局，使得即使较大的建筑工程项目也可以由专项建筑设计事务所完成，并保证设计品质。相比这一时期国内建筑设计行业情况，构成单一，国有设计院占绝大多数，设计师创作活跃度不够，个人工作热情较难发挥，设计院不管规模大小、资质级别，均采用大而全或小而全的综合设计院发展模式。体制差异是造成中西方建筑设计水平巨大落差的原因之一。

在现实行业情况下，管理部门开始设立鼓励个人建筑设计专项事务所成立，但出于安全性考虑和不对当时的国有设计院造成较大冲击，对审批成立的事务所数量进行了严格控制。在政策上允许在特定的地区，按照国家有关私营企业的规定和办法，设立私营设计事务所，从事相关专业和资格等级规定的设计业务。

建设部在《关于深化建设市场改革的若干意见（讨论稿）》中明确提出，将来我国勘察设计资质分类方式："勘察设计咨询单位的资质证书可分综合证书、专业证书和专项证书三类，每类设 2~3 个级别。综合类资质证书主要授予大型工程公司、工程咨询设计单位和勘察与岩土公司。专业类资质证书授予大多数工程设计单位。专项证书主要授予专业设计咨询单位。"这个观点的提出，说明我国在资质设定方面已开始逐步与国际接轨。在国际上，大型工程公司、工程咨询设计单位、勘察与岩土公司与专业类（实际上是行业的概念）工程设计单位与专业设计咨询单位三者之间的数量比例大约是 1∶2∶7，专业设计事务所占绝大多数。①

1993 年建设部正式印发《私营设计事务所试点办法》的通知，要求上海、广州、深圳市建委结合本市情况，抓紧进行试点准备工作，并将拟进行试点的单位报建设部审批。为了保证试点的成功，建设部规定其法人代表必须是有名望的高级专家或设计大师担任，并于 1994 年批准了第一批设计事务所试点。

在第一批设计事务所运行良好的基础上，管理部门加大了个人事务所推动力度，1995 年 5 月进一步修改和完善了试点办法，并决定将试点地区扩大为沿海开放城市和全国省会城市，每个城市可选定 1~3 个私人事务所进行试点，待条件成熟后，报设计司批准。至此，当时我国的私营建筑设计事务所增至 16 个，分布于深圳、广州、成都、沈阳、太原等城市，其中代表性的有深圳的左肖思建筑师事务所、太原的王孝雄建筑设计事务所、深圳陈世民建筑设计事务所、沈阳新大陆建筑设计有限公司等。经过几年的试点，根据各建筑事务所试点企业的反馈信息，由于当时建筑设计事务所还是个新生事物，社会信任度不高，虽然由当地知名建筑师领衔，但由于建筑师本身是技术背景出身，经营和管理能力较弱，因此造成"搞得好的、一般的、搞不下去的各占三分之一"的情况。②

针对这样的情况，管理部门考虑到当时国有大型勘察设计单位改制尚未完成，为避免因专业化事务所的快速发展导致国有大型勘察设计单位出现人员大量流失，开始对私营设计事务所的数量进行控制，使得这一批私人建筑设计专项事务所的成立高峰告一段落。

1999 年，国家正在积极筹备加入世界贸易组织，一旦加入，就意味着国内建筑设计市场全面开放，境外建筑设计机构将不再受到任何限制。面对国外建筑设计企业的有力竞争，国内建筑设计行

① 马自强．建筑设计事务所——大势所趋 [J]. 时代建筑．2001 年 01 期：10–11

② 叶如棠副部长在全国勘察设计咨询管理工作座谈会上的讲话摘录

业必须尽快提升竞争力。因此 1999 年 12 月国务院办公厅转发了建设部等六部委《关于工程勘察设计单位体制改革的若干意见》，大力推动国有设计单位建企改制，要求各国有设计院快速完成建企改制过程，从事业单位转变为现代企业。

国企改制的同时，国家继续积极推进本土建筑事务所的发展。2000 年 12 月建设部正式颁布《建筑工程事务所管理办法》《建筑工程专业设计事务所资质标准》。同时，在 2000 年年末的全国勘察设计工作会议上时任建设部副部长叶如棠明确提出要“积极稳妥地发展设计事务所，事务所开始全面尝试，设计事务所制度有利于把责任和从事设计人员的信誉联系起来，有利于保证工程设计质量”。在开业建筑师的选择上也开始放宽范围，鼓励发展一批在当地具有一定知名度的注册建筑师、注册工程师，特别是一些设计能力很强的中青年骨干领衔创办合伙人制的设计事务所。不过为了稳妥起见，有一个总量控制，在全国范围内达到 150~200 家的规模（表 1-3），保证不对当地原有的设计市场形成冲击。在这一阶段还是鼓励采取挂名制，在最大程度上保证自律性，一个人经营的就挂一

表 1-3 2000 年建筑工程设计事务所名额分配

序号	省市名称	事务所配额	其中综合事务所限额	序号	省市名称	事务所配额	其中综合事务所限额
1	北京	8	2	19	湖南	4	1
2	天津	5	2	20	广东	8	2
3	上海	8	2	21	广西	4	1
4	重庆	4	1	22	海南	4	1
5	河北	5	2	23	四川	5	2
6	山西	4	1	24	云南	4	1
7	内蒙古	4	1	25	贵州	4	1
8	辽宁	5	2	26	陕西	4	1
9	吉林	4	1	27	青海	4	1
10	黑龙江	4	1	28	甘肃	4	1
11	江苏	6	2	29	宁夏	4	1
12	安徽	5	2	30	新疆	5	2
13	浙江	8	2	31	大连	4	1
14	福建	4	1	32	青岛	4	1
15	江西	4	1	33	宁波	4	1
16	山东	7	1	34	厦门	4	1
17	河南	4	1	35	深圳	7	1
18	湖北	4	1		合计	170	46

个人的名，几个人合伙经营的可以挂几个人名字的组合。[1]

上海早于全国其他地区开始推行建筑设计事务所，之后出台的全国性标准有不少内容是在参照上海地方标准的基础上制定的。2003 年，上海按建设部标准批准通过的设计事务所已有 44 家，其中报建设部批准的有 13 家，占全国总量的一半以上，成为第一个“吃螃蟹”的地区。[2]上海第一批合伙人制的综合甲级建筑工程设计机构包括：大境建筑设计事务所、三益建筑设计有限公司、东江建筑设计有限公司等（图 1–3）。三益建筑设计有限公司是由原先上海长宁区某街道下属集体企业改制而来，1984 年改制后为乙级资质，由于企业运营状况良好，于 2000 年成为全国首批合伙制无限责任公司之中上海地区三家之一。同期取得甲级综合资质的上海大境建筑设计事务所骨干则来自上海本地传统的国有设计院，在国家政策引导下，离开原单位成立建筑事务所，大境设计从一开始就具有较高的大型公共建设计经验和完善的各专业配合基础，从而规避了一般建筑设计事务所的技术短板。这一时期建筑设计事务所申请大量涌现，掀起了成立高潮期。

2003 年 11 月建筑部《关于受理工程勘察、设计企业资质申请等有关问题的通知》中提道：“新设立企业申请建筑、结构、机电专业设计事务所资质不受指标限制。”这一政策的出台标志着国家对申请专业设计事务所的全面放开。

图 1–3　上海东江建筑工程有限公司在 2000 年代设计的浦东新区政府大楼荣获鲁班奖

① 孙田 . 中国私营建筑设计事务所相关资料汇编 . 时代建筑 . 2001 年 01 期：30–31

② 李武英 . 设计事务所发展空间很大 . 建筑时报 . 2003 年 03 月 17 日第 005 版

此后，建设部分别于 2001 年 10 月、2002 年 11 月、2003 年 7 月、2004 年 3 月、2004 年 11 月、2005 年 7 月 4 日、2005 年 12 月 5 日批准组建方案 28 家，共批准公布 7 批 230 家合伙人制的设计事务所，其中约 100 家是建筑专业资质，还有大约 35 家为综合甲、乙级（2 个乙级）。除了个别城市，基本上中心城市都成立了合伙人制的设计事务所（表 1–4）。

表 1–4　建设部批准的建筑工程设计事务所（第一至第六批）的地区分布

地名	上海	北京	广东	江苏	浙江	福建	天津	山东	山西	陕西	黑龙江	辽宁	河南	湖北	四川	云南	河北	内蒙古	吉林	重庆	江西	湖南	合计
数量	84	28	24	12	11	13	5	4	3	3	3	3	3	4	3	3	2	2	2	2	1	1	216

（统计资料来源：中国建设部网站）

2004 年 7 月 13 日，中国勘察设计协会民营分会在济南宣布成立，当时共有 60 多家会员单位，时任建设部建筑市场管理司司长王素卿又一次在会上表达了她的支持态度。同年年底，程泰宁、江欢成两位院士也被特批成立了名人挂牌的综合设计事务所，在当时引起广泛关注。

20 世纪 90 年代初开始涌现的第一批建筑设计事务所是当代民营建筑事务所的重要的组成部分，与西方发达国家建筑设计市场模式进行接轨。这些早期的建筑设计事务所往往由著名专家、优秀设计骨干主持，这一政策要求也形成了当代建筑设计事务所具有较高设计水平的群体特点。采用西方最常见的建筑设计事务所体制，使得当代中国建筑设计事务所具有了体制上的优势，有利于更好释放设计人员的设计才能，有利于更好与市场经济接轨，融入市场自由竞争的环境中。

三、行业资质管理

与西方采取建筑师个人资格的行业管理方式不同，中国建筑设计行业实行建筑师个人从业资格和企业资质双轨并行的市场管理模式，其原因在于在中国当下职业化体系还不健全的情况下，双轨制可以更大程度保证建筑设计的可靠性和安全性。政府管理者基于繁荣建筑设计行业、提升本土建筑设计竞争能力的目的，从 20 世纪 90 年代初便开始在政策层面积极推动国内建筑设计专项事务所的出现，但同时，又对年轻的民营建筑设计机构存在设计安全性的担忧，因此在不断放开建筑设计事务所申请的同时，也通过行业资质管理的方式来规范年轻的民营建筑设计机构。

在 1995 年批准成立的第一批 16 个私营建筑设计事务所中，由于开业建筑师都是业界建筑大师，个人信誉和经验有保证，因此建设部批准其所用的公司性质为有限责任公司，资质为综合建筑工程甲级，不少于 2 名专业工程师以上职称的股东共同提出申请即可。这一批成立的建筑设计事务所中包括深圳的陈世民建筑设计事务所、太原的王孝雄建筑设计事务所等。

2000 年，建设部正式出台《建筑工程专业设计事务所资质标准》，标志着国家对专业设计事务所申请的全面放开，但出于规范行业的考虑，在公司准入门槛方面有所提高。首先，由原先的 2 人提高至 3 人，要求必须由 3 个一级注册人员提出申请。其次，考虑到设计单位设计质量保证，将专业事务所企业性质设定为合伙人制，合伙人需要对设计事务所的债务承担无限责任和连带责任，这从公司性质上迫使事务所不敢接受项目挂靠等不规范市场行为，保证了建筑设计市场有序健康发展。

2003 年出台《关于受理工程勘察、设计企业资质申请等有关问题的通知》进一步放开了建筑设计事务所的数量，但与此同时收紧了对综合建筑工程甲级资质的审批，原则上除了对改制企业的支持，基本上不再审批综合资质。同年，为了解决专项事务所各专业分割后给甲方造成的不便，管理部门还出台了《关于受理工程勘察、设计企业资质申请等有关问题的通知》，提出“允许取得建筑工程建筑、机构、机电专业设计资质的设计事务所根据工程的类别和性质作为承包方对建筑工程项目的设计实行总包”，使各专项企业可以更好地在项目整体层面对甲方负责。2002 年起，在资质换证过程以后，部分乙级企业升为甲级，同时，建设部只在部分边远省、区保留丁级资质的规定，丁级企业逐步减少并合并为丙级，2004 年乙级企业总数增长 5%。

虽然我国实施西方建筑设计事务所企业模式，但实际运作下来存在不少问题无法解决。由于无限责任合伙制个人所承担风险很大，而我国工程保险制度并不完善，因此当企业规模扩张后，将对经营者造成较大风险。在西方发达国家，建筑事务所往往可以采取合伙人制和有限责任制两种，而在国内，只允许成立合伙人制。因此在 2007 年后，许多原先为合伙制的企业在保留原有甲级资质情况下，将企业性质转变为有限责任公司。

此外，建筑工程专业设计事务所的设计资质为建筑设计事务所甲级资质，必须与结构、机电专项设计事务所配合共同完成建筑施工图设计，但由于国内设计行业发育不成熟，没有形成一定数量配合专业的专项事务所，无法充分发挥市场经济自由竞争的优势，因此对于建筑专项事务来说实际操作起来有一定难度，建筑设计事务所往往是与综合性国有设计院形成长期配合关系，这种操作方式在一定程度上难以保证设计高品质。出于高配合度的要求，有些民营建筑设计机构有时也会出现一套人马两块牌子的现象，形成中国建筑设计行业特有的现象。

四、国有建筑设计院转制

我国的勘察设计单位大都成立于 20 世纪五六十年代，在改革开放前是在计划经济体制下隶属于各行政上级的事业性单位，并未形成一个行业进行管理。1979 年先在一部分单位进行企业化取费试点，1984 年全行业停拨事业费，实行企业化管理。①

当时虽然全行业开始积极探索由传统设计院体制向企业化经营和经济承包制体制转变，各地也陆续涌现了不少转制的个例，但从整体来看仍处于初步尝试阶段，还未全面展开。从 1994 年建设部提出全行业改企，历经 10 余年，勘察设计单位与建设单位（业主）之间形成供需关系和价值交换，初步形成了勘察设计市场。1999 年，为配合政府机构改革，国务院出台《关于工程勘察设计单位体制改革的若干意见》、2000 年又出台《关于中央所属工程勘察设计单位体制改革实施方案》，拉开了国有企业建企改制的序幕，在这一转制过程中涌现了大量民营建筑设计机构。当时改制主要通过几种方式：①职工出资购买国有净资产，改为纯民营企业；②对于资产存量大、员工购买力差的设计单位，可采取引进其他金融机构，通过信誉代管的方法，解决勘察设计单位员工购买国有净资产的资金；③经国有资产评估后，确定整体出售方案，经主管部门批准后，寻找买主一次买断，由于中小设计院的综合设计资质（甲、乙级）具有价值，同时建筑设计行业本身当时也处于良性发展阶段，吸引了不少社会资金的关注。

许多原有的中小企业，注册资金往往在 150 万元上下，企业规模小的二三十人，多的百来人，资产评估值少则不足 100 万元，多

① 韦青松 . 设计院建立项目经理制的研究 . 广西大学 . 2005

则二三千万元，这类属于国家“放小”的范围。对于这类“放小”企业，建设部及一些省市的建委一再发文要求国有资金全部退出，大多通过 MBO 方式完成，即由设计院经营者和技术骨干买断，转变为民营建筑设计机构。其中比较有代表性的例子有苏州市建筑设计研究院，该单位在 2000 年年底就开始按照“资产结构多元化、经营管理企业化、改企和转制一步到位”的思路进行企业改革探索，2002 年整体改制为有限责任公司，采用“企业职工持股、生产经营骨干控股”的原则配置股权，之后再通过几年时间逐步过渡到完全由生产经营骨干持股的模式（图 1-4）。

此外，各地区发展也不平衡，浙江省由于原有民营经济成分很高，市场民营资本活跃，这一时期改制企业较多，包括杭州市建筑设计院、浙江大学建筑设计院等当时较具规模的国营建筑设计院都在 2000 年年初进行了改制，激发了管理层的工作热情。无疑，这些完成改制的企业与当时未改制的企业相比，呈现出更大的竞争力。上海中房建筑设计有限公司前身是中房建筑设计院，该设计公司于 2002 年转制，也采用骨干集体持股的方式，在依托原有的资源的同时，实行现代企业管理方式，积极开拓市场、具有很强的服务意识，近年来发展迅速，呈现活力，2009 年入选中国民用建筑市场民营企业综合实力十强（图 1-5）。

在这股改制风潮中也出现了许多问题，如大型国有设计企业的改制相比小院来说艰难很多，以及在转制过程中出现了国有资产流失现象，许多设计企业的包括品牌、资质等无形资产被低估，这波改制热潮在 2004 年之后被管理部门叫停。

这些经历改制的企业在 2000 年之后开始呈现巨大发展活力，

图 1-4　2002 年苏州市建筑设计研究院改制为赛德设计，发展面貌焕然一新

图 1-5　中房建筑设计有限公司新办公楼内景

成为当代民营建筑设计机构的重要组成部分。与白手起家的民营设计机构相比起点更高，拥有品牌、人才、技术的优势，发展迅速，成为民营设计企业中的佼佼者。但同时，这些改制设计机构相比年轻的民营建筑设计机构，由于大多沿用原先的领导班子和管理模式，在一定程度上有较大的运行惯性，在公司战略、发展布局等方面显得更为保守。

此外，也有一些国营转制设计机构，在转制过程中虽然所有权发生改变，但仍沿用原有落后的生产经营模式，加之失去体制保护，面对越来越激烈的市场竞争，处境更加艰难。

第三节　不成熟的我国建筑设计行业

我国当代建筑设计行业与西方发达国家相比，在相关法律建设、市场准入、职业建筑师职业体系、招投标制度、行业管理等方面建设还不完善，使得整个建筑设计行业市场化程度不高，无法与国际惯例直接对接，对国内建筑设计机构的生存和发展造成一定影响。

一、建筑设计行业管理不完善

当代中国建筑设计行业经过 20 多年的快速发展，建立起了职业建筑师执业体系和设计市场管理体系，但与西方发达国家相比依然存在许多需要进一步完善的方面，需要为建筑设计企业提供更好的生存发展空间。现行的建筑设计行业管理在设计资质管理、设计备案、个人注册等制度上存在不少问题：①法律法规不健全，建筑设计招投标、承发包等规则仍不健全。②法律法规关于市场监管方面的规定和措施需加强。③工程咨询业完整概念尚未形成，长期以来管理条块分割，造成勘察设计企业功能单一，服务范围狭窄，没有形成为固定资产投资活动全过程提供技术性、管理性服务的咨询服务业体系。④市场监管、执法监督力量薄弱，违法违规现象得不到及时的处罚与纠正，执法水平不高。对国内企业从事工程设计活动的市场准入审批较严，而对取得准入后是否依法经营监管不力，工程设计市场比较混乱的局面一定程度还存在。违法经营、挂靠、压价竞争等扰乱市场秩序的现象还存在。⑤市场准入管理过多依赖行政手段，市场调节机制作用十分有限。目前工程勘察设计市场准入管理制度主要对企业进行审批，要求的标准、条件比较高，一定程度上限制了企业的正常经营活动，与国际上以个人执业资质管理制度为主的做法不同。[①]

在行业管理上，目前勘察设计、工程咨询和施工监理分别由不同的行政部门管理，行业协会也是多种多样，在一定程度上不利于设计机构拓宽经营业务，为业主进行全方位的咨询服务。国外建筑设计行业中确有规模大、实力强的综合性建筑咨询、设计公司，如美国 AECOM 设计公司等。但总体而言建筑设计、咨询公司的规模都并不很大，如美国 95% 的建筑事务所在 50 人以下，50 人以上的建筑设计事务所只占 5%，它们主要依靠独立经营、责权明确、宽广的业务范围、科学管理和精干的人才队伍，特别是靠提供优质建筑咨询服务而在国际市场上逐步树立较高的信誉。我国中小型勘察设计企业要想在愈演愈烈的市场竞争中站稳脚跟，除了自身的因素之外，政府也应打破条块分割，理顺管理体制，将勘察设计、工程咨询和施工监理由统一部门进行管理，尽快与国际市场接轨。[②]

此外，行业和地方市场保护的现象还普遍存在，直接产生了行政垄断问题，严重限制了企业的经营和发展。有些地方政府为了保护本地企业的利益，以种种借口限制外地建筑设计企业进入本地市场或违规收取备案费等，有些地区政府甚至要求外地设计院在本地承接项目时，必须所有设计人员到场签字，增加了不必要的人力成本，对外地设计机构造成不便。工程勘察设计市场准入的弊端在市场经济体制下已经十分明显，自由竞争原则的要求和表现是资源流动的自由化，这就要求采取措施限制垄断或者消除垄断。

与国际惯例建筑师个人资质管理体系所不同，我国采取设计单位资质为主，个人执业资质为辅的准入管理制度，与建筑设计活动具有技术含量高、技术复杂、个人创作的特点不匹配，一定程度上限制了建筑师个人的发展愿景和参与大型公共项目设计的可能性。

二、建筑设计事务所生存空间局限

建筑设计事务所形式是西方建筑设计行业最常见的建筑设计机构形式，这是由于西方发达国家建筑设计行业市场准入是建立在建筑师个人职业资质基础上的，而我国则实行单位准入制度和个人职业资质双轨并行，因此建筑设计事务所的生存空间受到较大局限。

① 方东祥 . 工程勘察设计市场管理：中国工程勘察设计市场准入管理制度改革研究 . 北京：知识产权出版社 . 2005.

② 周蓉 . 关于中小型建筑设计企业完善管理制度之探讨 . 中国科技信息 . 2009 年 10 期：220-221.

资质的限制导致建筑设计事务所较难进行全过程设计，必须借助其他专项事务所或者综合设计院的其他专业配合才能完成项目，较难保证其作品的完成度。相比建筑设计事务所，其他专业事务所发展更为被动，必须等建筑事务所来找配合，即使有项目也只能先去找建筑事务所，因此当前我国除了建筑设计以外的其他工种专项事务所数量较少，造成市场供给不充分，难以高效、高质量的进行设计。出于生存压力，不少建筑事务所不得不承接各类项目，使设计前期的优势不能很好体现。虽然政策层面上对于建筑事务所的申请已经放开，但实际运行中，不少建筑事务所仍然处于偏前期方案阶段，或者有些企业为了设计方便，申请了建筑、结构、设备等几个事务所资质，这种现象并不少见。

由于建筑设计事务所资质限制,使其无法承接重要的大型项目，在投标阶段就没有资格进入。这与国际惯例相悖，许多世界建筑名作并不产生于“大而全”的设计单位。如德国的贝尼什设计事务所，平时保持 12 人左右的规模，在慕尼黑奥运会设计竞赛获胜后就临时增加人力，完成后又恢复原来规模。闻名全球的澳大利亚悉尼歌剧院是丹麦青年建筑师伍重的个人创作。小型的建筑设计事务所往往更能彰显建筑师个人创意能力，在国际竞争中完全可与大型设计单位抗争，在中标成功后，根据任务的特点来选择结构和设备设计的合作对象。①

无法全过程控制项目、其他配合工种的专项事务所缺乏以及国内现行行业准入制度都让建筑设计事务所的生存空间受到限制，使其发展存在一定瓶颈。

三、压价竞争普遍存在

当前我国建筑设计市场未形成良好生态系统，没有形成明显的设计梯队，不利于形成差异化竞争。此外，虽然国家较早出台建筑设计收费标准，但在设计市场的实际运行过程中，依然处于指导价作用，建筑设计机构处于乙方的被动地位，设计费打折现象非常普遍。这些因素都导致建筑设计行业压价的恶性竞争现象普遍存在，更有极端的情况是，一些大中型设计机构内部不同部门甚至出现互相压价的现象，造成更为恶劣的建筑创作环境。对于民营建筑设计机构来说，与国有建筑设计机构相比在技术、人才、品牌、市场上都不占优势，在其起步阶段只能依靠“价廉物美”的方式来赚取回

① 张钦楠 . 对中国当今建筑设计体制的认识 . 时代建筑 . 2001 年 1 期：28–29.

头率，在规模扩张之后，由于传统中对于“民营”仍然存在接受度较差的观念，加之设计市场管理不够完善，在当下市场形势下，选择压价性竞争策略在民营建筑设计机构中仍然非常普遍。虽然深知低价竞争所带来的恶性循环和不可持续性，但不少机构管理者坦言，这是无奈之举，也有些认为企业发展前期可以通过低价策略来扩张市场，赢取市场份额，等企业建立品牌之后再提价。

此外，业务类型单一也是造成低价竞争的原因之一。当前我国建筑设计行业未形成细分化结构，建筑设计机构的服务更多地局限于设计这个主业上，而国外成熟公司则往往从前期策划、可行性研究、招投标代理、造价咨询到设计、监理，以及后期服务，提供全过程、全方位的项目管理服务。一些国际知名的工程咨询公司和工程公司的项目管理能力和工程总承包能力很强，市场范围遍及全世界，为业主提供从项目决策到设计、施工管理和交钥匙的全过程服务。而目前国内设计公司服务能力提升缓慢，因此“价格战”成为其重要竞争策略之一。

在《时代建筑》2011 年举办的“逃离上广北：设计机构如何应对人力成本上涨”行业论坛中，当场让到场的 12 位民营建筑设计机构管理者举手表决在 2011 年是否上涨设计费，当场所有管理者都表示 2011 年面对 GDP 上涨，设计费有所增长，幅度在 10%~30% 之间。同时，管理者们还表示，同年用于支付建筑师收入的人力成本也出现 10%~30% 的上涨。民营建筑设计机构在没有品牌优势的前提下，高薪成为吸引高端设计人才的不二选择，而设计费上涨需要面对市场检验，但人力成本却不断上涨，因此民营建筑设计机构尤其是中、大型规模的设计机构面临较大的生存压力，迫使不少企业在技术研发投入，品牌建设推广，文化建设等方面支出不断缩减，而这一做法长此以往也将限制企业发展空间。

第四节　加入 WTO——全球化挑战和机遇

国外研究机构很早注意到我国的经济增长。在指南性的手册《国际建筑设计名录》（*The International Directory of Architecture & Design*）中，是这样描述的：“……中国拥抱市场经济的结果显而易见。上海，这一国家的金融中心，涌现出无数的办公建筑，而南中国的‘经济特区’深圳，在最近的15年间，从一片稻田变为了小香港。”因此，作者总结到：“在令人难以置信的极短时间之内，无论是从亚洲还是世界范围来说，中国已经成为一股主要的经济力量。……中国市场太大，无法忽视。”另一方面，发达国家建筑设计机构的本国市场不断缩小，也迫使他们开始进军国际市场，特别是我国建筑市场。[①] 20世纪80年代开始，境外设计师伴随外资进入中国建筑设计市场，伴随中国经济持续增长，不断吸引更多知名建筑设计机构进入中国市场，并牢牢占据着国内高端建筑设计市场份额。

在民营设计机构规模化发展之后，其管理者开始从单纯模仿境外设计师先进的建筑设计理念转向进一步去学习其企业管理和经营方式，甚至资本的运用。在不断向国际先进发展理念的学习过程中，当代本土民营建筑设计机构正逐步走向成熟，不断积蓄能量，向着未来可以同境外优秀设计品牌同台竞争而努力。

一、境外设计机构强势进入

改革开放后整个中国城市建设设计行业对外打开的第一扇窗口，是国家高层领导请来贝聿铭先生设计了北京香山饭店，该项目1979年至1982年间实施完成，无论从设计本身还是设计背后蕴含着的开放意义，都可算是一个标志性事件。20世纪80年代中期，随着外商来华投资规模和力度的增大，投资项目数量膨胀性增多，项目规模从单栋或小组团向小区或区域扩展，投资范围从单项酒店向居住、商业、办公、厂房、工业区等发展。[②]

同时，从80年代起我国政府就允许国外设计机构与国内设计机构以合作设计的方式或成立中外合资、中外合作企业的方式参与中国境内项目的工程设计，当时诞生了深圳华森建筑设计公司为代表的早期合资建筑设计机构。同时伴随中国改革开放，第一批具有全球建筑市场敏锐度的国际设计企业，如加拿大的B+H等洋设计品牌开始进入中国市场。但在80年代末90年代初中国建筑市场突然转冷，许多重大工程都停滞下来，在这样情况下，直接导致第一批国际淘金者无力支撑，大批回国。1990年以前，欧美建筑师在亚洲业务主要集中在日本，1990年后日本经济下滑，市场热点转入东南亚。1990年以前，美国有15%~20%的建筑师失业，欧洲有约2万建筑师失业，拓展海外业务成为欧美建筑师发展的重要策略。

① 王妍.中国建筑事务所运作模式及发展对策研究.天津大学.2009.

② 吴志强，崔泓冰.境外规划设计事务所近年在中国大陆发展的记录与思考.时代建筑.2003年03期：29-34.

美国 RTKL 的海外业务占整体业务量的 30%，其中有一半工程在亚洲，KPF 有 35% 工程在亚洲，另外，如 Brennan Beer Gorman、SOM、Callison Architecture、Fox&Fowl、HLW、Kaplan Mclaughlin Diaz、HOK、John Portman&Associates 等著名大公司都大举进入中国。美国杂志曾称之为“carpetbagging”，如同南北战争时期去南部投机发财。①

进入 20 世纪 90 年代之后，上海浦东新区迎来了开发建设高潮，吸引了全球设计咨询行业的关注，这一时期主要涌入了大量北美公司，其目标在于承接当时国内的高端项目，完成了大批浦东核心金融区的项目设计（表 1–5）。这一阶段外来建筑师很大程度伴随着外来资本进入中国，并以港澳台地区、美国和日本建筑师较多，其中香港建筑师尤为突出，承接工程占到当时总量的 1/3 以上。②浦东高标准的开发起点，超大规模的基础设施项目引来国外著名的城市规划设计事务所的空前积聚：AS&P、Atkins、OBERMEYER、OSCAR FABER TPA、RRP、RTKL、SOM 等德、英、法、美大型或著名的设计事务所或咨询公司陆续进入中国，并在各地的项目中取得进展，部分公司原有的项目导向性的办事处开始向有长远发展计划的分公司转化。③

1995 年后，浦东开发导致的建筑热高峰已过，而国内房地产开始兴起，由于北美建筑师对现代社区的开发很有经验，受到市场的青睐。当时，不少境外事务所主要以承接住宅项目来盈利，维持经营。1998 年全球金融风暴结束之后，国内建筑市场迅速反弹，进入快速发展期，各地城市化进程空前高涨，而此时进入中国的境

表 1–5　部分在华著名规划设计机构业务量发展

机构名称	来华年份	在华业务量	相关比较指标
AS&P（德国）	1994	至 2003 年 4 月为 12 项	同期该机构全部同类业务总量为 66 项
RTAL（美国）	1994	至 2001 年 8 月为 12 项	该机构在美国同类业务总量为 166 项
SWECO（瑞典）	2001	至 2003 年 4 月为 5 项	虽然来到中国较晚，但短期内的大跨步发展使企业将中国定位于“一个潜力巨大的市场（a market of great potential，Mark Ryberg 语）”，显示出对中国市场的高度重视

（图表来源：吴志强，崔泓冰．境外规划设计事务所近年在中国大陆发展的记录与思考[J]. 时代建筑．2003 年 03 期）

① 陈瑛．上海中外合作设计杂谈．时代建筑．2005 年 01 期：19–21.

② 李冰．1978 年以来外来建筑师在北京建筑的相关研究．时代建筑．2005 年 01 期：14–18.

③ 吴志强，崔泓冰．境外规划设计事务所近年在中国大陆发展的记录与思考．时代建筑．2003 年 03 期：29–34.

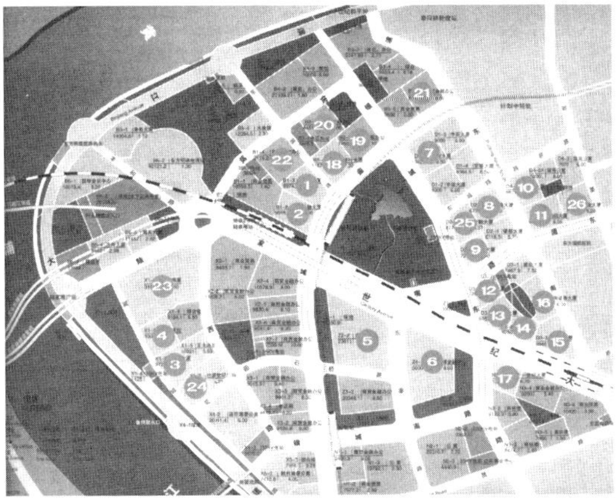

陆家嘴金融贸易区中心主要境外设计项目

项目名称	设计者及合作单位
1. 交银金融大厦	德国ABB/OBERMEYER 华东建筑设计事务所
2. 国际金融大厦	日本日建建筑设计事务所
3. 震旦国际大楼	久野秀晴（日本）
4. 浦东香格里拉大酒店	日本观先企画设计社
5. 金贸大厦	美国SOM建筑设计事务所
6. 环球金融中心	美国KPF建筑设计事务所
7. 上海森茂国际大厦	森大厦株式会社设计部　藤田 大林组株式会社
8. 新上海国际大厦	加拿大B+H建筑设计事务所
9. 上海招商局大厦	香港关善明建筑师事务所
10. 金穗大厦	香港冯庆延建筑师事务所
11. 中国船舶大厦	美国马丁建筑设计公司 中船第九设计研究院
12. 中国保险大厦	加拿大WZMH建筑事务所
13. 陆家嘴－伊藤忠开发大厦	美国SHC LTD（Swanke, Heyden and Connell）
14. 上海信息枢纽大楼	横谷英之（日本）
15. 浦发银行大厦	加拿大WZMH建筑事务所
16. 上海证券大厦	加拿大WZMH建筑事务所
17. 21世纪大厦	美国墨菲·扬建筑设计事务所
18. 上海银行大厦	日本丹下健三建筑设计事务所
19. 黄金置地大厦	Small Word, Reynolds, Stewart, Stewart & Associates
20. 新资大厦	美国KPF建筑设计事务所
21. 碧玉兰天	Associate Gresham Smith &Partners(美)
22. 平安保险	日本建设
23. 正大商厦	美国科联设计事务所
24. 花旗银行大厦	日本建设
25. 世界金融大厦	香港利安建筑工程开发顾问（中国）有限公司 美国S.W.M.B公司
26. 巨金大厦	美国FFGL建筑设计事务所

图 1–6　陆家嘴金融贸易区中心主要境外设计项目

图 1–7　设计新潮报道 AECOM 进入中国

外设计机构凭借其先进的设计理念和技术经验，稳稳占据了国内建筑设计的高端市场，成为国内设计院的重要竞争对手，对国内设计市场形成巨大冲击（图 1–6）。

20 世纪年代末期，境外设计师在中国完成了大量地标性建筑，广泛分布在重要城市的中心区，类型也从宾馆建筑转变为更为多样，包括北京恒基中心（香港关善明建筑师事务所）、中国工商银行总部（美国 SOM 建筑事务所）、中国国家大剧院（法国巴黎机场公司）、中国银行总行（美国贝氏建筑事务所）、北京中央商务区（CBD）规划（美国约翰逊·费恩设计事务所）、北京 2008 年奥运会总体规划（美国 SASAKI 设计公司与天津华汇设计公司联合设计）等等。据相关数据统计，截至 2000 年中国境内已有 100 余家中外合作、合营建筑设计事务所，世界排名前 200 位的工程公司和设计咨询公司也已有 140 多家在中国设立了办事机构，而到 2005 年这个数字已超过三分之二。①

境外建筑师进入中国市场在 20 世纪 80 年代末到 90 年代初和 90 年代末期形成两个高潮（图 1–7）。国外建筑事务所在体制、机制、经营模式、服务能力、管理水平和技术质量等等方面相对于中国大多数设计企业具有较明显的优势。民营建筑设计机构从其诞生那天起，就面对传统的国有设计院和境外设计机构的强势竞争，但也使其具有开阔的视野和高起点。处于人才和技术弱势的民营建筑设计机构，在其发展过程中，始终将境外设计机构作为其学习的对象。

总体而言，在国内从事建筑设计的境外设计公司主要有以下几类（图 1–8）：

① 吴刚 . 中国建筑事务所：在成长中走向市场 . 时代建筑 . 2003 年 03 期：36–39.

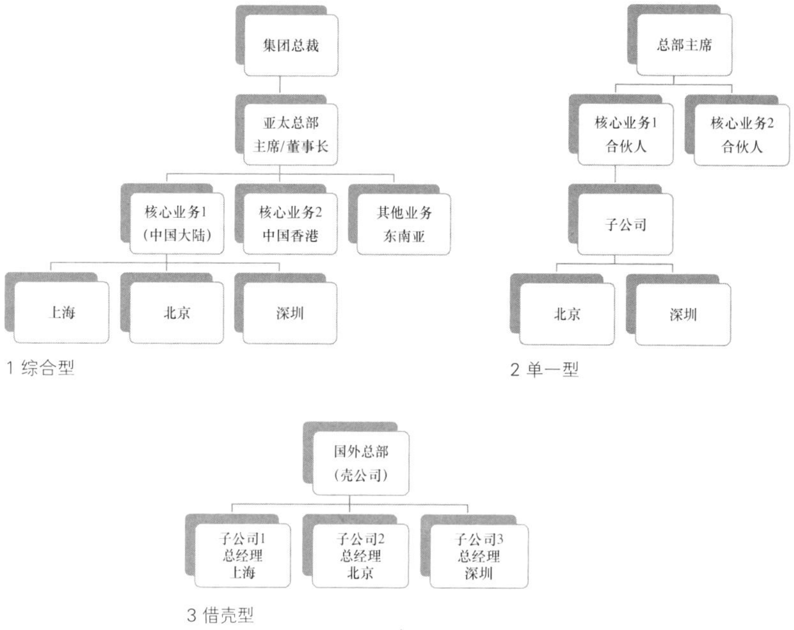

图 1–8　国际性公司类型示意图

（1）综合型。这类公司一般具有几条核心业务线，往往是规模化、全球性的工程设计咨询企业。在公司内部采用矩阵管理体系，具有业务线与区域线两条线。如 Atkins、Aecom 等。

（2）单一型。以建筑设计为主，业务类型相较综合型单一，但规模较大的全球性公司。如 SOM、GMP、HOK 等，这些建筑设计机构专注于建筑及相近专业设计，具有大批有影响力的作品，品牌价值很高。

（3）借壳型。这类境外建筑设计公司其在国外的总部往往是虚设的，有些只是在国外进行注册，由具有境外工作经历或者留学经历的高端设计人才回国创立，其经营活动全都在国内进行，打着国际招牌来获得市场信赖和认可。

二、“海归”咨询公司大量出现

境外设计机构虽然具有国际先进设计和技术经验，但其对中国本土文化的陌生及西方思维定势往往会导致其设计项目的“水土不服”。在国人崇洋的集体心态下，具有国际视野又谙熟本土项目运作文化的“海归”建筑师在国门开放初期受到市场青睐。[①]

这些优秀的“海归”建筑师有些是在国外接受过建筑专业学习后，又在国外设计公司工作了一段时间，积累了境外工程经验后回

① 李武英，支文军. 当代中国建筑设计事务所评析. 时代建筑. 2001 年 03 期：25-28.

国创业。也有一些设计师在境外设计公司国内分公司工作一段时间后，由于种种原因离开原有公司自主开业。独立申请设计资质的条件放开后，在1992年左右开始以咨询公司的形式在国内设计市场上大量涌现。

其已往的从业经验使其具有相比本土建筑师更先进的设计理念，同时其民营公司的体制也保证其具有良好的服务意识，因此受到市场欢迎，其中代表性企业包括上海海波建筑设计事务所（1994年成立）、都林国际（1995年成立）、上海兴田建筑工程设计事务所（1995年成立）、上海日清建筑设计有限公司（1998年成立）、上海泛太建筑设计有限公司（2001年成立）、AAI设计事务所（2003年成立）等（图1–9）。

图1–9 都林国际作品（2011年）

这些设计机构由于其主持设计师的从业经验，使其在对建筑设计的理解、建筑设计公司运作方式、项目运作方式等方面更接近西方设计机构。其往往在经营模式上沿用西方最常见的建筑设计事务所的模式，采用合伙人制，由设计总监带领设计团队，全面把控设计品质。这批企业在2005年之前迅猛发展，完成了大批有影响力的项目，但在经历了从20世纪90年代开始的近十几年中国高强度设计状态之后，这些“海归”事务所的当家人集体进入疲惫期，放慢了发展步伐。同时，由于这些“海归”设计师原先所在境外建筑设计机构大多不是规模型发展企业，因此这些“海归”建筑师，也往往选择了不刻意追求企业规模和利润的规模化发展路径，而是始终将企业保持在一定的规模，更多追求经济和设计品质相平衡，企业发展和扩张欲望并不强烈。

这些2005年前后在业界声名鹊起的设计机构无疑是对之后兴起的本土大型民营设计机构造成深远影响，是我国民营设计机构的早期代表。这些事务机构完成了大量有影响力的建成项目，在许多较大规模、较高端项目中完成原创设计，这对于长期以来高端设计市场被境外设计师牢牢控制的建筑设计行业来说难能可贵。这一时期代表性项目包括上海泛太建筑设计有限公司设计的九寨天堂甘海子国际会议度假中心（2003 年建成）、都林国际设计的宁波高教园区体育馆、训练馆项目（2003 年建成）、上海兴田建筑工程设计事务所设计的中国南通珠算博物馆（2004 年建成）、上海海波建筑设计事务所设计的上海电力调度大楼（2004 年建成）等。

上海海波建筑设计事务所的主持人吴海青是美国新泽西理工大学建筑学硕士、陈立波是美国迈阿密大学建筑学硕士，两人于 1993 年年初在美国新泽西州成立海波建筑设计事务所，其原创设计的位于上海市中心的建筑面积达到 6 万平方米的上海银城数码大厦在当时引起广泛关注，海波设计声名大噪。都林国际设计公司（该公司后被 AECOM 收购）主持人郑可获得巴黎大学博士学位，经过十年国内发展，2005 年在上海拥有近 50 名设计师，在北京、南京、杭州等地都设有设计团队，同年跻身上海市民营设计公司 12 强行列。

此外，由于这些设计事务所具有语言优势和熟悉境外项目运作方式，也在许多高端项目中成为境外设计机构的合作方，合作设计也成为业务重要组成部分。如泛太建筑设计有限公司 1997 年完成的长春五环体育馆便是与加拿大的 Annau Architect Co. 的合作。

三、WTO——资质的逐步开放

2001 年 11 月 11 日，中国成为世界贸易组织的成员国，我国设计行业又一次迎来市场重大变革，工程勘察设计咨询业隶属于服务贸易领域，所有成员国都必须接受《服务贸易总协定》（GATS）的规定。在入世谈判中，我国政府承诺允许国外企业以跨境交付和商业存在两种方式进入中国工程设计市场。跨境交付的方式，承诺“对方案设计没有限制，对除方案设计以外的建筑设计服务、工程服务、集中工程服务，则要求与中国专业机构进行合作”。对于商业存在方式，承诺允许“国外从事建筑、工程、城市规划服务的注册建筑师、工程师或企业通过在中国成立合资或独自企业的方式进入中国设计市场，且从中国加入 WTO 之日即可成立合资企业，在中国加入 WTO 五年后，允许设立外商独资企业，进入中国从事设计的建筑师及企业必须是在其本国从事设计工作的注册建筑师、工程师及注册企业[①]”。

① 韦青松 . 设计院建立项目经理制的研究 . 广西大学 . 2005.

在准备期的5年内，中国政府主管部门不断出台各种政策，目的在于逐步让外企的市场行为纳入合法的轨道，实现其在设计资质、项目类型、设计收费等方面与国内设计市场全面接轨，同时，通过5年缓冲期，让国内企业全面增强竞争能力，做好充分准备。

2002年12月，中国加入WTO一周年，建设部和外经贸部联合，分别以113、114和116号令的形式出台了外商投资建筑业企业、设计企业和城市规划服务企业的《管理规定》，这些规定对境外设计公司起到限制作用，迫于压力，2004年5月建设部出台《关于外企在中华人民共和国境内从事建设工程设计活动的管理暂行规定》，提出只要选择一家够资质的中国企业合作就可从事工程设计。同时，管理部门积极推行国内设计企业的体制改革，鼓励机制搞活，明晰产权，留住人才，另一方面大力发展民营、专业设计事务所，以与国外的体制相对应。《建筑工程设计事务所管理办法》《建筑工程专业设计事务所资质标准》《关于受理工程勘察、设计企业资质申请等有关问题的通知》等政策制度的陆续出台，标志着全面放开事务所申请，进一步加大力度鼓励国内本土设计力量崛起。2006年出台《外商投资建设工程设计企业管理规定实施细则》，从此外资企业取得资质与中国企业一样毫无悬念。从《中大型建筑工程项目方案设计招投标管理办法》《大中型建筑工程项目方案设计编制深度规定》到《关于加强大型公共建筑工程建设管理的若干意见》表现出管理部门在大型公共建筑的高端市场上对国内国外设计企业利益的权衡。至此，在资质、招投标、方案设计等方面，外企全面接轨国内设计市场，打破保护性的思维，在更为公平开放的市场环境中同台竞技。

在入世5年保护期中，当代中国建筑设计机构经历了高调准备、局部突破、整体徘徊、临时冲刺几个状态。从入世初期整个行业呈现出跃跃欲试的昂扬状态，随后部分单位在产权制度改革、战略转型、国际化经营等方面积极的探索，并取得了局部突破，随之而来的却是整个行业对于改革、转型的停滞与徘徊。进入2006年，整个行业再次呈现理性的冲刺。[①]

四、国际资本进入：收购风潮

20世纪之交，资本力量开始进入建筑设计领域，境外设计公司的疯狂收购让国内设计行业看到了新的发展模式。全球最大的

① 祝波善. 悟行. 内刊. 2007.

建筑设计机构 AECOM 从 1990 年开始其收购计划，截至 2010 年共收购了 30 家左右的各类设计相关公司，仅 2007 年一年内就收购了 6 家公司，其中包括中国的城脉设计，2008 年又收购了 4 家公司。在中国除了城脉，AECOM 还入股南昌设计院、中国建筑西北市政院，之后其管理层声称未来将不再会以这种方式合作，目标是 100% 收购。此外，境外公司为迅速扩大在中国的市场份额和行业资格，收购并购市场行为频出。2002 年美国史密斯集团收购了长宁区设计院，成立上海思纳史密斯建筑设计有限公司（甲级）。2007 年五合国际正式收购北京民营甲级华特建筑设计院。

1990 年创立的 AECOM 前身为一家石油公司，通过大规模的全球收购，2007 年在纽约上市，2011 年营业额近 60 亿美元，足迹遍及 100 多个国家，业务涵盖交通运输、基础设施、建筑、工程、规划设计、环境、能源等领域，提供设计咨询和项目管理服务，4 万多名员工，在 2011 全球工程设计企业排名中位居第二，长期位列前 5（图 1-10）AECOM 之所以收购城脉设计是看中其原先占有的市场份额、良好发展前景及其对中国设计市场的熟悉度。同样，美国史密斯集团收购长宁区设计院和五合国际收购华特建筑设计院的目标就是其资质优势，时任中国区总经理的陶滔表示：目前五合国际的快速发展遇到两大瓶颈——人才和资质，因此我们需要与中国的一些机构进行联合，共同面对激烈的市场竞争（图 1-11）。

中国本土设计机构之所以愿意被收购，往往是因为遇到了发

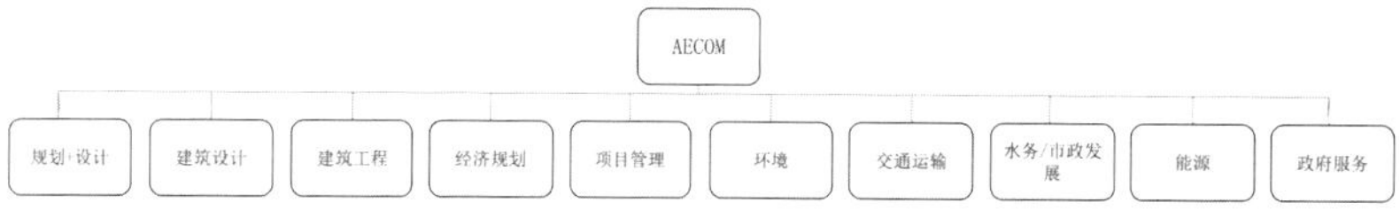

图 1-10 AECOM 全面业务布局（2011 年）

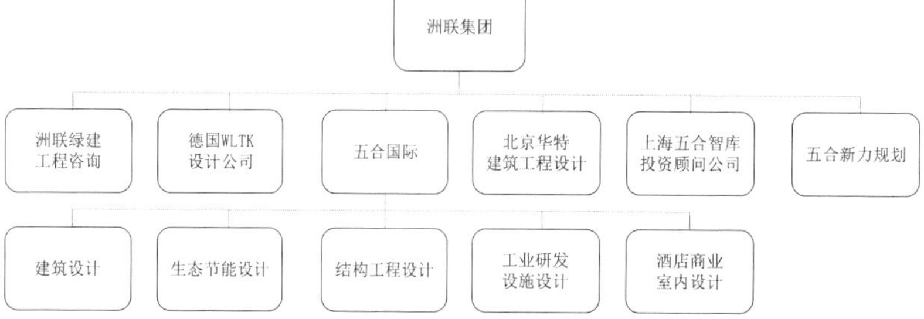

图 1-11 洲联集团构架组织图（2011 年）

展瓶颈，依靠自身能力在市场、人才、技术等方面都难以突破，因此希望通过平台转换，注入跨国公司先进的技术和管理模式，谋求全新发展。AECOM 在收购城脉一年后，对它进行各方面改造，包括财务系统、预算、运营等，理顺城脉的管理系统，对员工理念、国际标准以及外语能力等方面进行培训和提升，全面改变城脉原先是传统本地公司的管理方式。2002 年史密斯集团收购了长宁区设计院后，又对其注入了资金和技术力量，为其发展创造了更大空间。

伴随中国建筑市场的持续火爆，建筑设计行业吸引了世界投资商的目光，与 20 世纪第一批来中国淘金的境外建筑设计机构不同，2005 年后涌入国内的国际工程设计企业和投资商资金雄厚，看重中国城市化进程中蕴藏的商机，具备全球化视野、跨国公司管理经验、国际资金运作的能力，通过收购并购等资金运作方式，通过购买传统设计机构的人才、经验和资质，从而实现其迅速扩张、快速盈利的投资目的。这些国际性公司与传统境外建筑设计事务所不同，其往往涵盖所有工程设计门类，提供全过程的工程咨询和设计服务，加上丰富的全球工程经验，受到市场青睐。这类工程设计公司的进入对原有中国传统建筑设计市场的形成冲击，打破原有市场格局，成为境外设计师中不可小觑的力量，迅速抢占中国高端设计份额。以 AECOM 为例，其不仅收购中国当地设计机构，国际知名设计品牌易道、城脉、安社、茂盛都是其近年来收购战略中的成果，2009 年 AECOM 高调宣布将其历年来在全球收购的 30 多家公司取消原名称而进行统一品牌运营，全面抢占中国市场。而其入股南昌设计院、中国建筑西北市政院则是看准中国西部大开发，完成其在中国的全国布局。

打破原有自然生长的设计机构发展模式，在设计行业运用资金的力量达到超常规的发展模式也给国内许多民营建筑设计机构启示，国内也出现不少设计机构互相兼并的现象，如同济大学建筑设计研究院并购了上海商业设计院，龙元建设收购上海房屋建筑设计院 51% 的股份，中天集团收购天津民用建筑设计院，厦门市建筑设计院收购南昌市建筑设计院、福建省工程咨询建筑设计公司等。此外，浙江华汇集团在绍兴地区市场上通过参股的形式基本上把所有较具规模的设计院都纳入旗下，基本“统一”了当地市场。

第五节 话语权的缺失

民营建筑设计机构虽然在经济层面收益可观，但远离中心话语权，在主流学术和行业层面长期处于边缘化状态。相较之下，国有建筑设计院则把控着行业、学术的话语权，具有隐形权利。这些隐形权利体现在，诸如优先审批行业资质、“给予”行业地位（如将一些行业协会、学会、期刊、质量检测中心、发展指导中心挂靠在大中设计院）、优先考虑学术学科名誉人选等方面，使大中设计院具备树行业大师、学术名人的便利优势。①

一、学术话语权的缺失

民营建筑设计企业在近十几年的发展过程中，完成了经济基础的积累，2005 年后开始认识到企业品牌的重要性，对自身品牌建设和传播有了很大的需求，谋求在各大专业媒体上增加曝光率。同时，伴随民营建筑设计机构的快速发展，已成为行业里重要组成部分，其作品和建筑师也逐渐开始在各类评奖活动中出现。如由“建筑中国”主题系列活动组委会主办、中青国际（香港）有限公司、BIAD《建筑创作》杂志社以及中国青年高级人才培训中心联合承办的“全球华人青年建筑师奖”于 2007 年举办了首次评选，一共 10 名，评选出的建筑师来自国营、境外、民营，其中民营设计机构的建筑师占到 2 席。作为国内学术引领的中国建筑学会，下设多个奖项，其中建筑师个人最高奖项的梁思成奖项长期以来被国营设计院的设计师垄断，而在青年建筑师奖项中，民营建筑设计机构的建筑师开始出现，占比逐年上升，从其 1993 年举办第一次到 2008 年第七届，每次评选 30 名，民营设计机构建筑师第一次出现在 1998 年第四届上，第五届上占 2 名，第六届 3 名，第七届 5 名（图 1–12）。在建筑作品奖项中，民营建筑设计机构主要集中在佳作类中，进入优秀类较少。总体来说，民营建筑设计机构由于地位上升，开始逐步进入学术领域，但所占比例还很低，含金量高的奖项染指机会不多，与其经济地位并不匹配。而在一些交费性质的协会团体会员栏中，民营建筑设计机构参与度很高，表现出这一群体对于参与学术活动的积极性。

图 1–12 历年青年建筑师奖中民营设计机构建筑师获奖人数（1993—2008 年）

国内目前也有一些专业媒体开始关注正在蓬勃发展的民营设

① 易冰源 . 国内大中型建筑设计院之发展分析 . 中国勘察设计 . 2004 年 1 期：7–11.

计企业，如《设计新潮》，从 2000 年初就将自身定位于聚焦在民营建筑设计企业上，注重报道的时效性，关注当下行业动态。从 2003 年起更是推出“di 建筑设计行业排行榜”，统计大量数据，出版增刊，采访企业管理者，对这一群体的发展起到积极推动作用。此外还有一些活跃的报纸和网络媒体，如“筑龙网”“建筑时报”“建筑周刊”等，都越来越多关注和报道民营建筑设计机构，对其发展起到积极推动作用。这些专业媒体更多是采用及时报道的方式，对于这一群体还缺乏系统性、研究性的学术文章的出现。另外也有一些媒体在做一些介绍深度上的突破，如《时代建筑》从 2006 年开始推出《时代建筑别册》，每期一本，用较大的篇幅全面、系统的介绍建筑设计机构，包括其经营理念、企业战略、建筑师、作品等，成为展示这一群体的重要窗口。在其出版的二十多期别册中，民营建筑设计机构占据 80% 以上，也从另一个侧面显示了民营设计机构对自身品牌建设和传播的重视。

翻阅国内有影响力的几本学术刊物，除了明星事务所以外，民营建筑设计机构发表的高质量的文章迹象难觅。相反其经常出现在杂志的广告板块，或者理事会等需要付费的栏目中。这表明其在学术上的话语权仍然处于缺失的状态，造成这一现象的原因有几个：首先，民营建筑设计机构长期处于追求经济效益的发展阶段，对学术追求和话语权获得层面关注较少，企业较少对建筑师进行这方面引导和鼓励，造成项目或理念宣传较少；其次，民营建筑设计机构的建筑师过于忙碌，生产压力大，对于思想理念的整理总结和提升往往心有余而力不足。此外，表达和宣传技巧的缺乏，相较国外成熟机构的企业宣传表达技巧，国内民营建筑设计机构还处于初步阶段，对品牌的描述和宣传缺乏持续性，往往凭借一时兴起而投入，缺乏持续性。从《时代建筑》2005 年到 2007 年发表学术文章统计结果来看，民营建筑设计机构发表的学术书基本保持在 10% 左右，发展缓慢，2005 年之所以占到 11% 是因为在该年度中有一期杂志选题为“中国年轻一代建筑师”（图 1–13）。

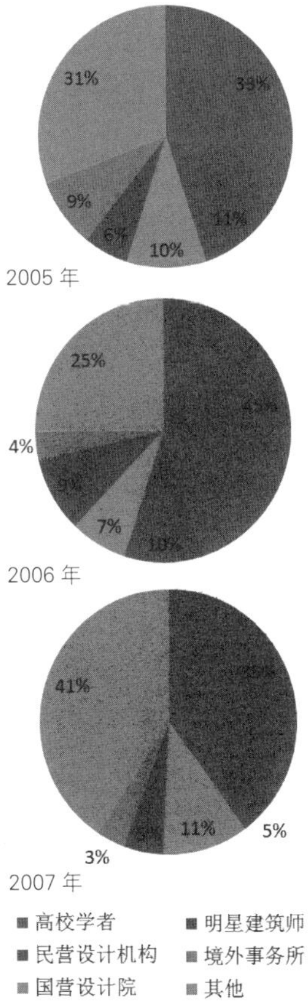

图 1–13 2005—2007 年《时代建筑》作者单位统计图

二、行业话语权的

1997 年 11 月，全国 16 家私营建筑设计事务所在深圳成立了私营建筑设计协会，标志着民营建筑设计机构的群体意识萌发，开始谋求这一在当时还非常稚嫩的群体在整个建筑设计行业中的话语权。

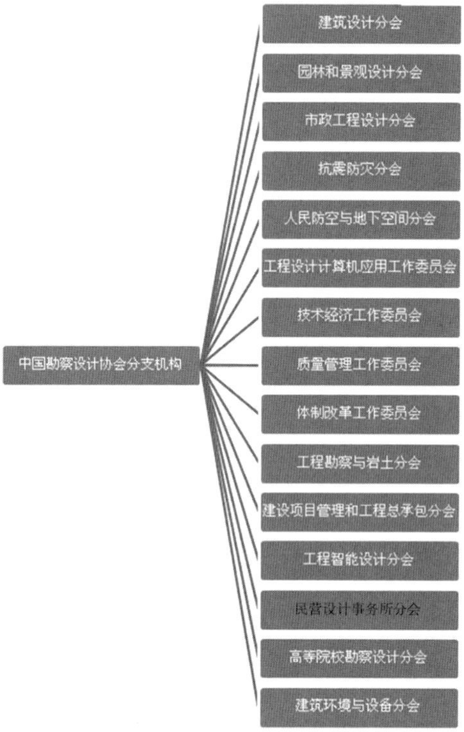

图 1–14　中国勘察设计协会分支机构及组织构架（2011 年）

进入 2000 年之后，民营建筑设计机构开始迅速成长，经济地位愈发明显。2004 年 7 月中国勘察设计协会民营分会在济南宣布成立，当时就已经拥有了 60 多家会员单位。在全国性行业组织中国勘察设计协会下设立分会，标志着管理部门层面已经认识到民营设计企业的崛起。分会成立有效传递企业与管理部门之间的信息，更好地为整个民营建筑设计行业服务。民营分会成立后，通过组织学术交流、专题研讨，以及各种技术业务培训、座谈、参观、考察等活动，活跃学术思想，促进行业发展，加强了民营设计企业与国内外的交流与合作，为广大会员提供了积极有效的服务（图 1–14）。

近年来，随着民营建筑设计机构群体的扩大，不少企业管理者希望在行业层面具有更多地参与和互动，自发地聚集一些同地区的同类企业共同组成类似行业协会的民间组织，定期举办各类交流活动，如北京地区的民营建筑设计企业成立北京民营工作委员会，希望构建与政府管理者交流的平台，促进行业良性发展（图 1–15、图 1–16）。但总体上来看，民营建筑设计机构的行业的话语权还有待进一步提高。

图 1–15　北京民营工作委员会交接仪式

图 1–16　北京民营工作委员沙龙活动

第六节　政治、经济要素共同构筑外部发展环境

将中国当代民营建筑设计机构的成长环境中的各种因素进行分析，有利于其发展的环境因素包括政策推动、地产业发展、国际化背景，同时，其也面临成长挑战，包括地产转型、资质限制、话语权缺失等。

一、有利的环境因素：政策推动、地产业发展、国际化背景

回顾当代民营建筑设计机构的发展历程，会发现其诞生与发展得益于许多因素的共同作用：不断开放的政策为其产生提供前提条件，近十几年高速蓬勃发展的房地产业为其提供了饱和的业务支持，而国际化的社会环境为其提供超越原有设计院体制，增强企业发展能力，站在高发展起点上。

从最早 1993 年建筑设计事务所试点，到 2000 年建筑设计事务所开放，再到 2003 年建筑设计事务所申请不受任何限制。这些政策出台从根本上直接导致大量民营建筑设计机构的诞生。怀揣着建筑理想、自主创业的建筑师主要来自几个层面：早期负有盛名的业界专家、学成归来的“海归”、从原有设计院中辞职下海的业务骨干，都在政策感召下，尝试借用西方模式，走上自主创业的道路。政策出台有效打破了原先设计院事业单位的模式，使建筑设计行业同其他许多行业一样，在市场经济环境中，优胜劣汰，直面竞争。从 20 世纪 80 年代初开始的建筑设计行业市场化进程，在经历了承包责任制、国有企业改制、民营企业快速崛起、WTO 之后行业的全面开放之后，无论是国营设计院还是民营设计机构都更为市场化，竞争力都不断增强，建筑设计行业的整体水平获得长足进步。

20 世纪 90 年代中后期，中国房地产开始蓬勃发展，同时，国家政策鼓励房地产业的民营化，这一特征决定了开发商与民营建筑设计之间的良好对接，毫无疑问，正是庞大的住宅设计业务量带来民营建筑设计机构的迅速发展，不少民营建筑设计机构的第一桶金正是来自住宅设计板块，这一时期涌现了许多住宅设计品牌企业。住宅设计周期短，利润率高，一般规模化民营建筑设计机构住宅类型都要占到 50% 以上。一旦设计公司签订了几个战略性合作的一线开发商，其规模就会迅速扩张。以住宅类型为主成为民营建筑设计企业从诞生到现阶段的一个重要特征。住宅类型的规模化设计加上直面市场和使用者的产品特征，在开发商和建筑师共同努力之下，使得我国住宅的品质得到快速提升。

民营企业的发展几乎是与国际知名设计企业大规模进入中国建筑设计市场同步开始的，因此长期以来民营建筑设计机构对于国际设计机构并不陌生，其设计的项目就在其工作的城市中，许多以前的同事、同学在境外公司工作的也不少，民营建筑设计机构成长在更为国际化的环境之中，其对于境外设计机构的学习也更为便捷。这些外部环境使当代民营建筑设计机构具有国际化视野，善于将西方成熟经营理念、管理方式和中国当下现实相结合，决定其具有更大的发展空间。

二、不利的环境因素：地产转型、资质限制、话语权缺失

从 2005 年开始的几波房地产宏观调控使房地产行业开始重新思考其产品布局和发展战略，告别粗放发展阶段之后，开发商开始逐步从纯住宅开发转型去涉足其他新的项目类型。地产商的集体转型对以住宅类型为主的民营建筑设计机构提出新的挑战。新的建筑类型对技术和团队配合提出更高要求，而长期以来民营建筑设计机构的组织构架、项目操作过程基本与住宅类型设计生产相配套，具有巨大的惯性，因此项目类型转变会对企业内部的管理和人才配备提出新的要求。在转型过程中，民营设计企业无疑需要放慢发展速度，一定程度上需要用住宅类型的产值来贴补处于研发阶段的建筑类型，在科研上投入更多资金。对于规模较小的建筑设计机构不会产生太大影响，而对于需要大量品牌地产商支撑的大规模的民营建筑设计机构来说，必须逐步摆脱对住宅类型的依赖性，逐步根据自身优势，进军新的建筑类型，成为更为综合的建筑设计机构，抵抗

市场调控因素。

2003 年《关于受理工程勘察、设计企业资质申请等有关问题的通知》出台，标志着申请建筑设计事务所全面放开，但我国由于实行企业资质管理体系，其所批准成立的建筑设计事务所也只是西方事务所中的一种，必须采用合伙人制，注册建筑师必须承担无限责任。加上在我国工程保险还不是很普及，使得建筑事务所在规模化发展时面临很大问题。不少企业在保留建筑设计专项甲级资质的情况下，将企业性质改为有限责任公司。我国当下行业状况下，与建筑设计专项事务所配套的结构、机电专项事务所较少，无法为建筑事务所提供高质的服务，这就导致许多建筑事务所只能寻找综合院配合，在这种情况下，建筑完成度无法得到有效控制。同时，由于建筑设计过程中缺乏各专业有效沟通，使得建筑设计事务所对于建造过程的把握流于形式，也制约了其设计能力的进一步发展。而国家出于对设计安全的考虑，近年来对建筑设计综合甲级资质的限制比较严格，使大多数建筑事务所无法改变方案设计过程中与各专业配合薄弱的现状。

民营建筑设计机构由于其民营身份长期以来虽然在经济层面获得重要地位，但远离中心话语权，长期处于边缘化状态中。相较之下，国有建筑设计院则在把控着行业、学术话语权，具有隐形权利。现存的国内大中型设计院基本都是在计划经济时期按条块分割、区域分割格局组建的，在行业位次上一般具有以下优势：一是处于地区行业的“中心”位置，相当一部分设计院充当着国家、地区行业发展的领头羊并担当着行业发展、技术支撑的角色。一些设计企业甚至掌控着部分政府资源（如被赋予地区行业指导、行业规范编制归口等职责），具有经营政府、舆论造势、运作政策的特殊“位次”。二是在行业领域充当政府参谋。在很多建设信息的知情上先于市场、“准”于市场：首先，国家主管部门在制定重大行业政策时，往往会倾听行业主导企业的声音；其次，在进行有关建设规划时，特别是国家的大区域规划和大都市圈建设，请来发言的往往都是国有设计研究大院的专家、学者。设计院借此可以通过获得的信息，紧贴追踪，捷足先登，或是根据情势预测，调整业务战略。诸如优先审批行业资质、“给予”行业地位（如将一些行业协会、学会、期刊、质量检测中心、发展指导中心挂靠在大中设计院）、优先考虑学术学科名誉人选等方面，正是这些便利，使大中设计院具备了树行业大师、学术名人的便利优势。而这对于一部分热衷事业发展和希望“专业成就”“学术地位”的精英人才来说就十分重要。①

近年来，民营建筑设计机构虽然在品牌建设和传播上花费了不少资金，但其仍没有走出行业和学术话语权缺失的尴尬局面。话语权是企业软实力的重要体现，需要企业对其在在这方面投入更多精力和付出。伴随民营建筑设计机构在整个行业所占比重越来越大，必将受到主流层面更多关注，获得更多的话语权，真正与其所创造的经济效益相匹配，以更主动方式参与行业发展中去。

① 易冰源 . 国内大中型建筑设计院之发展分析 . 中国勘察设计 . 2004 年 1 期：7–11.

第二章　民营建筑设计机构发展历程

当代中国民营建筑设计机构诞生于 20 世纪 90 年代初，在建筑市场持续繁荣中保持高速发展状态，已走过十几年的发展历程，本书在本章中将根据时间纵轴，对这一发展过程进行回顾、总结和归纳，对每个阶段的社会经济发展条件、代表性民营建筑设计机构、代表作品、行业大事件等进行梳理。

第一节　中国近代建筑事务所发展概况（19 世纪下半叶—20 世纪中叶）

建筑师作为一个新的职业在中国出现是在 19 世纪下半叶。鸦片战争之后，中国被迫开放门户，一些西方职业建筑师也随着其他西方移民一起逐步进入中国，并最先在上海立足。至 1910 年，在上海的开业建筑事务所已有 14 家，其中包括玛礼逊洋行、通和洋行、新瑞和洋行等较为知名的建筑设计事务所，完成项目包括上海外滩中山东一路 6 号原中国通商银行大楼、现存上海外滩中山东一路 19 号原汇中饭店（今和平饭店南楼，建于 1906 年）、上海外滩中山东一路 7 号原大北电报公司大楼、1934 年的麦特郝斯脱公寓（今上海泰兴路泰兴公寓）。其中，当时上海最大、最有实力的建筑事务所为公和洋行，1890 年开始公和洋行由其两位合伙人巴马和丹拿主持，其英文名称也随之改为 Palmer & Tumer，并一直沿用至今，其在当时的代表作包括汇丰银行、海关大楼、沙逊大厦、中国银行等上海外滩重要建筑物。19 世纪末 20 世纪初，洋建筑师的进入直接使建筑师这一舶来职业进入中国，同时也在当时上海留下了许多时至今日还保存完好的建筑物（表 2-1）。

表 2-1　19 世纪末 20 世纪初上海外国建筑师事务所汇总

建立年份	事务所名称	主要建筑师	重要作品
1885 年	玛礼逊洋行	G. J. Morrison F. M. Grantton（RIBA）	中国通商银行、汇中饭店
1896 年	新瑞和洋行 Messrs. Davies& Thomas Civil Engineers and Architects	G. Davies C. W. Thomas	上海德律风公司
1898 年	同和工程司 Atkinson& Dallas Architects and Civil Engineers Ltd.	B. Atkinson A. Dallas	大北电报公司大楼、新世界游乐场
1912 年	公和洋行 （巴马丹拿事务所） Palmer& Turner Architects and Surveyers	G. L. Wilson	汇丰银行、海关大楼、沙逊大厦、中国银行
1913 年	德和洋行 Lester，Jonhson & Morris	H. Lester G. A. Jonhson C. Morris J. R. Maughan	先施公司、字林西报大楼、仁济医院
1925 年	邬达克事务所 （此前在克利洋行）	L. E. Hudec	国际饭店、大光明电影院
	哈沙德洋行 Hazzard and Phillip	E. Hazzard E. S. J. Phillip	永安公司新大楼、金门饭店、西侨青年
	赖安工程师事务所 （即责安公司）	A. Leonard P. Veysseyre	万国储蓄会大楼
	倍高洋行 Becket& Baedeker	H. Becketr C. Baedeker	德国总会、俄华道胜银行
	马海洋行 Moorhead& Halse	R. B. Moorhead S. J. Halse	跑马总会新厦

（资料来源：邹德农先生《中国现代建筑史》）

进入 20 世纪 20 年代后，洋建筑师一统天下的局面被打破，中国第一批留学西方的本土建筑师回国并陆续开设建筑事务所。1936 年上海登记注册的建筑事务所共 36 家，中国建筑师就占了其中的 12 家，进入快速发展阶段。

早在归国留学生开设建筑事务所之前，1915 年上海就出现了中国人自己开设的建筑事务所周惠南打样间。周惠南打样间也是迄今为止所知道的最早的由中国人开设的建筑事务所。该事务所曾经设计过剧场、办公楼、住宅、饭店等各类建筑，其中以上海大世界（建于 1917 年）最为著名。①

在近代中国留学归国的建筑师开设的建筑事务所中最早最有

① 王妍 . 中国建筑事务所运作模式及发展对策研究 . 天津大学 . 2009

影响是基泰工程司，其设计项目包括沈阳京奉铁路奉天总站、北京交通银行、清华大学图书馆扩建、南京中央医院、中央体育场、中山陵音乐台、上海大新公司等，这些项目遍布全国，具有很高的建筑艺术价值。基泰工程司创立于天津，在北京、南京和上海等地设有分部。此外，其他有较大影响力的留学生创办的建筑事务所还包括：吕彦直和过养默、黄锡霖合伙组建的东南建筑公司、华海建筑事务所、凯泰建筑事务所等。20 世纪二三十年代，现代建筑学在中国逐步确立，其标志性事件是：①一大批留学国外的建筑学生回国创业，促使建筑专业在中国的社会知识体系和专业分工中独立；②高等教育开办了建筑系；③中国建筑师学会成立。[①]

留学生开办建筑事务所的高潮一直持续到 20 世纪 40 年代，其中创办于 20 世纪 30 年代的较有影响力的建筑事务所包括：毕业于美国宾夕法尼亚大学的建筑硕士赵深、陈植和童寯组成的华盖建筑师事务所、董大西建筑师事务所、杨锡镠建筑师事务所和兴业建筑师事务所等。20 世纪 40 年代后又有由戴念慈、徐尚志组建的信怡工程司，黄家骅主持的大中建筑师事务所，陆谦受、黄作燊、王大闳、陈占祥和郑观宜组建的五联建筑事务所，张玉泉和费康组建的大地建筑师事务所，唐璞主持的天工建筑事务所，刘鸿典主持的鼎川营造工程司等（表 2–2）。

表 2–2　20 世纪三四十年代留学生开办的建筑事务所

设立年份	事务所名称	建筑师	所在地
1921	彦记建筑事务所	吕彦直	上海
1921	基泰工程司	关颂声、朱彬、杨廷宝、杨宽麟	天津
1922	华海建筑事务所	柳士英、刘敦桢、王克生、朱士圭	上海
1925	庄俊建筑师事务所	庄俊	上海
1927	范文照建筑师事务所	范文照	上海
1930	华盖事务所	赵深、陈植、童寓	上海
1930	董大西建筑师事务所	董大西、哈雄文	上海
1932	李锦沛建筑师事务所	李锦沛、李扬安、张克斌	上海
	中国工程司	阎子亨	天津

（资料来源：邹德农《中国现代建筑史》）

当时留洋归来的开业建筑师大多为官宦巨贾之后，拥有广泛深厚的社会关系，自身素养也都很高，为当时建筑师这一新兴职业取得了比较高的社会地位，也赢得了较为宽松的创作环境，但是，在

① 赖德霖．重构建筑学与国家的关系：中国建筑现代转型问题再思 [J]. 建筑师．2008 年 04 期：37–40

中国建筑设计职业的社会地位并未得到法律认可。按照相关规定，建筑师属于事业部准予登记的农、工、矿业技师中“工业技师”之列，所组织的团体仅限于“同业公会”。虽然建筑师的业务活动已逐渐同营造厂区别开来，但在官方眼里，二者仍属一类。因此，就社会普遍观点而言，建筑师仍旧处于一种行业匠人的地位，其业务活动仍被归属在建筑营造业之内。

第二节　当代中国民营建筑设计机构萌芽期（20 世纪八九十年代）

20 世纪 80 年代开始，我国全面进入市场化改革的起步阶段，工程勘察设计单位也开始逐步进入市场化发展阶段，探索新的设计体制，逐步实现企业化经营和经济承包责任制，将设计院由事业单位逐步转为企业化和社会化。20 世纪 90 年代，全国开始建筑事务所试点，深圳出现了第一家当代中国建筑设计事务所。到 2000 年，释放建筑师创作能力的建筑事务所得到极大发展，民营建筑设计机构开始在深圳、上海、江浙、北方萌芽，因各自地域文化和经济水平不同，呈现不同的企业特征。

一、1980 年代起建筑设计单位市场化萌芽

现代中国工程勘察设计行业是 1949 年后借鉴苏联模式发展起来的。“一五”期间，百废待兴，为满足巨大建设量，各部门成立了一批设计院和勘察院，其主要职责是对拟建项目进行技术经济分析、规划、选址，对批准建设的项目进行工程设计，并配合项目施工，参加试运转和竣工验收。计划经济体制时期，我国勘察设计单位是隶属国家各级政府部门的事业单位，单位管理采用的是行政性的管理模式（如人事、财务以及劳资、福利管理等）。人员是国家干部或职工，国家实行统一计划编制管理。[①]

1978 年到 20 世纪 80 年代初进入市场化改革的起步阶段，中国工程勘察设计单位受到宏观经济发展影响，开始逐步进入市场，探索新的设计体制。在实行设计收费的基础上，尝试设计单位企业化经营和经济承包责任制，将设计院由事业单位转向企业化和社会化。当时，丙级设计单位大量出现。1979 年 6 月 8 日，国家计委

① 韦青松 . 设计院建立项目经理制的研究 . 广西大学 . 2005

等单位发出《关于勘察设计单位实行企业化取费试点的通知》，全国18家勘察设计单位成为全国首批企业化管理改革试点单位，这是历史上第一次实行设计收费制度。1984年9月3日城乡建设环境保护部戴念慈副部长就开办个人建筑事务所问题发表讲话。[1]同年，建设部副部长戴念慈在接受《经济日报》记者采访时说："建筑设计上允许全民、集体、个人三种所有制并存。"

20世纪80年代中后期，出现了建筑设计事务所的雏形，如中京、大地等，这些事务所都由知名建筑师领衔主持，但在生产经营体制上与传统国有设计院没有太大不同（图2-1、图2-2）。1985年1月19日，经建设部和经贸部批准的"大地"建筑事务所在人民大会堂召开成立大会，这是北京第一家中外合作经营的建筑设计单位。1992年1月东北的一些勘察设计单位自发地与当地行业主管部门协调，开始了承包经营，将勘察设计业由1984年起实行的"技术经济责任制"变为"技术经济承包责任制"，这种做法极大地释放了设计单位的生产力，从根本上改变了苏联原有的设计院模式，从此延续了30多年建筑设计院模式开始融入整个宏观经济体系的市场经济转型。

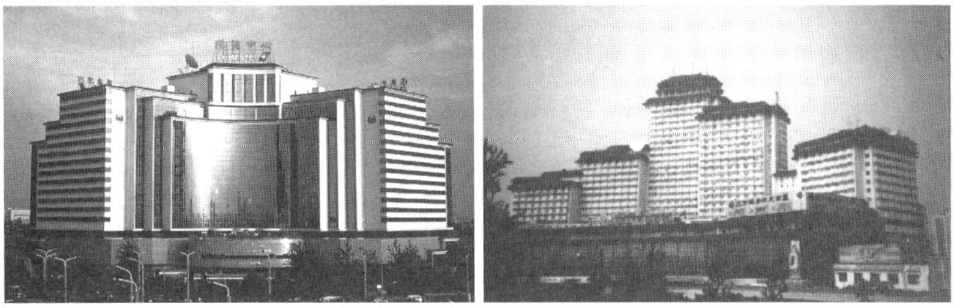

图2-1 中京建筑事务所作品

图2-2 大地建筑设计事务所作品

二、深圳：先行的创业热土

深圳起初只是一个人口数不到3万的边陲小镇，1979年国家决定成立特区，1980年8月26日深圳经济特区正式成立。起初，以"三来一补"加工工业为主，后确定为"以工业为主的综合性经济特区"，20世纪90年代进一步向现代化国际性城市迈进，进行

① 孙田. 中国私营建筑设计事务所相关资料汇编. 时代建筑. 2001年01期：30-31

大量城市基础设施和城市功能的完善工作。1981年，在深圳和广州搞商品房开发试点，获得成功。1992年进一步加大了城市建设步伐，并向全国推进特区模式。但1993年海南房地产市场失控，形成巨大泡沫，国家开始宏观调控，一直持续到1998年上半年，当时很多大型工程受到影响甚至停滞。

1993年全国开始实施建筑事务所试点，选择上海、深圳、北京三地作为试点地区。在深圳地区《深圳经济特区建筑师事务所管理办法》的出台和试办建筑师事务所的消息公布以后，社会反映强烈，报名试点的人员异常踊跃。相关管理部门根据管理办法规定对提出申办事务所的二十几人进行认真的调查、考证，并广泛听取意见进行第一轮筛选。对通过筛选的六人进行进一步的考证，采用专家评议、行政决定相结合的方法，先由全市有代表性的专家和设计院院长进行评议，最后选择程宗灏、左肖思、陈文孝（艺洲）三位在深圳市有一定知名度、分别为中共党员、民主党派和无党派人士，代表了不同阶层，均从事建筑设计几十年，担任过大集团公司或设计公司总建筑师、总工程师的高级建筑师挑头进行试点。前两家采取单独经营，后一家陈文孝（艺洲）则采用三人合作的方式，目的是为创办个人及合作等不同模式的事务所进行试点，积累经验。1994年1月，“深圳左肖思建筑师事务所”正式挂牌营业，这是我国大陆新时期第一家开业的私营建筑师事务所。[①]三个试点事务所在试办初期显示了比较强的市场竞争能力，很快进入良性工作状态。

在当时，建筑面积达9万平方米的“八一大厦”项目中，业主找了四家甲级设计院做了五个方案，均不满意。找到左肖思建筑师事务所，只用了四天做了一个方案“草图”，很受业主欣赏，当即拍板委托设计。截至1995年，该事务所签订设计合同十几份，建筑面积20余万平方米，预计设计费近千万元。

又如《深圳特区报》1994年5月31日刊登报道，深圳的文化设施正在追求更高层次，由深圳宗灏建筑师事务所和日本东京大学建筑系大野研究室合作设计的南山图书馆方案，由于将传统文化和现代技术巧妙结合，在七个参评方案中，一举中标。几位建筑师动情地说：深圳人为了赚钱不一定要搞事务所，我们也并不热衷于当什么“出头鸟”，但是我们这一代建筑师有责任为下一代同行。为比我们年轻的建筑师开个头，当一块铺路石，使今后能有更多的个

① 孙田．中国私营建筑设计事务所相关资料汇编．时代建筑．2001年01期：30–31

人挂牌的事务所。大家都能开办事务所，也就没人“炒更”了，就可能造就出更多的设计名家。[1]

深圳与香港距离很近，使其学习香港先进的设计经验更为便捷，因此深圳设计企业的创新能力在20世纪90年代处在全国领先地位。1990年代初期的深圳城市的充足建设量和其特区的城市文化，催生了当代中国第一批民营建筑设计机构。

1980年成立的深圳华森建筑与工程设计有限公司，是我国第一家合资设计公司，由中国建筑设计研究院前身建设部科技院和香港森洋设计有限公司合资成立，成立后完全按照市场化运作方式，得益于深圳高速城市建设步伐，进入高速发展期。其国际背景使其在设计创新方面非常突出，创造出了许多个当时设计企业领域的第一，包括技术层面的钢结构，设计层面的总图规划及建筑单体设计上以及风靡全国的南派住宅风格等（图2–3）。

图2–3　华森设计1988年设计完成的深圳华侨城，开创南派住宅风格，并完成多个包括深圳南海酒店（1983年）、深圳体育场（1983年）、深圳发展中心大厦（1984年）在内的多个“深圳第一”

华艺设计顾问有限公司1986年注册于香港，同年设立具有甲级工程设计资质的全资子公司——香港华艺设计顾问（深圳）有限公司。1995年获“勘察设计单位综合实力50强”，2001年获“中国（深圳）十大建筑设计机构”称号，2006年获《设计新潮》中国民用建筑设计企业综合排名第一名。服务范围涵盖民用建筑工程设计、城市设计、居住区规划、室内设计及前期顾问和建筑策划研究等。在21世纪头十年，华艺设计始终保持业务增长率稳定在30%以上，用“行动践行承诺”，使其长期合作客户业务量占比高达80%以上。其秉持“创意为先，质量为本”质量方针，其创作不追求另类新奇的建筑造型，更关注建筑本身与社会的契合，让建

① 深圳市建设局．冲破旧体制 开辟新天地——深圳市试办建筑师事务所的体会．建筑设计管理．1995年02期：45–48.

图 2-4 华艺设计完成的深圳安联大厦（左）、北京大学汇丰商学院

筑直接与自然、社会、人进行跨越时间和空间的对话，完成的设计作品得到社会认可，如 CCTV 曾先后三次报道北川行政中心、“会呼吸的写字楼”深圳安联大厦，“商界军校”北京大学汇丰商学院等（图 2-4）。

1994 年 6 月 CCDI 注册成立，从 1994 年到 1996 年 CCDI 处于艰苦创业期，开始时只是租借了当地农民房搞业余设计，最初的三年就全凭两三个负责人辛苦奋斗，渐渐站稳脚跟，此间任何收益都谈不上，固定员工就两个人，活多了找同学。大连珠江大厦设计是公司第一桶金，靠着这笔设计费 CCDI 正式在华强路附近租了一大间厂房，成立公司。1995 年到 1996 年 CCDI 发展到 20 多人，加班频繁，逐渐由作坊变为正式设计公司，并开始深入拓展市场。1997 年到 2000 年期间，CCDI 逐步积累了一些稍具影响力的作品，在业界有了一定知名度，渐渐被市场接受和认可，当时代表性的项目包括深圳高交会馆、江苏大厦、地铁大厦、联通大厦等（图 2-5）。深圳高交会展中心位于深圳新中心区的重要地段，设计手法是通过展馆之间的围合、收放，将主入口和内庭串联在一起，形成一条带状公共活动空间，并将流线导向“市民中心”。同时，设计团队根据实际情况提出诸多简单易行的技术措施，运用工业建筑中常用的安装便捷、技术成熟的施工方式来降低造价、提高效率，实现艺术与技术的结合，兼顾经济效益与社会效益，建成后受到广泛好评。而通过深圳高交会馆项目，磨练了 CCDI 从方案到各专业的整体配合能力，为其成为一个综合性、规模化的建筑设计机构奠定了重要技术基础。在 1999 年一年的中投标过程中，CCDI 竟然 5 投 4.5 个中，以 90% 的中标率被深圳的业内人士戏称为“标王”，成为深圳当

图 2–5　20 世纪 90 年代 CCDI 已经成为深圳知名的民营建筑设计机构，完成大量地标性建筑

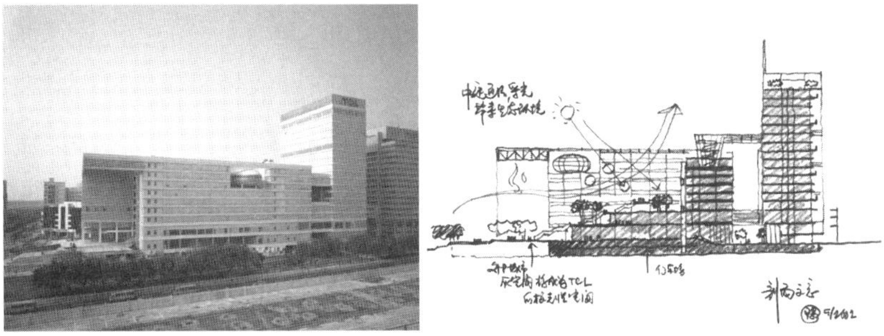

图 2–6　陈世民建筑师事务所 2004 年设计建成的 TCL 工业研究大厦，整个设计体现环境、空间、文化、效益综合考量

地知名建筑设计品牌。当时 CCDI 的业务范围主要集中在深圳和华南地区，还未走向全国市场，是一个区域性的知名建筑设计品牌。

1996 年陈世民建筑师事务所成立，在中港两地同时注册执业，是中国建筑专项设计事务所，按国际建筑师事务所模式经营和管理。事务所实行项目经理负责制“一站式”管理，实现以建筑师为龙头，统筹由市场组成的设计团队协作运营项目，提供全过程服务。陈世民先生在谈起企业使命时谈道：面对 21 世纪初洋风盛行现象，一直力求寻找如何正确地“洋为中用”，走一条将现代西方建筑优势和中国传统精华融汇在一起的创作道路（图 2–6）。

澳大利亚墨尔本柏涛建筑设计有限公司成立于 1998 年，由海归建筑师回国后自主开业。虽然使用了澳大利亚墨尔本柏涛的品牌，但在实际操作和经营层面则集中在国内，属于民营建筑设计机构范畴。深圳柏涛的知名度来自其对住宅设计长年以来的专注和不断地精益求精，成为住宅设计的知名设计品牌，为住宅建筑类型的设计成熟度起到积极推动作用。住宅设计作为直面市场的建筑类型，很大程度受到业主和市场的束缚，但柏涛不放弃自身的建筑理想，积极在住宅设计领域不断求精求细，融入自身的创意，使得住宅设计在建筑设计本身和市场效益两方面都得到较高评价。在其代表作万科第五园的设计中（图 2–7），建筑师所寻找的是对一种缺失已久的、

图 2–7　深圳柏涛设计“万科第五园”，成为中式住宅设计的代表作，形成较大影响力

契合国人文化基因的居住模式的探究，“以中式求现代”，将住宅作为承载和塑造生活方式和生活品质的载体。借鉴了中国传统村落的布局方式，万科第五园也采用开放式的布局方式。在商业街空间设计中，建筑师运用传统古镇的组织手法，将内街与外街相互穿插，辅以内院、外院，辗转迂回，收放有序，一派流水绕芳村的意境。项目落成后，其中式意境和现代主义风格的创新结合，在业界形成广泛影响力，开创了中式住宅设计的先河。

筑博设计股份有限公司成立于 1996 年，2012 年正式改制为股份制公司，深圳具有代表性的民营建筑设计机构领军企业。公司业务覆盖建筑设计、城市规划、风景园林设计、室内设计等。采用“总部 + 区域分公司”一体化的经营模式，在北京、上海、重庆、成都、西安、武汉、佛山等地设立分支机构。其执行总建筑师冯果川身上体现了深圳建筑师关注城市问题，勇于通过建筑实践长期以来集中于研究建筑与日常生活的关系，关心建筑、城市如何影响人与人的关系，积极投身于中国的城市化进程，以建筑为媒介参与并影响社会。其坚持工作从现实情况入手，处理海量信息，通过图表逐渐显影空间中的社会结构，并基于现实提出构想。2008 年筑博设计已展现综合性企业设计实力，项目类型丰富，覆盖区域广泛，当时完成代表性项目包括：上海置业・华府海景（2008 年）、青州贝隆花园大酒店、三亚亚龙湾铂尔曼度假酒店、中国医学科学院肿瘤医院深圳分院（宝荷医院）（图 2–8）。

1994 年成立的深圳市华筑工程设计有限公司，由几名怀揣着建筑理想的年轻建筑师组成。虽然从一开始就将自己定位为商业性公司，但其合伙人从没有放弃学术和建筑理想，将自身的设计放置于更大的城市层面，在商业类型建筑运作过程中融入建筑师自身对于建筑、城市、文化的思考。其早期代表作深圳文锦渡客运站针对周边畸形高密度、片段化、毫无特征可言的城市环境（图 2–9），建筑师的目标是在新项目中摆脱高层建筑“塔楼 + 裙房”的做法，把所有的功能三维地压缩到一个巨大、单一的体量中，制造出一种新的建筑“完型”，以插入现有的纷乱杂芜的城市空间中，使之与周边环境之间产生巨大的张力。

在深圳保利剧院设计中（图 2–10），建筑师尝试了异形的设计方式，用一种整形的处理方式，将文化建筑的地标性特质得以凸显。该项目位于深圳市南山区商业文化中心的东端，剧院建筑面积

图 2-8　2008 年深圳筑博设计作品：上海置业・华府海景、青州贝隆花园大酒店、三亚亚龙湾铂尔曼度假酒店、中国医学科学院肿瘤医院深圳分院（宝荷医院）

图 2-9　深圳华筑设计的“深圳文锦渡客运站”，关注高密度城市空间塑造

图 2-10　深圳华筑设计的“深圳保利剧院”

15 030 平方米，观众厅固定座席 1455 座，是一座以多种艺术演出功能为一体、设施先进和功能齐全的标志性城市文化设施。作为现代化的合甲等剧院，其建声效果和舞台设备配置均达到国内一流水准。变异的壳体造型，把剧院前厅、观众厅和舞台包裹为一体，形成一种与众不同的简洁。反映出深圳华筑设计对城市文化的一贯关注。同时，深圳华筑长期以来还保持了积极的学习和开放的工作状态，结合具体项目积极与国内先锋建筑师展开合作设计，还积极通过制作网站和组织竞赛的方式来提升学术氛围，保持学术上的参与度，营造了良好的公司文化氛围。

这些创业于 20 世纪 90 年代初的深圳民营建筑设计机构的共同特征是以建筑创意创新为特色，对建筑设计执着和热爱，同时，受深圳开放特区的影响，企业也呈现出更为开放和勇于开拓的气质。这些民营建筑设计机构在 90 年代中后期，同当地的国有建筑设计院一同，完成了深圳大量城市建设的重要项目的设计工作，见证了深圳城市快速发展。

同时，这批民营建筑设计机构凭借不同于传统国有设计院的企业体制吸引了内地许多优秀建筑设计人才前来加盟，使深圳建筑设计行业得到快速发展，奠定了深圳设计之都的城市形象。同时，其先进的建筑设计理念也成为全国学习的对象，尤其是独创的南派住宅设计风格在当时影响了全国的住宅设计风格，引领了全国住宅设计导向。这批民营建筑设计机构在迈入新世纪之后，伴随国家经济建设重心转移和深圳本地建设市场日趋饱和，跟随深圳房地产商走出深圳，逐渐走向全国。由于其成立时间早，这些成立于 90 年代中期的，以 CCDI、筑博设计等为代表的第一批民营建筑设计机构已走过了二十几年的发展历程，形成了一定的规模和影响力。同时，这批民营建筑设计机构在企业建设和管理等层面比后起之秀更为完善和成熟，在持续火热的中国城市化进程建设中，发挥重要作用，成为民营建筑设计机构中的佼佼者，其早期的经营方式和发展策略为许多后来者所借鉴。

三、上海地区：“海归”创业主导

进入 20 世纪 90 年代，随着改革开放的深入推进，上海的战略地位和城市格局都发生了巨大而深刻的变化。1990 年 4 月，党中央、国务院作出了“以上海浦东开发开放为龙头，进一步开放长江沿岸城市，尽快把上海建成国际经济、金融、贸易中心，带动长江三角洲和整个长江流域地区经济新飞跃”的决策。一时间，浦东吸引了世界的关注，巨大工程量成为国内外建筑师发挥才能的热土，成为继深圳之后全国又一个开发热点。与深圳开发不同，上海的国际性城市定位和浦东国际品质要求吸引了大量高端境外设计公司的关注。当时，国内建筑师与境外设计师在设计理念方面存在较大的差距，因此从 1991 年下半年到 1995 年浦东第一波开发热潮中的高档办公楼几乎都由境外设计师完成方案设计，而国内大型设计院承担后期配合设计。这一时期的中外合作设计使国内建筑师第一次近距离接触境外先进的设计理念，成为国内建筑师很好的学习期。

1998 年后，上海住宅市场开始出现巨大建设需求，西方先进的社区设计经验使境外设计师再次受到市场青睐。同时，上海在 90 年代中后期开始出现大量有海外背景的中国建筑师开办的设计咨询公司，他们或是在海外留学归来，或是有海外工作经验，凭借先进的设计理念和与传统设计院相比更好的服务意识，很快在旺盛的设计市场需求中找到一席之地，完成大量重要项目，得以快速成长，成为这一时期上海地区本土建筑设计力量中最突出的现象。

当时，有影响力的由“海归”开创的建筑设计咨询机构中，比较有代表性的是 KFS 国际建筑师事务所。其主持建筑师傅国华博士 20 世纪 90 年代初出国留学后，先后在加拿大几家最著名的建筑事务所中任职，1995 年重回上海时已成为 B+H 建筑师事务所的副总裁，2001 年离开 B+H 开办 KFS 国际建筑师事务所。傅国华博士在设计风格将加拿大建筑的简约与上海的居住习惯相结合，提出“海纳百川、刻意创新”的新海派居住建筑理念，受到业主高度认可。其原有北美社区设计经验使其受到市场高度认可，完成了包括上海达安花园、春天花园、达安锦园、大华复地锦绣华城、大华愉景华庭、上海滩花园洋房、东晶国际公寓、漕河景苑等得奖楼盘，开创性使用了景观水景、底层架空等住宅区设计手法，在当时上海建筑设计业界广受好评（图 2–11）。

此外，当时颇有影响力的民营建筑设计机构还有 1994 年成立的上海海波建筑设计事务所、1995 年加拿大 C.P.C 建筑设计顾问公司、1995 年成立的日兴设计 · 上海兴田建筑工程设计事务所、1995 年成立的都林国际、1995 年起在上海设分支机构的泛太建筑设计有限公司等。这些“海归”建筑师执业的设计机构成为上海地

图 2–11 KFS 早期影响力作品：达安花园、上海滩花园，积极探索上海新住宅类型

区第一批有影响力的民营设计机构，凭借先进设计理念和更好的本土文化背景，在境外设计师和国营建筑设计院之间，占领了一块较为高端的市场。从其业务类型上看，除了承接大量住宅类型以外，更为重要的是还完成了不少位于上海中心城区重要地段的高端项目，具有很好品牌效应。同时，这些“海归”设计机构还积极学习西方建筑事务所组织经营方式，将其引入中国建筑设计行业，这些先进做法后来都成为中国本土建筑设计创业者学习的范本。

与这批海归开办的民营设计机构业务饱满的境况不同，90 年代中后期，在上海本土建筑设计创业者的创业之路显得极为艰辛。没有任何社会资源、没有洋品牌效应，而当时建筑设计市场开放度还很不够，建筑设计市场仍以国有大院、省市院在沪分院、港台以及合资设计机构为主流，因此当时甚至出现许多名为某大院分院，实为全民营的挂靠设计机构。如日后成为知名设计品牌的联创国际在 1996 年时还是泛华设计的上海设计部，还没有形成自己的品牌。1997 年时天华建筑设计有限公司还叫天艺装饰公司，也承接室内装潢项目（图 2–12）。

1997 年上海日清建筑设计有限公司还叫上海日建建筑设计有限公司，其创始人宋照青正忙碌于将为其带来知名度的上海新天地旧城改造项目（图 2–13）。该项目是由石库门建筑与现代建筑组成的时尚休闲步行街，依照“整旧如旧，保护历史，文化兴市”设计原则，对该地区进行保护性开发，保留代表上海市民阶层文化的

图 2–12 天华在初创期设计的兆丰环球办公楼室内

图 2–13 上海新天地项目

石库门建筑，引入现代功能。上海新天地位占地约 3 万平方米，建筑面积为 6 万平方米。这片石库门建筑群的外表保留了当年的砖墙、屋瓦、石库门、置身于其间仿佛时光倒流。在每座建筑内部，则按照 21 世纪现代都市人的生活方式、生活节奏、情感世界度身定做，置换为国际画廊、时装店、主题餐馆、咖啡酒吧等现代休闲功能。新天地项目由于其开创性的开发模式成为国内学习的榜样，而其高完成度也为日清首席设计师宋照青带来巨大的知名度，奠定了日清日后在文化商业类项目上的行业品牌优势。

与蓬勃发展的“海归”建筑设计机构相比，这一时期没有任何背景的本土创业者正处在创业艰苦期，在为站稳脚跟而努力付出。与 90 年代初的深圳不同，上海的建设高潮中由于境外、国有设计院参与，建筑设计行业竞争更为激烈，而原本上海循规蹈矩的城市气质，也给这些本土创业者带来更大的挑战，但是，同时，也注定这些诞生于激励市场环境中的企业将呈现更为强大的生命力。

四、江浙一带：民营兴起

浙江历来是民营经济最发达的省份之一，自主创业、全民经商的地域特征造就了著名的“浙商现象”，在这样社会环境中出现民营性质的建筑设计机构就显得非常自然。浙江的民营建筑设计机构出现在 20 世纪 90 年代初期，这些民营建筑设计机构也具有浙商的特殊气质，勇于在机制上创新，善于变通，因此很快就在市场经济的大潮中如鱼得水，得以迅速发展。

汉嘉集团即原来的浙江城建设计集团成立于 20 世纪 90 年代初，在 1998 年改制为浙江城建设计集团股份有限公司，体制的革新极大刺激了技术骨干的工作积极性，进入发展快车道，增长速度很快，成为综合性、全国性的规模化建筑设计机构。2006 年在《建筑时报》举办的“十大民营建筑设计机构”评选中，成为民营设计的领军企业（图 2–14）。汉嘉设计集团作为 21 世纪初国内最大的民营建筑设计机构之一，始终摆正自身定位，即工程性商业设计院。经营理念紧贴市场，在市场认可的前提下再追求个性、创新。依靠几十年逐渐积累，充分发挥民营企业特有的体制上的优势，操作上的灵活性，从纯知识型向着资本 – 知识型转变。通过对原有生产方式改进和提高，争取高端市场，走精品化道路，针对这一目标在综合所的基础上设立建筑研究所、钢结构研究所、岩土所等专业分院、专业所，对具体工程进行深入研究与分工，为客户提供全方位服务。

成立于 1997 年的浙江绿城建筑设计有限公司则采用了地产开发商与优秀建筑师合作的方式，在与绿城地产合作过程中，凭借对品质的执着追求，不断超越自身，打破深圳“南派”住宅风格一统天下的局面，成为住宅设计领域的佼佼者。这种合作模式的成功的情况下，1998 年又成立了绿城东方建筑设计有限公司。玫瑰园系

图 2–14　20 世纪 90 年代初成立的汉嘉设计集团，走上综合性、规模化发展道路

图 2-15 浙江绿城建筑设计有限公司上海“玫瑰园”系列住宅

列住宅是浙江绿城建筑设计有限公司早期的代表作（图 2-15），对于欧式古典建筑风格的比例推敲、细节把握、高品质建造，使得住宅设计进入新发展阶段。商业成功的同时，更为绿城赢得巨大的品牌影响力。当时，来玫瑰园楼盘学习的业主和建筑师络绎不绝，在全国范围内被广泛地“复制”。建于上海的玫瑰园系列是以上海老花园洋房、乡村意象和都市意象是该项目设计理念的关键词。在传承上海老花园洋房的建筑风韵的基础上，在整个社区的大环境营造上体现富有自然气息的乡村意象，在别墅建筑单体及庭院的处理上体现宜人的都市意象，同时使二者有机地结合，进一步充实居家别墅的内涵。

1999 年成立的中设工程设计有限公司由几名志同道合的建筑师共同组成，以公建项目见长，具有较强的各专业技术配合经验，同时凭借良好市场意识，发展迅速，2011 年已达到 700 人的规模，连续每年规模翻一番。

浙江一带的民营建筑设计机构在整个大社会环境的影响下，民营化发展走得较早，在机制和体制上的创新特征比较明显。同时，从其设计角度上来看，受江南建筑风格影响，在设计中保持了“匠人”的传统，善于把握建筑细节，设计比较细腻，项目往往呈现较好的完成度。同时期，比较著名的民营建筑设计机构还有 1999 年的浙江南方院，在创业初期，凭借南加州风格住宅设计受到业界高度关注（图 2-16）。

整个江苏省的民营化进程与浙江省相比显得较慢，其当下的许多民营建筑设计机构由原国有设计院改制而来。2000 年初在国家“国企改制”政策引导下，大批中小设计院快速完成转制。其中比较有代表性的有 1999 年转制的绍兴华汇和 2002 年转制的苏州建筑市院，两个原先传统的国有设计院通过骨干持股方式完成转制过程，

图 2-16　20 世纪 90 年代浙江南方设计完成湖滨国际精品街（2002 年），北岸琴森（2003 年）

图 2-17　苏州工业园区设计院与 JPW 合作设计的“苏州工业园区档案管理中心大楼”

转制后又积极进行体制创新，使企业在继承原有较强人才、技术基础上，按照现代企业运作方式，直面市场，迸发巨大活力。

同时，伴随 1995 国家决定开始苏州工业园区建设，催生了以苏州工业园区设计研究院（现为中衡设计集团）为代表的民营建筑设计机构诞生。苏州工业园区设计研究院的骨干具有国际背景，在建筑设计和企业管理上更具有国际视野，为其发展奠定良好基础。其与 JPW 公司合作完成的苏州工业园区档案管理中心大楼集档案管理中心、规划展示中心、会议接待中心及高级办公等多种功能于一体（图 2-17），建筑形体简洁而有力度，各式方盒巧妙组织，创造出丰富的空间形态，也是国内最早一批实践绿色建筑的建筑项目。

江浙一带的民营建筑设计机构得益于地区民营兴盛的大发展环境，这些企业勇于体制创新，善于用人，伴随江浙快速城市化发展，得以快速发展。同时，作为长三角经济圈的组成部分，这些起步于 20 世纪 90 年代中后期的民营建筑设计机构，很快便开始其全国化发展之路。

五、北方萌芽

北方相对南方，民营经济发展缓慢，但早在 20 世纪 80 年代中后期，在北方就出现了建筑设计事务所的雏形，如大地、中京等，1992 年东北的一些勘察设计单位自发地开始了承包经营，这些都在当时建筑设计业界，引发了不小的震动。

天津是天津大学所在地，作为建筑专业四大高校之一，天津大学扎实、硬朗的建筑风格培育出以周恺为代表的优秀建筑师。1995 年天津华汇建筑设计有限公司成立，时任天津大学建筑学老师的周恺为了追求自己的建筑理想，在机遇巧合下，走上独立开业道路，凭借自身努力和良好设计能力，频频获奖，成为建筑设计界少数受到政府和开发商共同青睐的设计品牌（图 2–18）。其一直以来强调精品意识，追求建立在理性思考基础上的个性表达，以感性和理性相契合，对建筑空间和建筑细部孜孜以求。在设计上强调做恰如其分的建筑，对场所的关注，每个建筑物在其所在的场所中都应当扮演的角色，对其形式空间的处理都要符合这个角色的气质。此外，恰如其分还体现在建筑人文使用性和经济性的关注。

同时期成立的还有中天建建筑设计有限公司，创始人凭借创业热情，在建筑实践中注入建筑理想，积极尝试现代主义的建筑风格创新。

在北京，巨大的城市发展吸引了境外设计师的目光。而民营建筑设计机构则在颇具实力的中国建筑设计研究院为代表的国有设计院和境外事务所的夹缝中谋得一席之地。北京墨臣建筑设计事务所成立于 1995 年，意为虔诚的设计者，旨在表达一种谦恭的奉献于设计事业的理想。2002 年成为北京首批拥有建筑设

图 2–18　天津华汇建筑作品：南开大学 MBA 综合教学楼（2003 年）、东莞松山湖图书馆（2003 年）

图 2-19　北京墨臣建筑作品：史家胡同小学（2004 年），万科西山庭院（2004 年）

计综合甲级资质的私营事务所。坚守建筑品质，立足对本土文化和现状的深刻理解，通过设计创造整合的最优价值，2011 年员工人数超百人[①]（图 2-19）。

北京东方华太建筑工程设计有限责任公司 1995 年成立，海归建筑师主持成立之初同样处境艰难，通过新颖的设计和良好服务意识，得到开发商认可，逐步从市场生存阶段，稳步走向具有品牌的知名民营建筑设计机构，完成一批有影响力的作品，其代表作“中山清华坊”（图 2-20），获得广东“2008 年度金牌别墅”，后又被《国家地理杂志》评为“100 个最美丽的别墅广东地区第一名”。

图 2-20　北京东方华太设计的“中山清华坊”

① 墨臣设计 . 城市环境设计 . 2006 年 06 期：62-107

第三节 2000—2005年：机会型发展期

2000年到2005年间，得益于建筑设计行业政策导向，大量国有设计院转制成民营，同时，建筑设计事务所大量涌现，形成当代民营建筑设计机构快速发展。这一时期，出现于20世纪90年代的“海归创业者”进入发展鼎盛期，而本土的民营建筑设计机构则处于没有太多明确目标的机会型发展阶段，在为下一阶段的跨越式发展积聚能量。同时，新的一代创业者，70后的建筑师登上历史舞台，开始创业之路。

一、民营建筑设计机构大量涌现

2000年年初，民营建筑设计机构大量涌现，其原因主要来自行业政策导向，带来大量国有设计院转制成民营以及建筑设计事务所的快速涌现。

1999年国务院《关于工程勘察设计单位体制改革的若干意见》、2000年《关于中央所属工程勘察设计单位体制改革实施方案》拉开了国企改建制的序幕。在国家政策影响下，涌现了大批原国有体制设计院转为民营设计机构，这些设计机构大多采用骨干收购的方式，在秉承原有公司资源的基础上，打破原有体制束缚，成为民营设计机构中重要组成部分，相比自主创业的建筑设计事务所，起点更高。这一时期涌现的转制民营设计机构有：济南同圆建筑设计有限公司、厦门合道工程设计有限公司、中房建筑设计院等。

济南同圆建筑设计院于2001年改制为济南同圆建筑设计有限公司，原来有50多年历史，改制时200人规模，2007年已发展到400人规模，在发展思路、企业制度上积极创新，实现了企业快速稳步发展，成为山东省建筑设计行业的领跑者（图2-21）。

厦门合道工程设计有限公司前身是，成立于60年代，2003年6月改制为民营体制，2007年8月成立合道工程设计集团有限公司，5年时间内由原先设计人员160多人发展为仅厦门本部就超过300人，在昆明、上海都设有分部（图2-22）。

上海江南建筑设计院有限公司在原上海市嘉定建筑设计院的基础上改制成立的有限责任公司。作为一个老牌的建筑设计院，拥有深厚的文化底蕴。注重本土的“江南文化”，赋予江南文化新生命

图 2–21　济南同圆建筑设计有限公司设计作品

图 2–22　厦门合道工程设计有限公司的作品

图 2–23　江南建筑设计完成的金地格林春岸（2004 年）、中福花苑（2003 年）

的同时，展现出设计作品的人文魅力。在“都市港湾”“城市岸泊”项目中，将水面作为主要元素，引入组团空间中，运用流水、小桥和垂柳等典型体现江南特征的自然元素，营造出江南特有的柔美意境。作为较大规模的综合建筑设计院，江南院有着完整的专业设计队伍，从规划到建筑设计，从室内设计到景观设计，从市政路桥设计到雕塑小品设计，多方位的专业化设计与配合保证了项目实施的连贯性和整体性。这也正是本土设计的优势，在激烈的设计市场竞争中保持强盛不衰的原因（图 2–23）。

1993 年 1 月，建设部颁布《私营设计事务所试点企业》迈出了改革第一步，2000 年 12 月建设部颁布了《建筑工程事务所管理办法》，标志着工程事务所申请完全放开，政策层面的鼓励迎合了原先早已膨胀了的市场需求，私人设计事务所如雨后春笋般涌现出来。到 2001 年统计数据显示，工程勘察设计咨询企业呈现多元化发展格局，非公有制经济比例从 1999 年年底的 17.6% 迅速上升至 2001 年年底的 28.2%，民营经济焕发出巨大活力。这段时间活跃在业内的民营设计机构有 20 世纪 90 年代中后期开始创业的“海归”民营建筑设计机构、本土自主创业的民营建筑设计机构、国有设计院转制为民营的设计机构。

在 2000 年以后相继出台的政策感召下，再次涌现大批“下海”的本土建筑师，其中比较有代表性的包括 1999 年成立的水石国际、2000 年成立的深圳华阳国际、2001 年成立的沈阳都市建筑设计有限公司、2002 年成立的大境建筑设计事务所（图 2–24）、2002 年成立的成都基准房中建筑设计事务所、2003 年成立的霍普设计、2004 年成立的华都建筑设计有限公司、2003 年成立的 UA 建筑设计有限公司等。

2002 年上海大境建筑设计事务所成立顺应中国加入 WTO 后建筑设计行业与国际接轨要求，积极推进体制改革，由国有院部分中青年技术骨干为主体申报成立的集建筑、景观、装饰设计以及结构、

图 2–24　大境建筑设计事务所以公建设计见长，早期代表项目包括：上海青浦博物馆、太原师范学院新校区总体规划、上海河滨虹桥花园住宅区

机电设计和咨询于一体的综合甲级设计事务所。其着力于以务实的姿态，思考和实践每一个设计，更多地体现建筑需求和本质：环境和功能的，现实和发展的，经济利益和社会价值等等。

2003 年中联筑境建筑设计有限公司成立，由中国工程院院士、全国建筑设计大师程泰宁先生主持，是建设部特批的，具有建筑行业建筑工程甲级资质的设计机构。团队骨干技术力量实力雄厚，在程院士带领下，建筑团队成员曾经主导设计多项优秀建筑作品，包括：浙江美术馆、杭州黄龙饭店、加纳国家剧院、马里会议大厦等具有广泛影响力的经典之作。在筑境的建筑观中，建筑创作只有从建筑本体出发，才不会失去创作的魅力和价值。“立足此时、立足此地、立足自己”的理念，更关注如何以真诚，严谨而充满激情的设计去解决“当代性、地域性和文化原创性”的问题（图 2–25）。

图 2–25　中联筑境设计完成的浙江美术馆、加纳国家剧院、南京博物院、2022 首钢西十东奥广场项目

2004 年上海华都建筑规划有限公司成立，在郑州、扬州、新疆、广州、新加坡分别设计 5 个分支机构。旗下拥有上海华都建设工程项目管理有限公司、上海城道房地产顾问有限公司、《城市中国》杂志等机构，为客户提供建设开发全程顾问服务。近年来完成包括日出东方凯宾斯基酒店、东莞南城总部基地、独山子文化中心等在内一批有社会影响力的作品（图 2–26）。

这些 2000 年后自主创业的建筑设计机构中包含大批来自国有大型设计院的成熟设计师，其具备一定的社会关系，往往是原先设计院中的骨干力量，在国家政策的引导下跃跃欲试，与 90 年代第

图 2–26 华都设计完成的日出东方凯宾斯基酒店，成为时尚界宠儿，设计师张海翱成汽车代言人

一批自主创业的设计机构相比，具有更多社会资源，为其下海后的业务开展提供了有利的条件。这些民营建筑设计机构虽没有转制院各方面积累多，但相比第一批草根创业者起点更高。但也是因为有这样的先发优势，其某种程度上使其缺乏更强烈的发展欲望，虽然随着建筑市场的发展这些民营建筑设计机构的规模也在不断成长，但其扩张的速度并不快。

二、第一批“海归创业者”的鼎盛时期

第一批“海归创业者”出现于 20 世纪 90 年代中后期，在 2000 年到 2005 年进入其发展鼎盛时期，代表着当时民营建筑设计机构中最优秀的设计力量，成为当时建筑设计专业毕业生向往的最佳选择。在经历了近 6~7 年以上的发展期，这些“海归”民营建筑设计机构积累了一定本土工程项目经验和客户，加之其当家人处于创作的旺盛期，逐步进入企业发展鼎盛期，开始大量承接更多更重要的项目，发挥着更大社会作用。这一时期，都灵国际完成了宁波高教园区体育馆、瀛洲科技中心等大型公共建筑的设计。

泛太平洋设计与发展有限公司（加拿大）1994 年成立于加拿大，1995 年在上海成立分公司，2005 年发展至近百人，完成了九寨天堂甘海子国际会议度假中心、上海烟草集团公司科教中心、常州软件园的建筑设计，其中上海烟草集团公司科教中心以简洁的外形包含丰富的空间组织（图 2–27），将室内空间转换为竖向叠加的封闭模式，创造出自由、开放、以人为本的办公环境，同时较早在建筑设计层面考虑绿色生态理念，使用了中庭与可呼吸双层

图 2-27　泛太建筑设计有限公司设计的上海烟草集团公司科教中心、九寨天堂甘海子国际会议度假中心（2003 年）

幕墙构成调节系统、立体花园、中庭烟囱效应等先进建筑节能方式。为改善整体环境质量，总体布局上引入空间渗透的理念。建筑单体进行旋转，形成和谐关系，主楼与附楼围合成一个既开放又围合的内庭院，在四周街道上都可以通过建筑开口看见内庭院。该项目获得 2006 年度上海市建设工程“白玉兰”奖，2007 年度中国建筑工程鲁班奖。

上海海波建筑设计事务所的两位合伙人在合作开设美国海波建筑设计事务所之前，两人均曾供职于合伙人模式的设计公司，为他们以后的经营模式提供了经验，1994 年在上海成立，2004 年也已发展至 80 多人。这一类事务所大多善于与业主紧密协调，兼顾专业利益与市场效益，而不像个人事务所对个人风格的独立性、连续性有较多强调。工作中，市场需求、业主意见都会作为设计的积极因素组织进来。与其他境外事务所不同的是，1993 年起介入中国建筑设计市场的海波事务所从一开始便以综合性事务所面貌出现，以自己的方式，对各设计阶段成果全程控制、全程服务。其设计作品包括位于上海核心地段的上海电力调度大楼、上海银城数码大厦的建筑设计等，其中上海银城数码大厦设计体现了当时流行的高技派建筑风格，在上海引起广泛影响力，成为人民广场地标建筑之一（图 2-28）。

这栋楼最终形态的形成，前后操作时间达七八年之久。最初主楼功能定位为写字楼，立面较为厚重。1997 年年底地下室封顶时，受金融危机影响，该项目曾一度停工。1999 年年底，项目重新启动，应业主要求，海波事务所与美国 LAD 公司合作一起对该项目在概念上作较大的调整，并提出一个新颖的立面方案。新的方案追求动感、飘逸，打破传统办公楼稳重、坚固的感觉。业主曾一度对大胆

图 2-28　上海海波建筑设计事务所设计的上海银城数码大厦（2002 年）、上海电力调度大楼（2004 年）

的造型颇有顾虑，但在海波事务所的坚持和说服下，甲方终于被大厦极富现代感的形体所打动，而海波则以完备的技术力量确保了这一方案在施工图阶段的最终完整实现。尽管由于设计大幅度调整和修改带来了巨大的设计工作量，但这种付出也换来了项目的成功和业主的好评。建成后的主楼形体采用对称的方形，幕墙顶部以相对起伏的曲线做出变化，向上飘逸的形体正好对应于高科技智能建筑的性格定位。建筑底层除必要的辅助设备用房外全部开放，形成开敞公共活动空间，满足市民生活品质的需要。海波设计与甲方、其他设计单位有效地合作沟通方式及其对方案、施工图各阶段的有效控制，不但确保了多方利益的协调，也为人民广场地段增添了一座优美、典雅的现代建筑。①

正如两位合作人所说："建筑是门艺术，而且是门实践艺术。它的艺术性只有在它满足为人服务，改善人的环境，促进社会发展以及提高人的自我意识等方面的多样性需求后，才算成功。"通过对现代主义及现代主义之后的各种思潮研究与思考后，其认为简洁是诠释建筑本质的最好途径，所以他们的设计通常是精练、简洁、明确和致用的。简洁不简单，设计师对复杂的对象进行抽象、概括和提炼的成果，简约中隐含着复杂。

都林国际设计（上海）公司于 1995 年成立，拥有深厚欧洲背景，

① 徐永利．对职业理想的全程控制——海波建筑设计事务所的经营方式．时代建筑．2003 年 03 期

从境外设计公司国内代表处发展起来的，开始只不过屈指可数的几个员工，经过十年积累拓展，成为综合甲级设计资质的专业设计公司，2005 年有上海员工 50 多名，在北京、南京、杭州等地也有都林团队。2005 年首次跻身上海市民营设计公司 12 强行列。其坚持建筑师的使命是创造巧妙设计的、精心推敲的、具有创造性的建筑，相信建筑可以深刻地影响人们的日常生活，这些地方将成为一个人一生最重要的记忆容器（图 2-29）。

上海日兴设计则完成了中国南通珠算博物馆、南通海关大楼、无锡太湖饭店国宾馆等。其中中国南通珠算博物馆在总体布局上充分吸收了江南园林的构成要素，将各功能分区有机组织起来，双坡建筑脊顶的光廊穿插丰富了空间造型，也是对传统文化的一种诠释（图 2-30）。

加拿大 C.P.C 建筑设计顾问公司的创始人邱江，从清华大学

图 2-29　都林国际设计完成的宁波高教区体育馆、训练馆（2003 年），鄞州科技中心（2005 年）

图 2-30　日兴设计的中国南通珠算博物馆（2004 年）、深圳隐秀山居酒店（2008 年）

毕业后，到加拿大不列颠哥伦比亚大学学习，于1992年毕业。在AWA公司[1]工作期间，结识了亚瑟·埃里克森，在逐渐了解大师的设计理念和工作方法，建立了良好的工作关系。与埃里克森长期保持密切合作，也成为C.P.C.经营特色之一。这种合作，从公司成立之初埃里克森的支持，一直延续到他直接参与中国项目的设计与指导。这也使得他们在选择和完成项目时能够保持相当客观和负责的态度，还为设计项目的运作提供了较高水准的技术保证。公司完全“加拿大”式的运作逐步适应了中国建筑设计市场的要求，并形成了一套比较清晰的工作方式。建成于2001年的永银多功能综合楼位于上海市区繁华的金融中心。其最主要的设计挑战来自为每个功能区解决交通流线。最终的设计呈现了两个优雅形体的塔楼坐落在用石材和金属装饰的群房之上。每个组成部分有机地构成建筑的形体。入口位于与这个形体相适应的逻辑点上，使得每个建筑单体都很显眼。在群房左侧的一个大型开敞空间吸引了街上来往的行人，在尽头光滑的曲面入口和塔楼浑然一体。[2]

这些项目都属于高端项目，其区位都位于城市中心，规模较大，甲方投资宽裕，具有较高的影响力。更为难得是，在当时境外设计师牢牢占据高端设计市场的行业环境下，这些项目均由这些“海归”民营建筑设计机构原创设计建成，其设计手法新颖，材料技术先进，融入了其所具备的海外工程设计经验，建成后受到业界好评，让这些设计者具有较好社会知名度（图2-31）。

比这些海归开业设计师更早起步的KFS，其当家人傅国华的事业达到顶峰，在建筑设计上获得巨大成功的他，开始将注意力集中到开办电视节目向世界宣传建筑文化的工作中去，当时出版了《建筑10例》书籍，还开办电视节目佳作“对话建筑”，在加拿大播出，

图2-31　2004年CPC设计完成的永银大厦，建筑采用不同灰度的灰色，建筑细部丰富，让人耳目一新

① Aitken Wreglesworth Associates Architects Limited（简称AWA）是温哥华最大的设计公司，曾聘任埃里克森作为公司的顾问

② 刘士兴．执业的心态——有感于加拿大C.P.C.建筑设计顾问公司的经营．时代建筑．2003年03期：76-81

其本人还应邀出现在公众平台，参与“财富人生”节目录制，这些做法在当时建筑界引发轰动（图 2-32）。

图 2-32 KFS 创始人傅国华出版书籍和开办电视节目

三、本土民营建筑设计企业进入机会型发展阶段

20 世纪 90 年代中后期诞生的中国第一批本土民营设计企业在 2000 年后进入机会型发展阶段，这一时期特点是：形成 30~100 人的固定团队，无暇顾及项目品质统统接下，没有太多考虑公司战略和发展方式，处在活多了招人，人多了再接活的“水与面”发展模式中，品牌知晓度不高。既没有社会资源，也没有海外背景，也没有地产公司的带动的这批本土创业者在各自发展机缘中，步入 2000 年后开始逐步积累自身的发展机会。

2001 年上海博创建筑设计事务所成立，建筑师在创作实践中必须立足于理论修养和社会道义的高地。职业建筑师要具备深厚的设计理念和技术功底。传承与扬弃是我们设计理念主旋律，其现实意义在于对断裂的中国文化在建筑乃至社会形态上的弥合。其设计完成的扬州“凯云天地”项目获得 2004 年“江苏省优秀住宅设计金奖”，就是对这种探索的肯定（图 2-33）。

图 2-33 2005 年博创设计完成扬州凯运天地项目，采用现代设计手法体现地域文化

联创国际在 2004 年认识到品牌重要性，员工人数达 40 多人，在分析了当时业内其他抢得先机的设计机构的发展路径的之后，决定要有自己的品牌，于 2004 年开始实施为其 3 年设计品牌推广计划，先后在三本国内知名专业期刊上投放广告，通过这种方式逐渐打造出品牌知晓度，取得很好效果，完成了境外设计公司需要花费十几年才能积累出的效果。这一时期联创国际仍然以住宅设计为主，还未形成自身的核心竞争力，建成项目包括嘉兴格林小镇、无锡嘉德中央公园等住宅项目等（图 2-34）。

图 2-34　联创国际设计完成的上海证大金融中心（2007 年），无锡金太湖商业中心（2008 年）、嘉兴格林小镇（2005 年）

与联创国际的默默无闻相反，天华当时也分析了自身的优势，住宅领域由于技术门槛相对较低，对境外设计公司和国有大院吸引力不大，成为民营设计企业发展的最佳设计类型，因此天华决定以住宅设计为主业，将住宅做好做精，成为其核心竞争力。在这样的发展战略的指导下，天华将更多精力放在住宅设计上，积极对待每一个承接的住宅项目，并积极创新。在 2000 年完成了碧云别墅和碧云花园公寓两个住宅区设计后，名声鹊起，打破原有住宅设计市场以南方住宅设计风格一统天下的格局，吸引大批全国业主前来参观和项目委托。碧云社区位于金桥加工开发区，针对当时金桥地区的人员构成，创新性的采用美式的社区风格，采用独立住宅布局，这一美式建筑风格的采用获得成功，确定了金桥地区基调。后来二期开发的碧云花园公寓主要以 10~18 层小高层为主，沿用美式建筑风格，200~250 平方米房型，立面面材上选择红砖，建筑造型采用坡顶，窗采用竖向风格，德国窗框，1.3~1.4 米宽，与当时住宅市场流行南方式建筑风格截然不同。设计师提出概念，全力打造“金桥国际社区”，在建筑立面设计上开创性地借鉴了上海建筑元素，最大程度的满足社会需求，采用红砖、石基座，细部简单。

天华设计在充足业务支撑的情况下，进入快速发展，在 2004 年底人数已经达到 100 人。得益于 1998 年到 2005 年期间我国房地产业的蓬勃发展，以住宅设计为主业的民营设计机构得到长足发展

图 2-35 天华的碧云花园公寓采用美式风格，一举成名

（图 2-35）。

三益中国在 2000 年参与了徐家汇宏基广场的投资，成为业主之一后，开始参与商业开发，逐渐开始积累自身商业开发的经验。在分析了自身发展形势之后，逐步搭建了商业地产全过程服务的雏形，当时企业盈利的项目类型仍以住宅为主，建成的设计项目包括锦绣江南家园三街坊、蓝色剑桥、虹桥东苑等住宅小区项目。

此时的 CCDI 则得益于深圳开发的先机，已将目光投向了全国，2001 年底到 2002 年初，CCDI 开始股份制改造，成为中建总公司的关联单位。2003 年，CCDI 与 PTW、欧亚组成的联合体中标奥运会国家游泳中心“水立方”的设计方案。这一项目的品牌效应给 CCDI 的发展注入巨大动力，使其在还未成气候的民营设计机构中脱颖而出，打破项目类型上的无形壁垒，获得巨大的经济和品牌资本。水立方之后，CCDI 又成功承接了其他 6 个奥运场馆的设计工作，其中济南奥林匹克体育中心区位于济南经十东路以南的龙洞片区，总用地面积约 220 公顷，体育设施和行政办公用地成”品”字形位于地块的中部，定位为一个既能满足十一届全运会赛事要求和国际单项运动协会要求的现代化、国内领先的一流比赛场馆，同时也是一个提供康体、健身、休闲、能带来经营回报的生活活动综合体。2005 年企业产值接近 2 亿元，企业总员工达 600 人以上，远远超过其他民营设计单位（图 2-36）。

在奥运项目中，除 CCDI 外，天津华汇设计与美国 SASAKI 合作设计赢得北京奥林匹克公园总体规划国际竞标（图 2-37），公园中心区位于北京北中轴线端点，占地面积 315 公顷，是城市传统中轴线的延伸，意喻中国千年历史文化的延续。集中体现了“科技、

图 2-36　CCDI 在水立方之后，相继承接 6 个奥运场馆，并获得济南大运会主场馆设计，成为体育设计新品牌

图 2-37　北京奥林匹克公园总体规划

绿色、人文”三大理念，融合了办公、商业、酒店、文化、体育、会议、居住多种功能的新型城市区域，区域内有完善的能源基础、四通八达的交通网络。规划方案的设计理念为“人类文明成就的轴线”，与已延伸至 26 公里长的北京城市中轴线形成人文与山水相融的整体。但与 CCDI 水立方品牌带来巨大体育专项设计市场不同，天津华汇并没有更多发挥这一项目品牌效应。

白手起家的第一批民营建筑设计创业者伴随 2000—2005 年建筑市场的持续向荣，正逐步由机会型发展的初创期转向运用现代管理理念运作的企业，这段时期中其掌舵者仍处于摸索期，怀揣着对未来期许，积聚着发展能量，塑造各自企业独特的基因，为下一阶段的迸发做铺垫。

四、“70后”开始创业

这一时期建筑设计行业还涌现了一批更为年轻的创业者，他们大多出生于70年代之后，得益于2003年后建筑设计市场全面放开，抱着自身对建筑理想追求，满怀创业热情，行业里出现了一批充满活力的新兴建筑设计事务所。其中比较有代表性的包括：2001年成立的DC国际建筑设计事务所（图2-38）、2003年成立的栖城国际建筑设计事务所（图2-39）、2003年成立的UA建筑设计有限公司等。这些年轻的创业者大多具有国外留学经历，同时其在比较国际化的时代背景中完成专业学习，因此在专业技能上不输给第一代海归创业者，同时，“70后”的身份又使其相比普遍出生于60年代的第一批本土民营创业者，其视野更为开放，思维更为活跃，更少受到条条框框的限制。在其领导下的设计企业更为充满激情和理想，发展的方式也更为灵活和多样，管理方式也呈现出更为西化。这批70后创业者与同时期明星建筑工作室不同，在追求建筑创意的同时平衡商业因素，在对城市和建筑理解上更加多元和丰富，不追求某种特定的建筑设计风格，对建筑有其自身解读，在专业上比60后更为自信和从容。

2001年DC国际在上海成立事务所，其所有项目都在始终秉承着维护和谐的公共环境和创造特别的东方体验的理念。长期以来关注在批判性实践和权宜性实践中求得平衡，其采用一种弹性策略，在设计方式中既有浪漫主义的理想诉求，又有现实主义的人文关怀，不为追求纯粹而纯粹。2010年DC国际业务类型所占比重为：城市设计10%，文化教育类公共建筑20%，办公商业类公共建筑30%，住宅建筑40%，其主动将业务比例，其也刻意将企业规模控

图2-38 DC国际走了一条学术和商业之间的道路，在宁波安置房的设计中积极探索社会公平性话题，获得美国“ARCHITECTURE RECORD”大奖

图2-39 沈立江领导下的栖城国际，在商业地产方面较有实力

制在 150 人左右，保持活力与热情，逐渐走向“品牌”公司。其宁波东部新城学校、广西柳工集团总部工程入选美国纽约建筑周。宁波东部新城安置区项目获得美国《商业周刊》和《建筑实录》联合颁发的“Good design is good business”设计大奖，慈城中学入选第 69 届美国 NSBA 国际教育建筑展等。

UA 建筑设计有限公司由于合伙人都是 70 后，整个团队非常年轻，在设计前期上具有很大的优势，凭借创业热情和优质服务态度，很快吸引了一线开发商的注意，成为即天华、日清、柏涛设计等著名住宅设计品牌之后又一年轻住宅设计品牌。2011 年绿地、中海、保利委托的住宅设计占到其业务的 90%，充足的业务量保证了 UA 快速发展，2009 年 UA 设计完成 16 个城市地王地块的住宅设计工作，受到市场追捧（图 2-40）。

图 2-40　UA 建筑设计有限公司凭设计创意性和优秀服务态度受到一线品牌地产商的青睐

第四节　2005—2007 年：快速成长期

2005 年国家层面对房地产的宏观调控并没有遏制住房价的不断上涨，房地产持续高速发展。得益于房地产提供的充足建筑设计量，当代民营建筑设计机构（在这一时期持续）迅速发展，规模不断扩大，凭借较高的经济效益，牢牢占据民营房地产开发商的市场份额，开始形成与国有、境外设计机构的三分格局。在走过从初创期开始的机会型发展阶段之后，民营建筑设计机构的管理者们开始思考其核心竞争力，开始谋求更长远的发展模式，寻求自身的差异化竞争，纷纷开始在战略层面上对自身发展进行调整和定位。同时，随着民营建筑设计机构规模不断扩大和全国设计市场的一体化进程，民营建筑设计机构中的佼佼者开始走全国化扩张道路，将自身定位为全国的设计品牌，谋求更大的发展空间。

一、国有、民营、境外三分格局的初现

据工程勘察设计企业年报显示，2005 年到 2007 年国内建筑设计市场持续高速发展，每年平均以 30% 的增长率发展，而与之相对应，国有设计企业数量不断下降，所占比重持续下滑，而民营成分的企业在大好政策和市场环境的时代背景下进入快速成长期，数量和比重迅速提升。国有、民营、境外的三分局势逐渐形成。2005 年国有企业 5901 个，占企业总数的 41.4%，比上年减少了近 7%，而民营企业和各种有限公司数量增长较快，民营企业从 2004 年的 363 个增加到 2005 年的 1101 个。2006 年国有企业占 38%，2007 年国有企业进一步下降到 34.9%（图 2–41）。

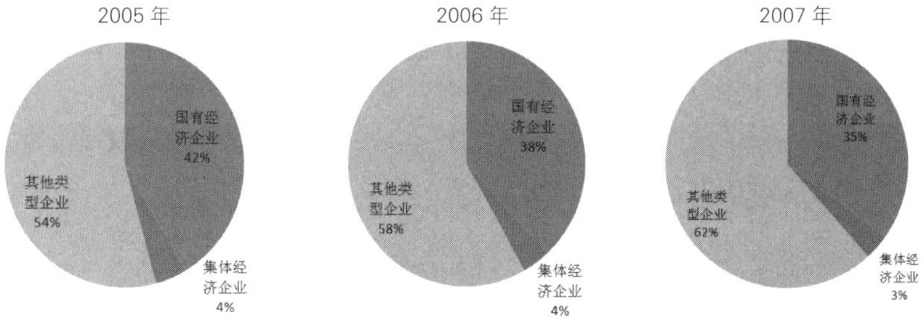

图 2–41　2005–2007 年国有、民营、境外企业所占比例

在市场份额上，国有、民营和境外也开始形成相对固定的项目分类。境外建筑设计机构由于设计和技术先进，稳稳把控设计高端建筑设计市场，在与本土设计院的合作中切分设计前端高附加值部分。国有设计院在经历了 21 世纪初的改制之后，转制后的民营设计机构进入市场化竞争，未转制的设计院开始在体制内进行企业化转型，积极探索新时期下传统大院机制设计，秉持原先技术积累优势以及国家投资的青睐，继续在公建领域占据巨大市场份额，业务类型也以公建为主。相较之下，后起之秀的民营设计公司由于成长时间短、企业发展包袱轻、市场化程度高、服务意识高等自身优势，对接民营地产开发商，完成绝大多数的住宅设计。在创造巨大经济效益的同时，民营设计机构以其不可比拟的唯才是举的企业特征，源源不断从传统大院中吸收优秀技术人才，以期在短时间内完成其技术积累，人才抢夺战悄然开始。此外，随着业务量不断上涨，人才不断聚集，民营设计机构开始谋求自身品牌的塑造，积极通过各种渠道推广宣传（表 2–3）。

表 2-3 境外、国有、民营建筑设计机构优劣对比

	境外建筑设计机构	国有建筑设计院	民营建筑设计机构
优势	国际经验； 先进设计理念； 品牌； 服务质量； 高薪吸引人才； 成熟的管理机制； 创新技术	技术领先； 科研力量较强； 在当地有重要的影响力； 人才优势； 工程经验； 企业文化的历史积淀	体制优势； 机制灵活； 唯才是举； 充满活力； 市场服务意识强； 市场反应快
劣势	人脉关系较弱； 人员流动频繁； 资质障碍	内部管理保守； 职工负担重； 缺乏活力	优质项目较少； 资金短缺； 品牌弱

二、核心竞争力形成

在经历了 21 世纪头十年前期的机会型成长阶段后，房地产业遭遇政府第一波宏观调控，对于长期以来以住宅为主要业务类型的民营设计机构来说，2005 年的市场短暂紧缩使企业的当家者开始思考企业未来发展的核心竞争力，而萌芽于 20 世纪 90 年代初的民营设计机构在接近10年的发展过程中也积累了各种不同资源，在这个当口，在自身资源的基础上确定核心竞争力无疑也到了比较成熟的时机。

联创国际经历了 2004—2007 年的广告推广后，形成一定的品牌知名度，2007 年一次偶然机会从新闻里获悉国内交通将进入大发展时期，引发联创关注。联创决定在更大范围内去整合资源，学习西方设计总包的操作方式，联合铁路专项设计院、高校研究机构、依托自身较强的民用建筑设计能力，获取企业新的发展空间。在这之前联创所作的品牌积累和关注公建设计的积累起到重要作用。交通建筑的新增长点在民营设计机构领域里都是新的挑战，没有任何负担的民营机构可以极好地补充铁道院的民用设计短板。开始尝试总是需要付出，得益于自身民营机制的灵活性，很快在公司内部成立专项事业部，集中精力进行新产品开发，用其他类型收益补贴新产品的开发，2006 年联创的公建占项目总数的 55% 以上，战略实施取得显著效果（表 2-4）。

表 2–4 联创无界工作室部分完成项目列表

项目名称	时间	规模
上海青浦新城西区概念性城市设计	2009	总建筑面积 12.02 万 m^2
上海漕河泾工业园	2009	建筑面积 443207m^2
常熟市民广场	2009	建筑面积 240300m^2
无锡蠡湖	2009	总用地面积 300000m^2
连云港港口集团规划项目	2009	用地：2419433m^2
武汉南二环段城市设计	2009	用地面积 1328.02hm^2
上海复地综合体	2010	建筑面积 241249m^2
成都复地	2010	建筑面积 235052m^2
三亚新城中心	2010	总建筑面积 318.53 万 m^2
青岛万科	2009	总建筑面积 969638m^2
太湖生态博览园	2009	建筑面积 32172m^2
岚山文化中心	2010	建筑面积 222433m^2
贵阳花果园	2010	建筑面积 809183m^2
唐山新华道都市综合体概念方案	2008	建筑面积 120000m^2
软件园	2008	
无锡观景台	2008	建筑面积 1625m^2
宜兴五星酒店	2008	建筑面积 182000m^2
常州奔牛机场	2008	航站楼总建筑面积 58000m^2
南昌影视中心	2009	建筑面积 62785m^2
上海世博会 PICC 馆	2009	建筑面积 1325m^2
郑州客运站	2009	
成都客运站	2009	建筑面积 38827m^2
重庆西火车站	2010	建筑面积 12 万 m^2
宁波保税区通关中心	2010	建筑面积 3.5 万 m^2
武广城际铁路流芳站	2010	站房总建筑面积 29972m^2
重庆江北售楼处	2010	建筑面积 1000m^2
合肥办公	2008	
迪拜阿布扎比办公楼	2008	Plot area 1.89ac
深圳能源大厦	2009	建筑面积 96420m^2
济南报业大厦	2009	建筑面积 75690m^2
无锡威纳国际	2009	建筑面积 20000m^2
西安航天国际场	2009	建筑面积 138185m^2
重庆江北	2010	建筑面积 76983m^2
宁波万棋	2008	建筑面积 63185m^2
复城国际	2009	建筑面积 193538m^2
上海国际城	2010	
成都伟业别墅	2008	建筑面积 24.9 万 m^2
青岛海信	2009	建筑面积 173802m^2
重庆万科	2009	地上建筑面积 374333.09m^2
重庆龙湖	2009	建筑面积 411340m^2
苏州穹窿山别墅酒店	2010	建筑面积 30908m^2
UDG 开放工作室	2010	建筑面积 106m^2
山东枣庄文化中心	2010	4 万人体育场，4 千人篮球馆，2 千人游泳馆

此外，联创还积极参与各个重要城市地标项目的投标，这一时期的代表作包括廊坊大剧院、无锡艺术中心、无锡太湖新城软件园、上海证大金融中心等（图 2–42）。从这些投标项目的效果图来看，国际化的联创在大型公建的方案设计水平较强，在这一领域走在其他民营建筑设计机构之前。廊坊大剧院设计中，设计寓意为一个八音盒，大剧院与八音盒具有相当近似的功能。在白天，建筑的所有元素都包含在建筑物内部，使得建筑看上去很平静。晚上，室内的光亮放射出来使得建筑物活跃起来照亮外面的世界。无锡艺术中心，方案主题为“绿色的树叶”，这是源于最初的设计理念——用巨大的叶片结构将这个艺术中心覆盖起来。在设计过程中，建筑产生新的意象——仿佛是一只蜻蜓休憩在蠡湖畔绿色山丘。设计想要营造的是一座具有强烈结构概念以及意象特征的、富有吸引力的建筑。

三益国际在面对住宅市场危机的当头，决然决定将原有商业设计积累作为企业核心竞争力，2005 年全面转向以商业为主，收缩了原有的景观和室内设计部门，这对于原有住宅类型设计达到 95% 以上的三益来说，无疑充满风险，风险来自商业类型市场前景的不

图 2-42　联创设计的大型公建项目

明确性，以及企业巨大机构调整带来的内部不稳定性。“大商业”咨询的商业模式建立后，三益花了近 2 年时间完成企业内部构架和战略的对接。2008 年商业类型占所有类型 30% 以上，2011 年纯商业加上商业综合体剥离住宅后可以达到近 50%，同时，伴随国内物业开发类型的转变，三益的商业设计经验无疑走在国内民营设计机构的前列，成为转型专业细分市场的成功典范（图 2-43）。

以住宅设计为主的天华设计 2005 年启动“客户升级战略”以应对层次不齐的业主市场，以求强化住宅设计市场的高端优势，同时，在遭遇市场不景气的情况下，对企业内部进行机制调整，释放企业工作效率，一系列内部改革后，在 2005 年底住宅市场转好后，天华设计全面进入快速扩张期，2007 年人数达到 300 以上，产值接近 1.5 个亿，被《建筑时报》评为“2007 年十大中国民营建筑设计企业”（图 2-44）。

图 2-43　三益中国创意地产系列

图 2-44　上海天华建筑设计有限公司外高桥文化艺术中心、天津金融街融汇广场等

三、快速扩张、全国布局

汉嘉设计集团在新世纪后进入全国化布局阶段，进入发展快车道。2007 员工扩张到 800 人以上，设计向整个产业链延伸，除建筑设计以外，将设计范围扩大到园林、市政，实施“设计总包”战略。除杭州总部以外，在上海、成都、厦门、北京设立 4 个分公司。同时，还通过从事地产开发积累了资金，将资金反哺建筑设计主业，在全国范围内收购优质设计团队，实现快速品牌扩张。从 2003 年起，在上海、北京、厦门、成都购买最好地段的办公楼，树立品牌形象

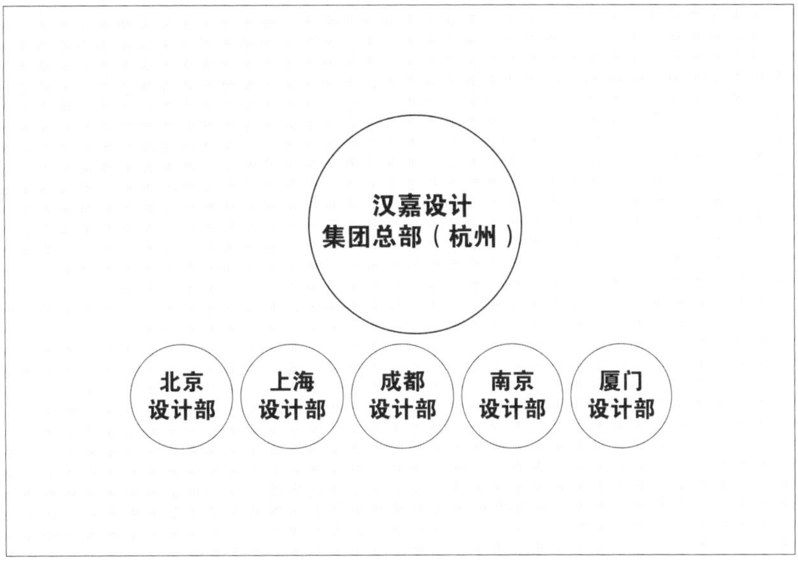

图 2-45　汉嘉设计集团全国化布局（2011 年）

同时也传递出信息，分公司将是一个稳定的团队，打消业主对民营设计机构的不信任感。2007 年起汉嘉计划将在武汉、南京、沈阳建十个分公司，实现全面属地化，总分院实现资源共享，发挥集团化的规模效应，这一时期的汉嘉设计集团进入其发展的鼎盛时期（图 2-45）。

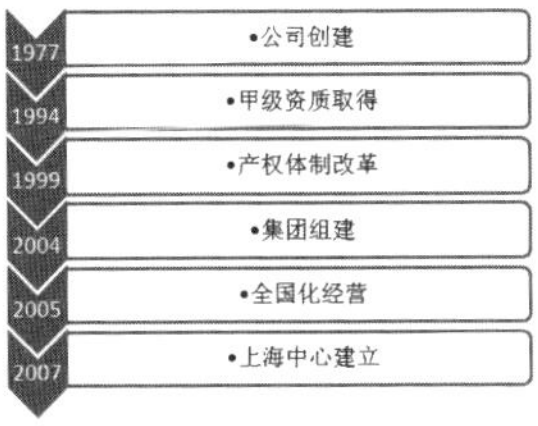

图 2-46　绍兴华汇发展历程（1977-2007）

2000 年改制后的绍兴华汇设计集团全面收购了绍兴地区所有建筑设计机构，占据了整个绍兴地方市场，同时，在人员和技术完善的情况下，进入由地方设计企业向全国设计品牌转变的过程（图 2-46）。改制后实行“在岗持股”和“动态制”的股份制机制，保证了设计人员的稳定性。此外，将产业向监理、勘察、项目、策划以及施工方面延伸。绍兴华汇定位为以设计咨询为龙头，具有投融资和项目管理能力，为工程建设提供全过程服务，设计机构在投资项目的机会选择、机会的把握能力以及项目实施的可控性方面都有一定优势。其在资本经营方面涉足房地产、热电厂投资、交通项目等，在企业发展层面做到资本价值最大化，从而支撑建筑设计主业，回馈员工和设计师。

在 20 世纪 90 年代中后期出现的第一批本土创业者在经历了近 10 年的发展后，逐步开始形成梯队，有远见、有谋略的企业家们在各自不同的积累基础上陆续进入发展的快车道。CCDI、汉嘉设计集团、绍兴华汇设计集团企业在众多设计机构中脱颖而出，取得发展先机，在完成了企业资金原始积累和摆脱生存压力后，树立了更为远大抱负和战略，走上了做大做强的发展道路。将服务产业链向上下游延伸，运用资金收购兼并地域公司，成为这一时期企业发展的重要模式，以浙江汉嘉设计集团为代表的民企中的“巨无霸”开始尝试第一批“总－分院”模式，完成地域公司的“去地域化”的过程，而这一批全国化的企业在这一时期的发展历程日后也成为业界借鉴的经验，其所取得的经验教训也为后来者指明发展方向。

第五节　2008—2010年：迅速扩张期

2008年金融危机对中国建筑市场并没有造成太多的影响，中国建筑市场在短短放缓了几个月之后再次全力发展。当代民营建筑设计机构在经过了近十年的高速发展之后，这一轮发展再次提速。这一时期主要表现在，行业内涌现了一批有影响力的民营建筑设计品牌，伴随市场细分和对自身核心竞争力的认知，民营建筑设计机构体系中开始形成规模不等、发展愿景各异的多层次生态系统。在学习了西方发达国家知名设计品牌的发展模式之后，已积累了一定发展经验的当代中国民营建筑设计机构的优秀经营者们开始思考如何立足当代中国建筑设计行业，在西方发展经验的基础上走出具有中国特色的发展模式。

一、民营建筑设计品牌崛起

在经历了2008年全球金融危机短暂停顿后，2010年，巨大工程量短时间内释放，设计行业进入疯狂发展期，自2005~2007年，民营设计机构发展良好，民营建筑设计机构开始积极思考自身发展模式，在这一阶段表现出极强的扩张欲望。民营设计机构在近十几年的艰苦创业后，伴随着中国建筑市场高速增长，开始具备较强的竞争力，与国有设计院、境外公司形成有力竞争。在业务类型上，随着民营设计机构自身技术经验的积累，逐步开始进入公共建筑领域，同时，传统的住宅设计市场仍牢牢被其控制，为其发展提供充足保证。2009年CCDI员工已经接近2000多人，产值超过6亿元。2009年联创国际员工接近600人，产值超过2.5亿元。位于中国西南成都的基准方中员工接近 600 人，产值超过 2.5 亿元。位于深圳的华阳国际在 2007 年后进入高速发展期，产值突破亿元，完成了深圳地标性项目，成为深圳新一代领军民营建筑设计机构，到 2010 年员工接近 700 人，产值超过 2 亿元，在长沙、广州、重庆、香港、上海等地设有分公司（图 2–47）。

民营建筑设计机构开始崛起了一批有影响力的设计品牌，在企业活力、企业管理、设计能力等方面非常具有竞争力，在有些地区市场甚至超过原来未改制的国有建筑设计院。民营机构由于体制灵活，人才上升通道和发展机会较多，对设计人才吸引力很大，许多设计人才从国有院转投民营怀抱，很好弥补了民营机构技术积累不够的缺陷。汉嘉设计集团引入了包括沈济黄在内的三位业界权威，来弥补民营设计机构由于发展历史短而技术积累的不足。在业界专家的主持下，汉嘉投入更大研发工作，在建筑绿色节能、建筑抗震、住宅产业化等技术前沿都有所突破。其广泛与科研单位合作，与钢结构协会合作，快速完成 80 万平方米的钢结构住宅项目，成为全国住宅产业化参与 15 家建筑设计单位之一。其技术优势也为其担当顾问提供可能，作为华东地区最大的商业综合体万象城项目的设计方，汉嘉具备完成大型商业综合体项目的工程经验，在杭州新建地铁上盖物业项目中，担任顾问工作。

图 2–47 华阳国际办公环境

由于民营机构发展时间短，没有品牌优势，因此比国有设计机构更重视品牌的建设和宣传工作，不断增加品牌的曝光度和美誉度。中国文化讲究“师出有名”，因此不少设计机构立足更长远的企业发展，企业改名现象时有发生，显示了其试图摆脱地域性公司的定位，逐步走向全国设计品牌的发展愿景。如原先的浙江城建集团改名为汉嘉设计集团，原先的苏州市设计院改名为赛德设计，原先的厦门市建筑设计院改名为厦门合道等。回顾许多企业名称不断调整的过程，会发现民营建筑设计机构不断根据形势调整自身的“善于变通”的生存方式，如2000年年初涌现许多带“国际”两字的公司，后来又出现一些带“中国”两字的公司，一段时间还有许多带“研究院”的公司名称等现象。

进入2008年后，已积累一定品牌影响力的民营机构开始进入其历史发展过程中的最佳时期。

二、民营设计机构体系中生态系统形成

经历20世纪90年代中期开始的发育成长后，在民营设计机构体系中开始形成生态格局。20世纪90年代初诞生的深圳公司，伴随深圳本地住宅市场的减速，大多伴随的深圳起家的地产开发商进入全国市场。但伴随全国市场化深入，其原有的设计创意的先发优势也逐渐褪去，除CCDI转型成功外，大多数企业仍未完全摆脱深圳地方品牌的痕迹，而CCDI在完成水立方之后，其规模和效益迅速膨胀，成为民营设计机构的巨无霸，其领航者的气魄和革新的勇气，深深带有深圳企业的特征。

20世纪90年代中后期在上海大量涌现的海归创业者，在经历了新世纪第一个十年的前中期的鼎盛发展时期后，伴随创立者已进入创作和创业疲惫期，逐渐转向发展停滞期，其影响力也日益减弱。

20世纪90年代中后期在全国各地出现的第一批本土创业者，从没有任何资源起步，经历了机会发展期、快速成长期、迅速扩张期以后，经过激烈角逐，积累起属于自己的核心竞争力，进入2008年后，成为民营设计机构中的佼佼者，发展动力强劲，成为国内设计咨询市场上有力的竞争者。

2000年年初的全国设计院转制中涌现的许多转制企业，在摆脱了原有体制束缚后，进入开放市场竞争环境。但相较完全从零起

步的民企来说，原先的历史是一把双刃剑，有些转制院抛开原有品牌，但依托原有人才、技术积累，通过机制创新，逐步进入发展快车道。而有些虽然体制改了，但机制没有跟上，在面对激烈市场竞争挑战时，发展更加困难。

2003年后随着国家事务所申请的全面放开，以70后创业者为代表崛起的新一代设计机构，眼界、思维更为开放，加上新颖的设计理念，在21世纪第一个十年的末期开始登上设计舞台，受到甚至是一线开发商的青睐，开始进入企业化运作的起步期。70后创业者没有太多的传统观念，更关注设计本身。在中国经济融入世界经济的时候，越来越高的国际化要求和开放环境，会给70后设计企业提供更好的发展机遇，从中也必将孕育具有国际水准的中国建筑师（表2–5）。

表2–5 民营建筑设计机构"领袖企业"演变图表

阶段	时间	企业名称	特征
第一代	20世纪90年代初—2000年	KFS、海波、日兴、泛太	具有设计创意的先发优势
第二代	2000—2007年	汉嘉、CCDI	设计院转制，完全进入市场竞争环境，规模和效益迅速膨胀
第三代	2008—2010年	天华、三益、联创、日清	国家事务所申请全面放开，以70后创业者为代表，眼界、思维更为开放
第四代	2011年至今	绿城设计、绿城东方、浙江中设、基准方中	关注设计本身，逐步与国际接轨，进入企业化运作的起步期

三、战略转型："中国模式"尝试

2008年的金融危机虽然很快过去，建筑设计企业普遍未受到很大影响，但让许多处于迅速扩张过程中的民营设计机构感到了行业寒冬，开始思考如何寻找到一条适合中国民营建筑设计行业发展的中国模式，以求得企业的可持续发展。

民营企业中的"超级企业"CCDI在获得水立方之后进入迅速扩张期（图2–48），2007年已接近1500人，如此庞大的人员规模在2008年上半年项目数量一下子减少的情况下，对CCDI产生了很直接的影响。2006年CCDI规模接近1000人，开始思索打破原有传统设计院的组织模式，借鉴西方大型工程设计公司的组织构架后，大胆尝试，采用矩阵式组织构架。构建扁平组织体系，实现整个公司范围内的高效率服务模式。专业事业部的组成，形成技术宝

图 2-48　CCDI“水立方”项目为其带来巨大品牌效应

塔，在短时间内有效提升专项能力。水立方直接带来体育事业部的成立，而事业部的形成很短时间内使 CCDI 有能力承接大量体育场馆，在场馆设计领域与境外、传统大院形成有力竞争关系。

迅速成长起来的天华设计在 2009 年决定从住宅市场转向公建市场，集中力量主攻城市综合体，复制住宅领域成功的经验，以期在中国进一步城市化进程中抢的先机。同时，调整企业组织构架为战略实施提供保证，在严密的制度和项目流程的控制下，发挥中国文化的特性。

联创国际除了联合各方资源以外，还很早尝试国际化道路，很早招聘外籍员工，21 世纪第一个十年末成立完全由外籍设计师控制的工作室，打破常见的以项目合作为基础的较松散的合作模式，真正实现在中国企业内部的中西融合。联创国际不断谋求更高层面的国际化，通过收购外国设计团队等方式，进一步提升品牌的创意能力（图 2-49）。

图 2-49　联创无界工作室内景（2011 年）

深圳筑博秉持了其追求设计创意的企业发展理念，但随着企业规模扩大体现设计师个性创意显得力不从心，企业着力关注人才问题，将企业定位为一个给中国的建筑设计师创业的平台，成立个人工作室，打造企业品牌和个人品牌，双轨并行发挥更强的品牌效应。

绿城东方一贯追求建筑的永恒价值，认为西方的合伙人制是保持建筑设计水平的最好机制，逐渐建立起适合中国员工特征的合伙人制度，通过机制设计来规避合伙人制的弊端，走出了一条符合中国式的合伙人制度。

第六节　2011 年至今："软扩张"时期

经历了 2008 年金融危机之后的又一轮高速发展期，民营建筑设计机构中出现不少"巨型""大型"规模的设计机构。规模的急剧扩张带来内部管理和制度建设的滞后，阻碍了品牌的良性发展，导致设计品质下降。保持清醒头脑的民营建筑设计机构经营者，开始纷纷进入调整期，致力于内部管理制度建设，有意识地放缓了发展速度，行业内的超级民营建筑设计机构集体进入了"软扩张"时期。在这一阶段中所作的努力将直接影响下一个五年，谁将脱颖而出，在新一轮竞争中抢得先机。

一、稳定调整期

2011 年 CCDI 员工超过 2000 人，三益中国员工接近 800 人，天华设计员工超过 1400 人，联创国际员工超过 800 人，基准方中员工超过 700 人，绿城设计员工接近 600 人……2011 年在经历了 2008 年到 2010 年连续 3 年的疯狂增长，设计行业出现了令许多境外设计公司不敢相信超大规模设计企业。遍布全球多个地区的 GMP，在员工接近 600 人的时候已经变得战战兢兢，开始有意识地克制规模化发展。而中国近 15 年来涌现的民营设计企业在还没有经历任何企业发展挫折的情况下，依然保持着 30% 以上的增长速度，这也是许多企业家并未预料到的事情。但在如此大规模扩张的同时，许多企业开始发现利润率的下降，企业利润没有随着人员增加同比例增加，企业项目是多了，但高品质的项目并没有增多。企业的内部管理落后于企业的规模扩张，许多企业家开始放缓发展速度，进入企业内部调整期，对招来的人才进行梳理，行业内的超级企业们集体进入了“软扩张”时期。

二、第二代总分院模式

于21世纪第一个十年初期第一波全国化扩张过程中建立起来的遍布全国的分院，是民营设计企业迅速全国化的产物，其实质是传统承包制，总分院之间的无法实现技术共享，也没有发挥出规模效应。各分院各自为阵，有时候甚至是一套班子两块牌子，在各地区并没有延续原有品牌的品质和影响力，反而对原有品牌形成负面影响。在当地市场竞争不过当地院，难以进入当地高端市场，仅仅依靠品牌无济于事，分院的生存比较艰难。

2005年后的第二波全国化过程建立在第一批的经验教训上，放缓开设分院的速度，对地域市场进入更为谨慎，努力实现真正意义上的总分院技术共享、资源共享，最大程度发挥规模效应。在实现属地化同时，实现全国一盘棋。其中较有代表性的有成都的基准方中，成立于2004年，成立3年后开始全国扩张，在扩张过程中充分考虑了区域差异，选择与成都各方面相近的重庆作为扩张第一步，实现低成本扩张。而绿城东方在扩张过程中，为了最大程度保证设计品质的不稀释，选择高度一体化建设，将上海分部和杭州总部统一管理，使用相同的管理方式，保持了品牌的高度一致性。这些做法都是新兴民营建筑设计机构在谋求全国化规模扩张的时候吸取了第一代全国化进程中出现的问题，无疑这样的做法体现了当代民营建筑设计经营者的智慧。

三、关注人才和企业文化建设

设计企业是智力密集型企业，企业竞争归根结底是高端人才的竞争。2010年行业高速发展的上半年，建筑市场的人力需求量同比增加了近八成，建筑设计行业出现大面积“人荒”。巨大的市场机遇和人才短缺所形成的巨大矛盾，使设计行业陷入抢人的恶性循环。招人、留人、用人成为设计企业面临的最大问题。据不完全统计，员工工资增幅2011年普遍上涨了20%~30%以上，给员工涨工资成为2011年设计企业应对外界CPI走高和其他公司“挖墙脚”的首选方式，重新构建企业薪酬体系，给员工物质上的保证。

除了物质层面的激励外，许多民营设计企业使用软性的企业文化建设来提升企业凝聚力。绿城东方设计就尝试结合自身企业特点，为其员工制定职业发展规划，梳理从助理设计师直到合伙人层面的职级通道，同时为员工创造立体式的培养体系，让员工感觉到自己在不断提升，在巨大工作压力的同时获得精神上的愉悦。

愈演愈烈的建筑设计市场人才抢夺战在一定程度上反映出我国建筑设计行业管理的不完善，缺乏理性的市场干预和监控机制，没有强有力的行业协会对整个行业进行标准的建立和维护，造成建筑师的价值计量体系的混乱，个人到处寻价的现象时有发生。许多民营建筑设计企业都希望抓住这段设计市场黄金发展期，迅速扩张自身规模，在这一波市场竞争中占的一席之地。这一发展心态，在一定程度上加剧了人才抢夺的激烈状况。

四、发展模式多元化探索

进入 2011 年之后，随着越来越多年轻创业者的出现，其所接受的新时期的文化价值观使其在经营设计企业的时候呈现越来越多的价值取向和发展模式。

栖城国际的主持人沈利江是典型的 70 后，与 60 后的第一批创业者相比，其经营企业多了几分从容的心态。往往用于几百人以上的 ERP 系统用在了不到 100 人的年轻的栖城国际上，沈利江对此的解释是，觉得很有趣，可以更好促进企业文化建设，搭建信息共享的平台。同时，通过系统建设，沈利江看上了这一系统的商业价值，负责整个系统设计的团队将拥有自身的盈利功能，由成本中心转变为新的利润中心。未来的栖城国际所有部门都将完成自身的盈利模式，最终使企业更好发展，可以想象如果某一天栖城国际不以建筑设计为最主要经营业务了，也不足以怪。

DC 国际的主持人平刚倡导在商业和建筑理想之间的平衡，其于 2001 年完成的宁波安居房获得美国“ARCHITECTURE RE-CORD”大奖，表彰其对中国城市化进程中在设计层面对社会公平性的关注。DC 国际从其成立以来就以商业公司的为企业定位，坚持对于建筑理想的追求，表达这一代建筑师的独立思考能力。平刚本人酷爱户外探险，并以此营造了活跃、充满生机的公司氛围。

五、国际化之路

20 世纪 90 年代国外知名设计机构强势进入中国，稳稳占据了高端建筑设计市场。民营建筑设计机构在境外建筑设计机构和国有传统建筑设计院的夹缝中成长起来的，迫于更为严峻的市场压力，民营建筑设计机构从其出生那一刻开始，对这两座“大山”，就是在心存羡慕的同时，不断努力打破其垄断的状态中。

在民营建筑设计机构发展初期，其希望利用国人崇洋媚外的心态，往往在注册公司名称时加入“国际”二字。在其发展过程中，境外建筑设计机构的创作设计方法、创作效果图、文本制作方式、图纸的表达等都是民营建筑设计机构学习的范本，这种善于学习的心态，也让本土民营建筑设计机构在方案创作能力上快速提升。进入 2005 年之后，不少民营建筑设计机构开始具备一定实力，吸引了国际一些小规模设计团队的关注，通过项目合作的方式形成战略合作，民营建筑设计机构通过境外团队的引入增加了自身设计和技术实力，而国际团队则通过熟悉本地市场的民营建筑设计机构得以进入中国市场。同时，不少民营建筑设计机构开始雇佣境外设计师，初期更多看中其“洋面孔”，后来则更多希望通过境外设计师的介入，为整个企业注入更多元的工作方式，而境外设计师的敬业精神也感染了本土建筑师，这一时期境外有一定工作经历的建筑师受到民营建筑设计机构的青睐。此外，还有一些企业开始走出中国人领导境外设计师的既定思维，在公司内部成立“原汁原味”的境外设计团队，在整个机构平台上提供更多元的资源，以满足市场需要和内部整体提升。

除了在设计专业上的业务学习，2000 年开始民营建筑设计机构的经营者就开始关注与自身体制相似的境外知名设计品牌的企业运作和管理方式。从初期学习早期“海归”在国内成立建筑设计事务所的方式经营自己的企业，到后期随着规模扩张，开始关注境外较大规模的成熟商业设计企业的运作方式，积极学习其从战略层面到具体项目操作层面的流程等中观管理层面，民营建筑设计机构开始关注其项目背后的支撑体系。

伴随中国经济快速发展，建筑设计行业已经涌现了大量“巨型”建筑设计机构，在完成了规模扩张和全国化布局之后，一些民营建筑设计机构开始谋求其国际化道路，其目标在于成为国际性的中国建筑设计机构代表。有些已经开始积极尝试承接境外的项目，或者考虑利用资本的力量收购国外高端的建筑设计公司，从而快速提升设计和技术水平。

如赛德设计（现为启迪设计集团）国际合作之路开始得很早，也很具有代表性，由于其前身为苏州市设计院，在结构、机电等专业的积累颇具优势，因此苏州标志性建筑外方设计师的中方配合往往都落在赛德身上，正是这样一种机缘，让赛德在国际合作上积累了大量经验，其中包括与贝聿铭贝氏事务所合作苏州博物馆，与安藤忠雄建筑研究院合作苏州太湖博物馆，与新加坡新工集团合作苏州汽车南站，与 DADIZ 合作苏州新区绿宝广场，与约翰逊理奇建筑设计事务所合作高新区科技大厦，与澳大利亚 JPW 设计事务所江苏移动苏州分公司园区新综合办公大楼等。在大量工程合作过程中，赛德渐渐熟悉了外方的工作方式，欣赏外方敬业的工作态度和不同的建筑设计方式，尝试适合不同设计团队的合作方式：①是直接聘用境外设计师，用不同工作态度和方式带动中方建筑师；②是针对没有品牌的境外设计团队，成立联合工作室，双方在项目伊始时同时介入，风险共担，目前已有一个法国团队常年驻扎在赛德（贝雷德建筑设计工作室，SILMAD 国际联合工作室）；③是对于有品牌号召力的境外设计团队，根据其擅长门类，结合适合项目，赛德充当其中方合作伙伴，包括安腾、贝氏事务所等。由于赛德设计地处苏州，其地域原因使其无法汇聚最高端设计人才，通过与国际设计团队的多种合作方式，有效补充了赛德创作力量，为赛德品牌的提升找到新方式。

联创国际长期以来都认识到国际化是当代设计企业发展的必由之路，其早期采用的国际化方式是在公司内部雇用外籍员工，后来认识到用中国人领导外国人的雇用方式，虽然可以提高生产效率，但会逐渐让境外设计师失去自身独立性。因此，2008 年在联创内部成立了无界工作室，其人员组成由来自法国的设计总监建筑师阿兰・罗伯特先生为技术核心，汇聚了包括德国建筑师马丽安・哈姆迪女士，芬兰设计师白德瑞先生等近 10 位来自世界各国的设计师。同时，工作室里有一些中国建筑师，在境外建筑师的指导下共同工作。团队工作要求成员采用互动工作模式，以不同的生活经验、教育模式及个性特质，互相启发，设计最大程度地满足多样性的设计需求。同时，通过富有个性的设计个体，可以激活联创国际内部工作氛围，为联创国际未来发展创造更多可能。在设计机构里设立原汁原味国际化设计团队的做法，也让联创员工有机会接触境外设计师设计方式，其敬业的工作精神也感染着中国建筑师。

第七节 从市场化生存阶段向品牌构建阶段转变

从20世纪90年代初中国当代民营建筑设计机构诞生，一直到2007年，得益于中国建筑设计市场高速发展，民营建筑设计机构的发展一路高歌。在没有任何经验的情况下，当代民营建筑设计机构摸索着前进，以生存作为主要目标，这一阶段主要表现为市场化生存，没有过多思考企业定位和发展模式，完全处于粗放式发展过程中，以市场为导向，力求企业规模扩张和资金的积累，对于设计品质或完成度无暇顾及。2008年之后，随着市场竞争加剧和建筑设计市场门槛不断提升，在规模扩张的同时，更多民营建筑设计机构开始对从一味追求经济效益转向对设计品质的关注，在借鉴西方成熟模式的基础上结合自身国情，努力打造设计平台，通过制度层面的积极创新，提升建筑设计品质，增强核心竞争力，谋求更长远的利益。

一、市场化生存阶段：多元的资源获取方式

当代中国民营建筑设计机构诞生于20世纪90年代初，虽然其代表着未来发展方向，有着国有设计院所没有的体制上的优势，但在创业之初，其所面临压力非常大，市场对其不信任、自身的技术和人才积累几乎为零，一切都要从头开始。20世纪90年代初开办民营建筑设计机构是需要勇气的，必须在国有和境外设计机构的夹缝中寻找市场。除了极个别有一定社会关系的企业之外，大多数民营建筑设计机构其初期都是处于机会型发展阶段，完全市场化导向的发展过程中。从整个行业角度来看，基本上从90年代开始一直到2007年，民营建筑设计机构都处于市场化生存阶段，完全处于粗放式发展过程中，力求企业规模扩张，对于设计品质或项目完成度没有太多重视。

纵观这一市场化生存过程，民营建筑设计机构由于没有任何资源，这一阶段表现出各类民营建筑设计企业都在通过自身特殊的方式寻求市场、品牌、人才的资源整合。

针对市场份额，大多数民营设计机构选择以住宅设计为主。住宅设计市场由于收费低，技术要求低，因此被有较强技术能力的国有大院和境外设计机构忽视，因此许多民营建筑设计机构准确定位

地产类项目，以良好的服务态度和勇于创新的设计赢得了不少一线开发商的认可，同时也成为民营建筑设计机构的生命线。业务类型单一，住宅类型业务比例太高的现象，到现在还没有产生根本性的转变。2005 年之后一些发展较好的民营建筑设计机构开始逐步意识到业务类型单一对企业发展造成不良影响，开始尝试更多涉及公建类项目，试图为企业未来发展奠定基础。在拓展新领域时，不同企业根据自身资源获取更大可能性。如联创国际转投交通领域就因为其认识到自身具有汇聚各方资源的能力。而三益中国转投商业类型，则与其参与过投资的经历有关。民营建筑设计机构相对国有设计院，更善于把握自身特质，利用机会，灵活变通，勇于尝试，不放过任何可能性。

品牌对于民营建筑设计机构非常重要，其发展过程中通过各种方式来使自身“师出有名”。早期挂靠在国营设计院之下，后来看到境外设计师的超国民待遇也纷纷在境外注册一个公司名称，到后期随着中国经济快速发展，又开始加上中国字样，民营建筑设计机构通过公司名称的变换来博得更多市场认可。但在市场化生存阶段，大多数民营企业还未认识到品牌对于企业自身的重要性，还处于一切以市场为中心，对于不产出利润或者需要资金投入的领域仍不愿过多投入。在这一阶段，积极投放广告的企业数量仍不多，而一些较早认识到品牌重要性的公司已经在开始行动了。

人力资源这块一直以来是民营企业的软肋，在民营建筑设计企业初创阶段，没有太多优势吸引高端人才和优质毕业生。而进入 2000 年之后，不少企业已经积累了一定资金，开始通过高薪吸引优秀人才的加盟。不少优秀人才在国有设计院遭遇发展瓶颈，而民营建筑设计机构唯才是举的人才观吸引了他们加盟。同时，民营企业持续快速发展，开始在行业中具有影响力，也打消了人才原先对于民营建筑设计机构的不信任感，开始吸引了年轻毕业生的注意。但在这一时期，民营建筑设计机构相对历史悠久的国有设计院和境外设计机构还处于弱势，民营和国有之间、民营和民营之间还没有出现 2008 年之后开始的白热化的人才抢夺战，而民营建筑设计机构凭借平台建设和个人职业发展方面优势开始在人才竞争过程中处于上风。

二、品牌建构期：搭建平台，回归设计

2008年金融危机对国内民营建筑设计机构没有造成太大影响，但同时期境外设计机构的全球裁人举措让国内经营者们停下脚步，对自身发展方式进行短暂的审视。但随之而来的2009年开始的又一次设计量井喷，再次让经营者们开始进入这一波的冲刺。与上一阶段简单的、粗放式、以市场为导向的增长方式不同，这一阶段的企业发展过程中，在规模扩张的同时，更多民营建筑设计机构开始对从一味追求经济效益转向对设计品质的关注，在追逐量的同时开始思考“质”。

一些经营者们开始从直接管理者的角色中退出，将注意力转向整个平台的搭建，将自身定义为平台构建者和规则的制定者，从制度层面提升对设计品质的控制和保证。所谓平台构建，要求经营者从更高层面考虑企业定位和发展模式，在战略领导下采用合适的组织形式，最大程度推动整个企业沿着既定目标发展。同时，这一平台将提供给优秀建筑师更多的展示机会，为其提供自己开业所不能比拟的项目平台，从而吸引优秀建筑师的聚集。成熟的项目管理制度将进一步提升民营建筑设计企业的设计品质，从根本上提升企业核心竞争力，从发展初期市场化导向，转向用市场方式更好控制设计品质，达到高品质设计的回归。

不少民营建筑设计企业在积累了物质基础之后，开始关注设计本身，希望通过高完成度的优秀设计作品来提升品牌价值。而对于品质的坚持，需要从整个设计管理层面积极创新，打破原有传统的院所结构，借鉴西方成熟经验，同中国文化相结合。完善从战略层面、到中观制度层面以及微观操作层面的一整套制度，来支持精品项目的诞生。

在这一轮中发展中，涌现了不少新的具有代表性的民营建筑设计机构，如浙江绿城东方、上海天华建筑设计、三益中国、成都基准方中等，这些企业相比老一批如浙江汉嘉设计集团、CCDI等本土民营建筑设计机构，更多关注设计品质，而不以规模化发展作为自身目标，呈现出更审慎的发展观。

第三章　设计的道德
——市场意识与职业道德

成熟的建筑设计行业需要兼具市场意识和职业道德的建筑师，能够熟练掌握在自身专业和服务能力之间取得平衡的技巧。市场意识能够让建筑师提供更为职业化的服务，而职业道德则显示了建筑师作为独立人身份所需坚守的底线，也正是因为这份坚守才能赢得业主最终的尊敬，两者并不矛盾，很大程度上是建筑师职业化进程中所必须都具备的素养。

第一节　当下中国建筑师的职业道德危机

伴随20世纪80年代开始的当代中国建筑设计行业的市场化转型，到2000年左右国有建筑设计院纷纷建企转制，民营建筑设计机构的迅猛发展，市场经济的经济原则深刻改变了传统国有设计院作为事业编制国家干部的思维定势，然而在法律和制度层面没有完善的建筑设计行业现状下，也对建筑师自身的职业道德提出严峻挑战。

一、建筑师职业的多重属性

西方建筑师是同医生、律师、会计相同的独立的职业工作者，其诞生原因就是其是也独立于业主和承包商的第三方存在，其职责是公正、公平地执行技术监督和以业主代理身份进行管理。职业建筑师是具备专门的职业技能、恪守独特的职业伦理、享有高度的职业自治这三个特征的职业群体。

1. 独立性

西方职业建筑师源于19世纪末期随着工业化进程，西方出现大量的建筑设计需求，而承建商与开发商合谋追求利益最大化而导致普通民众的利益受到损害，需要具有专业知识的第三方站在公平、公正的立场，对整个设计、建造过程进行监督和管理。因此，从建筑师这一现代职业的诞生之初，其指向便是独立性。

2. 伦理性

建筑服务的职业性质的出发点是社会而不是私人的利益，从这一基点出发，职业建筑师才可能实现他的目标：让所有人类聚居地的居民有良好的生活质量；尊重人的社会、文化和美学需要的技术运用；建成环境的生态平衡和可持续发展；建筑被评价为每个人的产权和职责。[①]作为拥有知识的专业人士，应当将专业能力服务于社会大众，而不应利用专业壁垒来损害公众利益，其所造成的破坏性往往更大。

3. 技术性

技术性是职业建筑师所必需必备的专业能力，其具体是指与工程建造和设计相关的专业知识和技能。

当代中国建筑教育采用精英式教育，与现实职业地位造成巨大落差，同时，在建筑设计市场的规范和法律上的不完善，造成当代中国建筑师处于对自身职业属性迷思处境之中。

二、当下中国建筑师的职业道德危机

法国著名社会学家土尔干认为，“一般社会成员共同信仰和情感的总和”，即“集体意识”是社会得以整合的基础。在现代社会中，劳动分工越来越多替代了共同意识所曾经扮演的角色。[②]他认为，仅仅靠社会分工本身的力量是不能完全实现社会整合的，而集体意识又在不断衰弱，需要通过建立规范体系对职业活动关系紧密的群体做出有效的规定从而整合社会。

职业伦理的产生源自社会分工的需要，是职业群体“有机团结”的一个重要环节，也是职业建筑师保持独立性和职业公正的一个重要因素，是建筑师作为职业群体获得社会认可的一个重要渠道。职业伦理在国内没有得到应有的重视，往往与道德伦理混为一谈。[③]没有法律层面对建筑师作为专家层面的对建筑设计应负有的明确法律责任和追究方式的规定，使得单纯依靠建筑师个体的道德伦理来保证其设计品质，导致当下中国建筑师的职业道德危机。

中国经济转型使得传统的“单位职业伦理”关系逐渐瓦解，而现代工业社会所需要的职业伦理还未成熟，形成了职业群体职业伦理的不确定性和标准的不统一，使得职业群体无所适从。转型前中

① 1996年国际建筑师协会（UIA）和联合国教科文组织（UNESCO）提出的《国际建协/联合国教科文组织关于建筑教育的宪章》中未来建筑教育的目标，也是职业建筑师的目标。

② [法]埃米尔·涂尔干．渠东译．社会分工论．北京：生活·读书·新知三联书店．2005

③ 谢天．当代中国建筑师的职业角色与自我认同危机——基于文化研究事业的批判性分析．同济大学．2008

国大多数社会成员被组织到一个个具体的“单位组织”中，由这种单位组织赋予他们社会行为的权利、身份和合法性，满足他们的各种需求，代表和维护他们的利益，控制他们的行为。[①]

建筑师职业作为中立代表，应当在市场利益与公众利益之间保持自身公正的立场。职业伦理的缺失使得建筑师偏离了公正的基本立场，建筑师的服务意识转化为与资本的有效结合，成为实现个人理想的有利资源，为市场服务。社会公正既是建筑师独立性的表现，也是建筑师通过职业参与社会事务的基本立场，公正涉及个人的价值观问题，表现为在利益与道德之间取舍，在专业中维护公共利益，体现对弱势群体的关注。[②]

在市场利益的驱动下，一些建筑师成为开发商的工具，利用其专业技能，来钻建筑法规和规范的漏洞，为服务对象谋求更大的商业利益。有些建筑师出于自身利润的目的，为提高设计效率，一味满足业主的要求，不愿意花费更多时间与其沟通，导致最终建筑品质的低下，甚至出现自己设计的建筑在建成后却不敢承认，只是将建筑设计作为谋生的手段，视其社会责任不顾。

三、中国文化对建筑师职业认同的缺失

建筑师职业在中西方的文化中地位相差较大，西方最早在古埃及的维特鲁威的《建筑十书》中就提及建筑师的职业内容，建筑师作为神职的官员和国王的助手具有很高的社会地位。西方在经历了中世纪、文艺复兴、资产阶级革命不同历史阶段的不断发展，培育出现代建筑师职业制度，现代建筑师在社会中享有较高的地位，具有话语权。相比之下，中国古代没有建筑师的称谓，从事建造活动的是“匠师”。匠师的社会地位很低，“雕虫小技，士人不齿”。工匠的人身依附关系很强，身份世袭职业固定，而且组织封闭群体失语。[③]

中国现代建筑师职业是舶来品，出现于 20 世纪初，在私营建筑事务所中工作，20 世纪 50 年代后，中国学习苏联模式，成立设计院，建筑师成为单位人，丧失了自由职业者的独立性。20 世纪 90 年代以后，伴随市场经济发展，体制改革，建筑师从“单位人”转向“市场人”。1995 年《中华人民共和国注册建筑师条例》颁布，标志我国建筑师职业体系初步形成，但从我国国内对建筑师职业的理解，建筑师属于技术人员，属于中产阶层。在中国“官本位”的

① 李汉林 渠敬东．制度规范行为——关于单位的研究与思考 社会学研究．2002 年 5 期：1-22

② 谢天．当代中国建筑师的职业角色与自我认同危机——基于文化研究事业的批判性分析．同济大学．2008

③ 余同元．中国传统工匠现代转型问题研究．复旦大学．2005

思想中，建筑师无论是个体还是群体的话语权和社会影响力都是有限的，也从一个侧面说明了现实中的建筑师并不是一个真正的“精英”阶层。[①]

迅速膨胀的建筑市场，造成建筑师大量缺乏，建筑师水平的参差加上传统文化中对“匠人”的轻视，造成当代中国建筑师职业认同的缺失，在现实工作过程中，无法得到应有的尊重和认可，造成了不理想的建筑师职业环境。同时，建筑师自身的不自信，对自身职业身份的不认同，也使其陷入恶性循环中，沦为专业画图工具，一味追求经济利益，屈服于市场。

四、不理想的执业环境

在一次国际建筑设计学术研讨会上，国际著名建筑设计师库哈斯这样调侃中国的同行：“中国建筑师的数量是美国建筑师的十分之一，在五分之一的时间内设计了五倍数量的建筑。这就是说，中国建筑师效率是美国同行的2500倍。”[②]库哈斯的话虽然是调侃，但也反映出当下建筑师的工作状态。进入20世纪90年代，中国经济快速发展，城市化进程加剧，建筑设计市场持续快速发展。大量的设计项目使得建筑师们处于高负荷运行中，疲于应付大量设计工作，根本没有时间和精力去对某个项目进行思考和推敲，重“量”而不重“质”。对建筑的理解也停留在对西方建筑形式的盲目抄袭，追求夺人眼球的效果，而对于比例、风格的推敲根本无暇顾及。

中国社会处于经济发展的转型期，经济快速发展过程中由于体制建设上的不完善，造成许多不合理的现状，造成了普遍的浮躁心态，急于求成，急功近利的状况。开发商为求商业利益的最大化，一味迎合市场，忽视设计的价值，一再压低设计费，造成设计行业陷入恶性价格战，使许多设计企业不得不为了生存而承接大量设计项目，从而造成设计质量的下降。在深圳、上海、北京等大城市由于市场化程度较高，经济发展比较早，建筑设计市场相对较为公正、透明，设计师的价值可以得到较好的尊重。但在我国的北方或者南方等区域市场，由于当地开发商更青睐来自发达地区的设计公司，使得当地设计公司失去话语权，陷入价格战的低端竞争，进入恶性循环，国家规定的设计收费标准遭遇“执行难”。

① 谢天．当代中国建筑师的职业角色与自我认同危机——基于文化研究事业的批判性分析．同济大学．2008

② http：//www.chinanews.com/news/2005/2005-09-01/8/619299.shtml 中国建筑师效率是美国同行2500倍？2005年09月01

国内建筑师职业地位社会地位不高，话语权不强，在许多业主眼中，建筑师只是服务性行业，对建筑师不够尊重，建筑师许多创意和建议没有得到足够尊重，肆意篡改设计方案。而坚持原有方案设计则意味着建筑师需要付出巨大的沟通成本，使得许多建筑师选择放弃。

与西方建筑师全程负责制不同，中国建筑师只控制到施工图设计阶段，对施工建造过程没有控制权，造成许多建筑师重设计，轻建造的现状，追求表现图吸引眼球的效果，而忽视建筑的功能、材料和节点构造（表 3–1）。长期对建造阶段的不重视导致建筑师创作思维的局限，设计出的节点构造没有太多创新，一定程度上造成设计趋僵化，难以提升设计行业的职业水平。

表 3–1 各国建筑师职业服务内容比较

		美国建筑师学会(AIA)文件	英丽新加坡建筑学会(SIA) 文件	FIDIC文件的施工合同条件(1998年版、客户，咨询工程所服务，1999年版，由雇主设计的建筑和工程)	日本建筑士四会联合协定文件	国际通行贯例的综述	中国建筑法规及条例(标注·为监理法规及条例规定的内容)
服务程序与内容	基本服务	(1)项目管理服务; (2)支持服务(由业主及其顾问等提供); (3)评估与策划服务; (4)设计服务; (5)施工管理服务; (6)合同管理程务; (7)设施调试程务; (8)服务进度表; (9)其他服务	(1)方案设计阶段; (2)设计发展阶段; (3)合同文件阶段; (4)工程施工阶段; (5)工程完工阶段	由双方协议	设计业务: (1)团队组建 (2)调研，企画 (3)设计业务(基本设计，实施设计) 监理业务: (1)团队的组建 (2)工程承包的技术协助业务 (3)监理	建筑师的服务贯穿于建筑生产的全过程，包括从设计前期确认、调研、设计、施工监理、竣工手续的全程，在建筑日趋复杂和大型化的形势下，建筑师的服务内容逐步扩大至设计施工的全过程，并向上下游伸展	设计工程一般分为方案、初步设计和施工图设计三个阶段，但在实际中还有准备工作，配合施工，回访总结三个小步骤。北京市规定建筑师负责设计项目开工前的设计交底，施工期间及时解决与设计有关的技术问题，按规定参加该工程地基础，主体结构(含主要隐蔽工程）和竣工量验收。 ·工程监理成本控制、质量控制、进度控制、合同管理、信息管理、组织协调
	附加服务	如果受到明确指示，建筑师应提供以下服务: (1)编写任务书。(2)场地勘测服务。(3)地质勘察服务。(4)空间图表/流程图。(5)现有设施调查。(6)经济可行性研究。(7)场地分析和选择。(8)环境研究报告。(9)业主提供的数据的协调。 (10)进度发展和监控。(11)土木工程设计。(12)景观设计。 (13)室内设计，(14)特殊指标和读判。估价分析。(16)细分费用估测。(17)现场项目代表。(18)施工管理。(19)动协助。(20)竣工图纸。(21)合同后评估。(22)客户相关服务	除了上述提及的基本费用，以下一般按照工作时间支付额外的费用: (1)工地的建议。 (2)工程检查。(3)坍塌。(4)惯例。 (5)指示的变更。 (6)建议的工作。 (7)划小使用单位。(8)用地性质的变化。(9)租赁规划。(10)特别提示。(11)专业见证人。(12)特殊服务（需向建筑师另行付费）：城市，规划，总围接建，声响效果，室内设计，顾问工作，施工管理工作，平面及标牌设计，景观设计，能耗研究，环境研究	由双方协议，所有超出正常服务范围的服务均为附加服务，咨询工程师有权获得时间和费用。	必须由合同约定的服务: (1)设计条件的调研及确定。 (2)公示及居民说明。 (3)工程承包的技术协助，如招投标方式，对象的选择，合同等文件的准备。 (4)施工计划及施工调整的研讨，建议。 (5)部分使用，部分竣工的手续		发包人要求设计人派专人国驻施工现场进行配合与解决有关问题时，双方应另行签订补充协议或技术咨询服务合同

五、建筑师职业水平提升滞后

当代中国房地产开始于20世纪90年代初，直面市场竞争的地产商在近20年的发展中取得巨大的进步，尤其进入21世纪，地产竞争激烈，使得地产商快速进步，加上其对整个经济和市场信息的获取优势，使其具有更大的视野来看待单个项目。20世纪90年代中期，业主方对建筑师依赖程度很高，设计市场是完全的卖方市场。而伴随西方建筑师的涌入，其凭借先进的设计理念稳稳占据了设计行业的高端市场。国内外频繁地交流，让许多国内开发商开阔了视野，其职业化水平的快速提升对建筑设计能力提出更高的要求，而国内建筑师埋头于绘图工作，缺乏知识的补充和学习，使其职业化水平进步缓慢。“在近5—10年间，中国的房地产界进步很大，但建筑师进步不够快，这就导致了建筑师的境遇较差。建筑师不够专业，是境遇变差最直接的原因。”①

从2002年统计年报来看，当时全国各类勘察设计企业共11495家，其中国有企业7212家占62.7%，这种产权结构与国外普遍采取的私有或股份合作制有较大差异。在经营模式上，绝大多数建筑设计单位还是大而全、小而全的综合院模式，采用专业院所模式的寥寥无几。在服务能力上大多局限在建筑设计这个主业上，还不具备向建筑设计前后端延伸的能力，无法提供建筑前期策划、可行性研究、招投标代理、造价咨询到设计监理以及后期服务，项目管理服务能力有待提高。②

同时，伴随国内经济快速发展，上海浦东开发、北京奥运盛会、上海世博会等世界瞩目的大事件中境外设计师在国内完成大量建筑实践，合作设计让国内设计师快速成长，此外，网络传媒资讯的快速发展也使得国内外的信息没有障碍，国内建筑师可以第一时间了解到国外先锋建筑师的最新作品。经过近20年的交流学习过程，中国建筑师的造型设计水平得到巨大进步，在某种程度上，甚至超过国外建筑师，但对于建造过程，建筑完成度等实际操作层面则仍然与国外存在较大的差距，这也导致了本土设计师难有具有影响力的作品的产生。对效果图炫技式的表现，没有相应的技术策略支撑，是这一时期本土设计师面临的技术短板和尴尬。而这一水准的提高，需要建筑师对自身职业的坚持、更多的积累和付出。

建筑师自身由于聚焦专业，往往陷入自我设计理念中，过多重视建筑形式，缺乏对整个项目经济社会条件的考量。建筑师的执

① 李竞 张微 宋歌. 骑哈雷，看天下：专访绿城建筑设计有限公司合伙人张微. 时代建筑. 2011. 154-157

② 韦青松. 设计院建立项目经理制的研究. 广西大学. 2005

业活动大多涉及他人的重大财产利益，甚至人身利益。而且他们具有一般人无法比拟的专业知识和技能，并且通过这种技能获取较高的报酬。所以，对于建筑师应当有高于一般人的责任要求。我国在《中华人民共和国建筑法》（以下简称《建筑法》）《中华人民共和国注册建筑师条例》（以下简称《注册建筑师条例》）等一系列建筑相关法律法规中对建筑师行业进行规范管理，对建筑师的执业范围、权利义务等进行了规定。除此之外，行业自律也在逐步加强。但是，当设计质量上的问题以及其他执业行为导致他人的利益受到损害时，建筑师对于相对人应当承担怎样的民事责任，并没形成一种清楚的认知。从立法现状和司法实践来看，也没有形成对作为专业人士的建筑师应当施加严格责任的意识。[1]

六、行业协会作用薄弱

西方建筑设计行业协会出现在 19 世纪初，伴随着当时出现的商业建筑师职业而产生，其成立出发点是规范行业行为，对建筑师职业进行认证。

英国建筑师学会 IBA 于 1834 年成立的，成立目的是“推进民间的建筑技术”,“推进与此相关的种种艺术和有关科学知识的获得，并使之普及，就是说，它是一切启蒙国家中，增加一般市民的利益，为城市的改良、美化做出巨大贡献的组织”。1866 年被维多利亚女皇授予“皇家”称号，成为 RIBA。19 世纪 60 年代 RIBA 设立了考试委员会，出版了最初的建筑师建筑合同条款标准，以建造过程的合理比、提高建筑师地位为中心展开了各种活动。1900 年 RIBA 公开出版了最初的职业行为道德纲领，对建筑师职业道德起到指导作用。

1900 年在巴黎成立的国际建筑师会议 ICA（International Congress of Architects）就以职业化的注册资格的社会承认和推广作为目标，1911 年的罗马大会上通过了要求各国制定建筑师注册法规的决议。1925 年英国的职业建筑师注册制度公布，1927 年英国建筑师注册法获得通过，修改完成则是在 1938 年。

在美国，南北战争后建筑业的迅猛发展与建筑师的良莠不齐的现实中，在 1884 年成立的美国西部建筑师协会 WAA 的推动下，1897 年伊利诺伊州率先通过了建筑师注册法，而全美各州的立法完成却是在 1951 年。

① 李彬 . 日本建筑师专家责任研究 . 湖南大学 . 2006

国际建筑师协会（原文为法文：Union International des Architectes，简称UIA，英文名称：International Union of Architects）于1948年6月28日成立于瑞士洛桑，当时有27个国家建筑师组织的代表参加。其宗旨是联合全世界的建筑师，建立起相互了解、彼此尊重的关系，交换学术思想和观点，在国际社会代表建筑行业，促进建筑和城市规划不断发展，并确定建筑师的职能和职业范围，积极支持各国的建筑师组织维护建筑师的权利和地位。对于职业建筑师制度，1996年在国际建筑师协会巴塞罗那会议上全票通过的《国际建协推荐的建筑实践事业制度国际标准的协定》中明确了建筑师的职业制度原则，同时，职业制度的原则通过法律、道德准则、限定职业行为的方式建立，即职业制度的标志是“严格的准入，公开的、标准化的资格认证，道德行为准则的公开化和政策化”。其原则为：

· 专业能力——建筑师所拥有的确保其为公众恰当地提供专业建筑服务的、系统的知识体系、技能和理论；

· 严肃性——建筑师向业主提供专业服务而不受任何私利所左右；

· 承诺——建筑师以合格的、专业的方式为业主提供服务，执行公正的、毫无偏见的判断；

· 责任——建筑师应对其向业主提供的咨询意见负责。[①]

在西方成熟建筑设计行业，行业协会对建筑设计机构起着重要的规范和保护作用，服务于建筑行业，其提供的服务包括：建筑师再教育、合同管理、行业咨询、产品信息等许多内容，达到规范行业作用，成为建筑师顺利开展建筑设计的保障机构。对于建筑师来说，可以在行会得到项目委托、再教育、法律援助、保险、获取行业咨询。对于客户来说，行业协会成为其了解建筑设计专业的主要窗口，是值得信赖的权威媒介，通过分类推介建筑师，促使建筑设计企业的差异化发展。行业协会通过协助政府制定、执行法律规范，促进良性竞争，在保证提高设计水平的同时，使得建筑设计的生产经营有了坚实的依托。[②]而在当代中国建筑设计行业，协会的功能更多体现在组织交流等，对整个行业管理和规范十分有限，话语权不大，对于会员单位无法进行干预和管理，与西方成熟的行业协会功能相差甚远，对于行业健康发展不利。

① 姜涌．建筑师职能体系与建造实践．北京：清华大学出版社．2005

② 李晨光．中外建筑设计机构经营模式及生产体制之比较研究．天津大学．2004

第二节　建筑师价值观中的市场化倾向

当下中国，民营建筑设计机构从 20 世纪 90 年代开始在相当长的一段发展时期里处于市场导向的机会性发展阶段，为了更大程度完成发展的原始积累，出现将自身等同于普通服务业的现象，有时为了应对市场需求，而放弃了对职业道德、职业理想的坚守，丧失建筑师本身的独立性的属性要求。

一、市场意识与职业道德的碰撞

民营设计机构之所以在快速发展的设计行业中取得瞩目成绩，来自其与生俱来的市场意识，使其能够提供更优质和贴心的服务、更高的服务效率，打破原有勘察设计行业现状，因此受到许多开发商的青睐，表现出很强的市场竞争力。萌芽于改革开放市场经济下的民营建筑设计机构长期以来将自身隶属于咨询业，因此能够更好与业主沟通，最大程度尊重业主的意愿，从业主立场重新审视设计方案。在不少民营设计机构的企业定位中都将“更好为客户服务”作为其重要的宗旨，如基准方中、天华设计等优秀民营设计企业都设立客户投诉窗口，随时接受客户的反馈意见，客服热线的开通提高客户意见处理的效率，这些都是从现代服务业的模式中学习来的。

然而建筑设计行业除了服务性外，还有不可忽视一条“独立性”。建筑师在西方传统中，是与律师、会计师并列的具有独立性的职业。其教育体系向来崇尚对其在培养过程中灌输精英意识，独立精神要求建筑师具有崇高的职业道德。工程建设投资巨大，因此在职业建筑师的个人资质管理中也规定建筑师必须牢守职业道德，最大程度保证工程合理的经济效益和质量。建筑设计收费虽然在经济向度来说，微不足道，但其对工程决定性作用将产生巨大的经济效益，是整个工程项目投资过程中最为重要的一环，在西方惯例中建筑师在整个项目中的作用非常重要，其代表业主的最高利益，全程统筹所有参与方，因此其对自身职业道德的遵守非常重要。

而在当下中国，民营设计机构长期以来处于市场导向的机会性发展阶段，追逐高经济效益和设计效率是其重要特征，在实践过程中，有时为了应对市场需求，对职业道德、职业理想的坚守让步于业主需求的情况并不鲜见。这一矛盾对民营设计机构来说尤为突出，在面临市场意识与职业道德相博弈的痛苦抉择中，容易造成一边倒的情况。或是选择无条件充当业主的绘图员，将建筑物的社会效益置于不顾，造成许多啼笑皆非的“建筑奇观”；或是一味追求自身对建筑设计和形式的偏好，过多将设计因素强加于业主之上，最后造成一拍两散的情况，将责任归结于业主的不理解。这两种现象的产生，其关键在于没有正确认识到专业性服务的特点，在放弃对职业道德坚守的情况下，即使暂时满足了业主需求，从长期效益来看，也会被业主轻视，没有体现专家型的服务特征。建筑师应当以自身的专业知识来为业主提供最恰当的解决方式，进行良好的引导和沟通。浙江绿城建筑设计有限公司合伙人张微在谈到这个问题时曾说：“我不认为存在恶劣的甲方，在建筑设计行业，服务理念一定要建立。我们之前与美国SOM合作，作为全球顶尖的设计公司，其具有专业服务能力，服务态度非常好，但对自身专业也很坚持。”

成熟的建筑设计行业需要大量兼具市场意识和职业道德的建筑师，能够熟练掌握在专业和服务能力之间取得平衡的技巧。市场意识能够让建筑师更好地提供服务，而职业道德则显示了建筑师作为独立人身份所需坚守的底线，也正是因为这份坚守才能赢得业主最终的尊敬，两者并不矛盾，很大程度上是建筑师职业化进程中所必须都具备的素养。

二、单一的企业价值标准：规模化导向

国内知名行业媒体《设计新潮》杂志从2004年6月期刊上推出了“2003年度民用建筑设计市场60强”的排行榜，主要根据民用建筑设计营业额进行排名，该榜从2004年开始每年排榜，持续至今（图3-1）其中调查企业的内容包括：年度建筑设计营业额、设计面积、建筑师人数、人均产值等，但很遗憾没有从建成项目影响力或设计水平等建筑设计专业角度来评判的考量因素。该榜单受到许多企业青睐，反映出设计机构对经济指标的高度重视，将产值上的领先简单地等同于职业水平的领先，容易对建筑师的职业价值导向产生更多经济方面的引导，评价设计机构的指标过于单一。

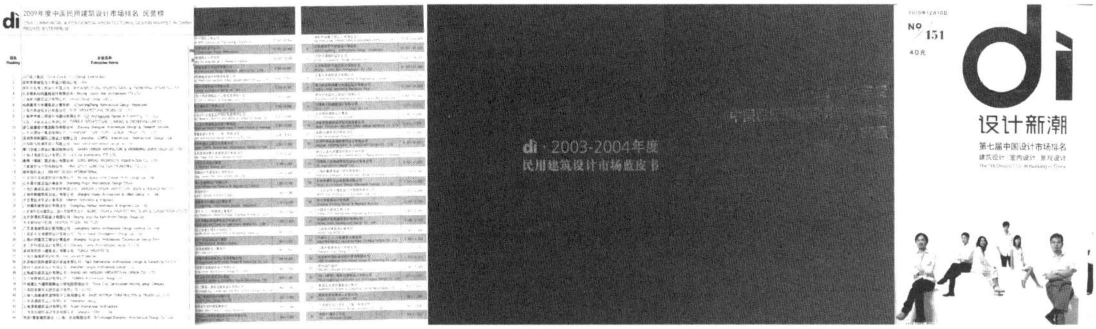

图 3–1　设计新潮民用建筑设计排名

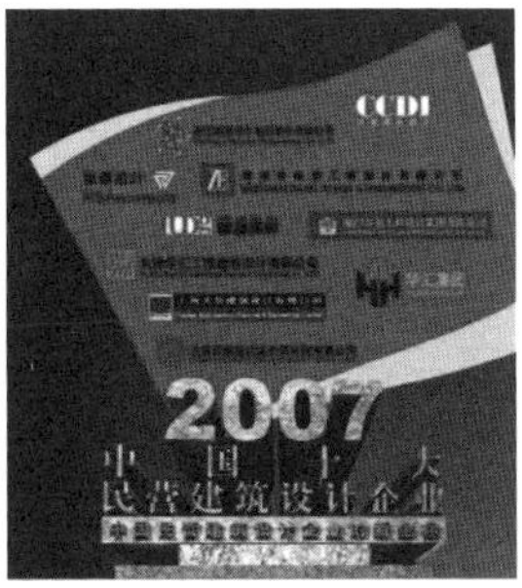

图 3–2　《建筑时报》评选中国十大民营建筑设计企业

同样，《建筑时报》创刊于 1954 年，是中国建筑行业历史最悠久的专业媒体之一，2007 年举办“2007 年十大中国民营建筑设计企业”评选活动，其评价标准中强调入选企业必须达到一定规模，人均产值也是重要的考量因素，在这次评选中胜出的企业包括：浙江城建集团股份有限公司、中建国际深圳股份有限公司、深圳华森建筑与工程设计有限公司、深圳建筑设计院有限公司、深圳筑博建筑设计有限公司、上海天华建筑设计有限公司、天津华汇设计有限公司、济南同圆建筑设计有限公司、厦门合道建筑设计有限公司、上海联创建筑设计有限公司，这些设计企业都是民营设计机构中的超大型、大型企业，2011 年时产值接近 1 亿元，人数也在几百人以上。得奖的单位同样更偏重于其经济指标，而作为设计企业的产品设计项目品质却未作更多考量（图 3–2）。

企业经营的成功与否，营业额、人数、产值等经济指标是非常重要考量因素，是企业赖以生存的生命线，但同时我们应当看到设计企业的特殊性，设计企业作为智力密集型的创意类产业，本身产值在社会经济中的比重较低，但在整个建设过程中起到龙头作用，设计优劣对最终建设成果优劣意义重大，一个合理的、优化的设计在整个建设过程中可以节省许多成本，有效运用社会资源，从这个意义上来说，设计行业水平如何直接关系到占国民经济很大比重的建筑业水准。因此，评价建筑设计企业是否成功，经济指标固然很重要，但从设计行业本身特殊性来说，其设计作品的设计品质和社会影响力也应作为考量重要因素。对设计品质不关注、不重视是这一经济发展阶段的特点，也是造成虽然建设量很大，但可以比肩国际设计水平的“中国设计”精品不多现象的重要原因。即使自身赚得盆满钵满，但设计的项目经济效益和社会影响力很差，这样的设计企业发展模式也不可取，在我国设计行业水准不断提升的过程中必将遭到淘汰。

三、单一的产值化考核标准

民营设计机构由于其完全市场化运作，在员工考核中产值所占比重极高，保证企业收益不断上涨。但长此以往，这一单一考量标准所带来问题更为明显，造成设计人员忽视设计水平提升，对设计效果漠视，不愿在单个项目上多花时间和精力，对个人和企业良性发展都造成不利影响。

相比之下，西方建筑设计机构往往采取年薪制的薪酬方式，对建筑师进行全方位的考察之后，评定等级，不同等级的建筑师对应不同的薪酬水平，对其考核包括工作效率、设计能力、客户评价、团队评价等等多方面因素。近年来，不少国内民营建筑设计机构也积极尝试国外的年薪制，但往往最后不了了之。在笔者调研过程中，发展绝大多数民营建筑设计机构仍然执行不折不扣的产值绩效方式，奖金的发放完全依赖于当年完成的产值指标。而且，无论奖金每年发放的次数多少，其仍然占到整个年收入的一半以上，甚至有些极端的达到 70% 以上。当被问及是否有员工因为项目中标、项目获奖或者当年表现良好而获得额外奖金时，大多数民营建筑设计机构的答复是没有，有一些回答正在考虑加入这一制度，只有极少数有，但即使有，也数额较小。此外，也有一些企业采用微调系数的方法来微调员工的年收入，但也只是停留在象征性的角度，牵引效果不尽如人意。相比之下，绝大多数民营建筑设计机构仍然采用完全产值化的“计件式”的奖金计算方式，而这一模式往往最多被运用于大工业化流水线生产工人，将这一原始、简单的薪酬计算方式简单地运用于需要艺术创意、脑力工作为主的建筑师身上，极易造成不良的导向。在产值化经营导向下，民营建筑设计机构存在极度追求产值的风险，其自然造成建筑师埋头于快速设计，复制已有的成熟设计经验，不追求建筑细部，空间尺度和建成效果等不良后果。而由于我国设计和施工完全分离，因此对于施工现场的配合和后续服务，不少建筑师也不愿意浪费过多的时间和精力，因为这不计入产值，建成效果不近如人意就不足为奇了。

建筑设计是一项复杂的脑力劳动过程，从设计到建成需要经过很多环节，要保证最终效果，民营建筑设计机构需要在管理上投入更多精力，通过机制的设计来满足建筑设计行业本身需求，这无疑需要管理者花费更多时间和智慧。

四、住宅类型所占比重高

据样本统计，2011 年在大多数民营设计机构的业务类型中，住宅类型比例高达 60% 以上，只有极少企业比例相反，有些甚至达到 80% 以上。造成这一现象最重要原因是房地产市场的持续火爆，同时，民营设计企业最大业务来源便是与之资源对接的房地产商。但随着 2005 年以后房地产市场持续宏观调控，不少地产商开始转投商业类，照理说，住宅类型外的项目也应数量不少，但调查显示，大多数民营设计机构项目类型中的住宅比例没有发生太大变化，究其原因，还是在于住宅类型是许多民营设计企业最大“现金流”。住宅类型相对公建项目规模更大，模式单一，有大量成熟房型平面，对建筑师创意方面要求不高，对各专业配合要求也不高，一个中型民营建筑设计机构如果每年能承接几个几十万平方米的大盘的设计任务，就能养活一两百人，尤其对稳定后期建筑师作用很大。有些设计企业绑定几个一线大开发商，与其形成战略合作伙伴关系，就可以保证了每年的收入，短时间内就能迅速发展。出于这些原因，民营设计企业对于住宅设计业务往往非常看重，在企业宣传品上总是不忘放上住宅产品，以吸引地产商。

相较之下，公共建筑项目类型相对住宅能更好锻炼建筑师的创造能力，具有更大的社会影响力和品牌带动作用，对于谋求可持续发展的设计公司和建筑师都很重要。住宅类型从技术角度相对成熟简单，无法有效培养设计团队，磨合各专业的配合，长此以往，对企业的核心竞争力不利。不少民营设计机构看到这点，正逐步降低住宅类型的比例，这一转型过程是痛苦的，有些会带来短期内直接的经济效益下滑，但这样的付出是企业走向更高发展阶段的必经之路，才能真正提升民营设计企业的内在功力，提升竞争力，为将来更多参与到与国有设计院和境外设计公司竞争中去,作好充足准备。

第三节 “速成”的人才观

21世纪头十年建筑市场的项目井喷造成建筑师紧缺，建筑院校毕业生数量远远不能满足市场需求，对于这些年规模迅速扩张的当代民营建筑设计机构而言人才缺口尤其明显，民营建筑设计机构遭遇人才荒。这一时期，行业内部上演了愈发激烈的人才抢夺战，甚至从个人跳槽演变为小团队集体跳槽，以求以最快速度进入生产状态。每年的新员工培训成为民营建筑设计机构的头等大事，直接关系到当年产值能否完成，各个企业都非常重视。持续火热的建筑市场也吸引不少年轻建筑师走上自主创业道路，而工程经验的缺乏和瞬息万变的市场行情让这样创业行为显得更多的前程未卜。

火热的市场造成浮躁的创作环境，改变了原有“小火慢炖”式的传统人才培养方式，许多民营建筑设计企业持“速成”人才观，快速上手干活成为培养建筑师目的，这样的做法容易导致建筑师人心浮躁，唯利是图，无法以平和的心态来进行创作，最终也将导致设计品质的下滑。

一、愈演愈烈的人才抢夺战

设计市场的空前繁荣对许多设计机构来说诱惑强大，规模快速扩张的同时，人才紧缺成为许多设计机构的痛楚。一方面是活多，另一方面则是没有人才，设计行业里开始恶性互相挖人。如何吸引更多优秀人才加入，如何留住现有的优秀员工，设计企业尝试多种方式，让利于民，塑造企业文化，从物质到精神全方位投入(图3–3)。以2011年为例，80%的国内设计企业迫于种种原因，给员工的收入增长30%~40%，以期最大程度稳住员工的心（图3–4）。在校招聘现场，各单位抢夺毕业生，甚至出现“当场签约”的现象。许多在职设计师坦言，经常接到猎头的电话。设计行业出现“用工荒”。高薪诱惑对于建筑师，尤其是工作3~5年的建筑师来说诱惑很大。这对原先的国有设计院造成较大冲击，体制原因加上民营的橄榄枝，许多技术骨干加盟民营设计机构。国有设计院这些年也越来越认识到人才流失严重，传统大院处于成为职业培训基地的尴尬境地，也开始对薪酬结构等人力资源方面进行优化，以期改变现有的

图3–3 设计新潮杂志举办“最佳雇主评选”，管理者注重人性化管理

图 3-4 2011 年 5 月时代建筑举办“逃离上广北：建筑设计机构应对人才成本上涨”论坛，关注愈演愈烈的人才争夺战

被动状态。

人才流动过去往往是以个人为单位流动，而现在为了迎合“来人就能用”的企业心态，3~5 人的小团队甚至是十几人团队集体跳槽的现象都时有发生，受到许多希望快速扩张的企业的欢迎。一个小团队的加入，往往很快能够产生利润，实现企业扩张的目标。但实践经验证明，这样的做法是短视的，不能根本解决企业高端人才缺乏的状况，原有的人才在离开了原先的工作环境，其设计能力的完全施展有待验证，尤其是从境外知名企业跳槽来的高管，更容易造成“水土不服”。离开原先境外公司的工作平台，很多设计想法没有了很强的技术或者其他顾问的支撑，很难完全复制。境外成熟的商业性设计公司，其多年积累的管理经验，使其能够形成一套机制，使其平台上的资源可以互相配合，发挥规模效应，一个或者几个设计高手也无法简单复制其高品质产品。

此外“空降兵”的做法还将遭遇其工作方式、企业文化认同等柔性因素与现有公司接轨的问题，这些因素的水土不服也会带来设计风格、成果形式等设计品质下降。有些甚至因为缺乏与管理高层的沟通和个人充足的思想准备，在工作一段时间后还是无法适应新环境，不得不离开。

二、“快速培训”改变传统人才成长速度

建筑师就其职业发展规律来看，是一项老年职业，成长为一个经验丰富的成熟设计师，需要几十年的努力和积累。除了技术经验的积累以外，个人阅历的增长和人生体验也对其设计理念和技术成熟至关重要。从建筑师职业的历史来看，其职业培训更多是通过师

傅带徒弟的方式，最终使建筑设计理念得以根深蒂固的传承。西方建筑职业教育一直延续到工作阶段，如英国皇家建筑师协会和注册建筑师考试局规定，除了完成学校的规定教育后，还要在业务比较充实的事务所至少工作 1~2 年，才能参加注册建筑师的考试。在这培训期间，青年人在原学校和工作单位都要有专业负责人监督培训效果，并要填写 RIBA 规定的周记。每 3 个月还要统计培训中有关客户交往，工种配合和工地作业等各细节的工作量，由设计事务所负责人和本人分别总结后及时交回学校。学校负责人检查后，针对培训的情况会向事务所提出培训的不足之处和建议。RIBA 以这些规定保证了事业单位对青年人的培训，帮助青年从学校到社会的平稳过渡，从而保证了建筑行业的高质量人才供应。①

在德国，建筑学毕业生的质量较高，毕业后直接可以获得注册资格，之所以这样是因为：第一，教学质量的高水平以及高淘汰率保证了毕业生的基本业务素质。第二，由于教学领域的广泛和深入严格，培养目标是毕业后便能进行独立工作的成熟的专业人员。第三，由于市场的强烈竞争，要想在这种环境中立足，唯一途径就是不断完善、提高和更新自己的专业知识。在建筑教育中，学生得到的训练十分全面，建筑师需要学习建筑结构及其他配套工程如水、电、暖。结构课程甚至是与结构专业的学生一同上课并一同考试，这样的训练保证了建筑师能全面掌控建筑设计全过程。从设计一开始，建筑师便能运用自己的配套工程的专业知识来进行合理的设计，避免配套设施对建筑设计的负面影响。②

德国 GMP 建筑设计事务所是不少民营建筑设计机构学习的榜样，其设计作品的风格统一，设计哲学清晰，但透过表象，高设计品质的达成与其企业内部中高层人员的低流动率密不可分，企业内有许多在 GMP 工作超过十几年的设计师，长期的团队合作，使其被 GMP 的设计哲学深深浸润，在长期的工作实践中，不断强化和积累，最终达成独特而统一的设计风格，成为享誉全球知名的设计品牌。1967 年美国 CBT 建筑设计机构由三个建筑师合伙发起成立，发展到 1996 年，三个创始人迈入退休年龄，开始考虑接班人，从内部提拔合伙人，建筑师在 CBT 工作若干年可以被提拔成助理合伙人或高级助理合伙人，享受分红，而最终可以成为合伙人的建筑师往往供职 20 年以上，1996 年后从事务所内部陆续提拔了 6 个合伙人，现有设计人员 158 名。③中国当下对人才的培养更多停留在

① 范铁 . 英国建筑师事务所对新人培养的启示 . 时代建筑 . 2001 年 01 期：22–23

② 蔡永洁 . 德国建筑事务所的组织及运作方式 . 时代建筑 . 2001 年 01 期：16–17

③ 李晨光 . 中外建筑设计机构经营模式及生产体制之比较研究 . 天津大学 . 2004

公司技术标准的落实方面，培训内容大多围绕技术标准的灌输，使其迅速熟悉公司的制图标准，从而以最快的速度进入工作状态。有些公司甚至在新员工入职没几天，便安排大量的的描图工作，让员工迅速上手，培训过关之后，将其分配到不同的区域公司去。这样的做法在一定程度上确实保证了公司的技术水平，但建筑师作为创意从业者，其更多应关注如何去做设计，这样的企业文化只能培养出“画图匠”，在这样的企业文化中如何能够诞生出符合这个时代特征的、体现中国设计水平的建筑精品。

当然也有不少优秀的民营建筑设计企业意识到了这一点，更多强调建筑师职业水平提升的潜移默化。绿城东方就一直坚持这样的培养方式，大胆采用西方的合伙人制度，在合伙人集体的带领下，强化工作室的企业氛围，给员工更多成长的空间，同时在制度层面上也为员工建立完整的个人职业发展道路，一名普通员工经过十几年的努力就有可能成为企业的合伙人。在绿城东方的合伙人名单中，除了创始合伙人，大多数都是有过在其他设计机构工作经验的“空降兵”，而伴随绿城东方发展已具备从自己的员工中选拔合伙人的条件，意味着企业有了可持续发展的能力，逐步建立起了属于自己完整的企业文化。这一自主造血机能的建立对一个卓越设计品牌来说至关重要。

水石国际也在员工激励方面大胆创新，其采用层次丰富的价值分享体系，为员工创造满足行业发展需求的人才成长机制。“水石课堂”提供价值观念认同，给予技能的培训并开拓视野。同事，岗位成长性和岗位专业深度发展并存，尊重人才各向度潜力，避免对成长狭义理解。对于设计能力中存在的成熟度和天赋不同，应更为尊重。[①]

三、“过早”创业现象

20 世纪 90 年代萌芽的民营设计企业，十几年的高速发展形成一批规模化、品牌化运作的明星企业，于此同时，各类小型的个人建筑设计工作室多如牛毛。每逢市场火爆都带来企业新一轮扩张，同时也带来自主开业的高潮。一般建筑师自主开业的年龄阶段集中在两个时间段：一是 30 岁左右，具有 5~6 年工作经验，对整个方案设计流程比较熟悉，但仍存在建造及后期配合经验缺乏，由于在原有平台遭遇到一定的发展瓶颈，而自主创业；二是 40 岁左右，

① 邓刚，杨纯红，水滴石穿，一心成就全程设计 水石国际理事长邓刚访谈，城市环境设计．2012 年 10 期：236–237

工作超过 15 年，已经熟悉设计前期和后期，能够独立控制一个完整项目，积累一定的工程实际经验和客户，往往出于希望实现自身职业理想而自主创业。由于建筑设计行业开业成本低，因此建筑设计行业自主创业跃跃欲试的建筑师层出不穷。

2008 年金融危机后经济迅速复苏，项目井喷，这一时期创业的建筑师呈现年轻化趋势，但中国的建筑设计行业环境与西方有很大不同，西方许多项目招标是通过设计竞赛的方式，这些竞赛是完全开放的，同时，建筑学专业的教学更注重对工程实际经验的培训，此外，各类配合专业的专业事务所数量众多，这些都为西方年轻建筑师创业提供较好的基础。而在当下国内，年轻的创业者更多抱着投机的心态，有些甚至充当其他知名企业的“枪手”，专做“二手活”。

长远来看，伴随行业成熟和市场竞争更激烈，只能出概念设计方案而不具备方案深化、建造等设计落地能力的设计团队，将越来越难生存。但在这一发展时期，有这样打算的年轻建筑师并不在少数，从其自身发展规划来说，过早创业，无疑会减少其复杂工程经验的积累，损害其经验积累和长久的职业生涯发展。有些建筑师在自主创业条件不成熟的情况下，往往一边在某企业干着活，另一边接着私活，导致对本职工作不能全情投入，在获取短期利益的同时，忽视了长期、正常的发展规律。

第四节　建立全面的设计师价值评估体系

在当代民营建筑设计机构中不少采用合伙人制度，但在企业逐渐发展步入正轨后，往往会出现合伙人散伙或者重要的建筑师离开的现象，反映出“同创业容易，共富贵难”的问题，与西方现代契约文化大相径庭。究其原因，是因为在当前我国建筑设计行业管理还不够规范，建筑师薪酬没有明确的计算标准，人才价值没有市场性比较，最有才华的设计师的价值评价机制缺乏。人才是建筑设计机构的关键因素，如何建立全面多维的评价体系是摆在当代中国民营建筑设计机构经营者面前的一道难题。

当下，不少民营建筑设计机构面对人才高流动性和规模扩张，开始制定员工职业发展规划以及整个机构职级系统的建设，积极运用现代企业管理经验，用薪酬体系来引导员工价值观，在建筑师评价体系建设方面做了许多有益的尝试。

一、合伙人离开

国外设计公司的体制形式主要有：个人事务所，这类事务所一般是以某个专家名人为核心组成，人数在 20~30 人左右；政府创办的设计公司，如法国的安德鲁公司，美国一些地方市政府建立的以承接政府公用性项目为主的设计公司；大公司创办或附设的设计公司，如日本一些大型建筑工程公司创办的以设计、研发为主要职能的设计公司；合伙人制公司，这也是国外存在数量最多，发展最为稳健的设计公司，其中的一部分业务和规模已经发展得很大，成为跨地区的庞大系统组织，如美国的 SOM，分支机构已遍布世界几大洲，分公司（分部）数量已达 20~30 个之多。合伙人制最具有稳定性、灵活性和管理的完善性成为目前国外事务所采用最普遍的一种形式。[①]

大多数民营建筑设计公司成立之初都由几个志同道合的建筑师共同成立的，对公司的未来发展并无过多的打算。与西方建筑事务所体制相似，其往往采取合伙人的方式，几个合伙人在企业逐渐发展过程中，位置和分工会不断发生变化。一旦公司上了“规模”后，往往有些原先的创始合伙人会离开，这种现象在建筑设计行业，尤其是民营建筑设计事务所较为常见。究其主要原因，是因为建筑师本身的特殊性，优秀设计师无法忍受其创作欲望和荣誉感的追求受到限制。建筑设计有很强的个人特征，不同的主创设计师，设计结果和选择的策略会完全不同，对于优秀建筑师而言，非常看重个人创作成果的成就感。而在中国当下建筑实践现实中，建筑师的设计署名权往往被习惯性遏制，项目的归属很不清晰，在解散时，会出现对原先设计署名进行重新梳理。如大舍建筑设计事务所在分裂时，对原有在大舍品牌下的一些知名的项目进行重新梳理，在重要媒体上进行了说明（图 3–5）。

有些建筑师设计了许多有较大社会影响力的项目，为企业建立了品牌高度，但在企业发展扩张过程中，建筑师个体的价值无法体现甚至忽视，在企业品牌和个人品牌之间没有形成良好的平衡机制，这种做法会严重打击建筑师，导致其离开。有些优秀建筑师怕被边缘化，在从事项目的同时，兼任公司总经理等管理职务，但这种做

① 王妍．中国建筑事务所运作模式及发展对策研究．天津大学．2009

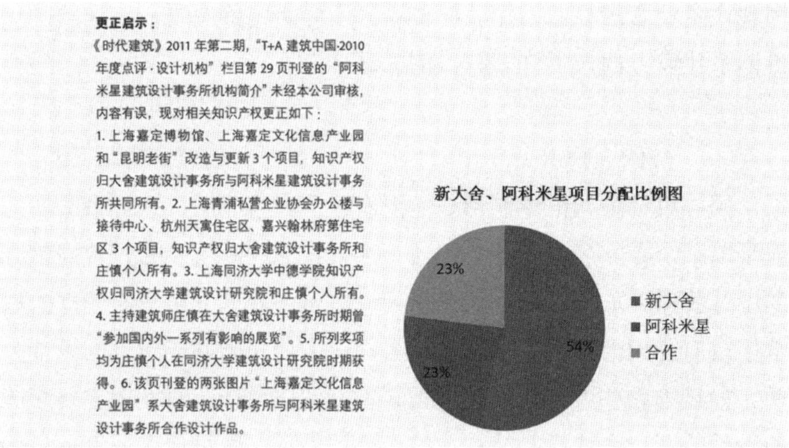
更正启示：
《时代建筑》2011 年第二期，“T+A 建筑中国-2010 年度点评 · 设计机构”栏目第 29 页刊登的“阿科米星建筑设计事务所机构简介”未经本公司审核，内容有误，现对相关知识产权更正如下：
1. 上海嘉定博物馆、上海嘉定文化信息产业园和“昆明老街”改造与更新 3 个项目，知识产权归大舍建筑设计事务所与阿科米星建筑设计事务所共同所有。2. 上海青浦私营企业协会办公楼与接待中心、杭州天寓住宅区、嘉兴翰林府第住宅区 3 个项目，知识产权归大舍建筑设计事务所和庄慎个人所有。3. 上海同济大学中德学院知识产权归同济大学建筑设计研究院和庄慎个人所有。4. 主持建筑师庄慎在大舍建筑设计事务所时期曾“参加国内外一系列有影响的展览”。5. 所列奖项均为庄慎个人在同济大学建筑设计研究院时期获得。6. 该页刊登的两张图片“上海嘉定文化信息产业园”系大舍建筑设计事务所与阿科米星建筑设计事务所合作设计作品。

图 3–5　大舍建筑设计事务所分裂后，对原有项目署名进行梳理

法容易分散其精力，不利于其出作品。这些在当前设计公司机制设置上存在的问题，使建筑师无法得到足够尊重，长此以往也会损害其核心竞争力即设计创新能力。

不少企业在推广品牌的过程中，也面临是否需要推广建筑师个人的问题，许多企业倾向于选择突出品牌，对建筑师个人的宣传避而不谈。其原因是怕建筑师出名了，会自主开业并带走业主，但从更长远角度来看，这样的做法过于狭隘，应充分发挥平台优势，使优秀建筑师能在这一平台上得到其个人开业无法企及的高度，只有这样才是真正“留住人”。许多境外设计公司就刚好相反，往往乐意推出企业和个人双重品牌，两者互相配合，吸引更多的业主。

合伙人的离开会对设计企业造成很大影响，在设计实力、品牌、业主等方面都会有损失，有些合伙人离开时，还会带走一个团队，有些企业甚至在分裂后一蹶不振。

二、建立多维建筑师评价系统

人才流动是市场经济的正常现象，国际工程设计公司薪酬管理往往采取年薪制，有一些流动人员的工资按流动人员来定，后勤管理人员按市场价定，将不同人员进行优化组合，相较之下，我国一些企业中的一些人员配备存在不合理，相互不服气，分不出特别明显的人才来，形不成梯队，有时项目负责人比较年轻，不太好管理，不同企业内人才结构配备存在较大差异。①

① 井建申．中外建筑设计体制比较研究．建筑经济．2003 年 04 期：56–57

境外设计公司往往按照建筑师实际工作能力，将其定级，从而

对应相应的薪资水平，薪酬与建筑师等级对应。而我国民营设计机构中往往是基薪加奖金,而奖金多少往往与当年完成产值直接对应。从经营者角度考虑，这样的薪酬体系设置可以最大地激发建筑师的工作热情，打破“大锅饭”现象，是应对市场化激烈竞争的最佳方式。从建筑师角度考虑，一定程度上可以做到能者多劳，反映分配的公平性，所以建筑师也乐于接受。但在实际操作中，由于产值直接关系到收入，很多建筑师更多注重工作效率，导致一定程度上牺牲设计品质。住宅项目相对模式单一，技术要求不高，便于复制，完成效率高，使其成为“香饽饽”。而公共建筑设计往往周期长，费周折，涉及多专业配合。从项目整个流程中来看，方案创作环节投入精力多，承担风险大，相对费用低，往往会留给刚入院的年轻设计师来完成。从设计工序来说，施工图后期产值高，周折少，使许多建筑师安于每天画施工图，成为“后期建筑师”。此外，许多建筑师对图纸完成很重视，而对后期去现场配合兴趣不高，图纸交出去也就意味其工作几乎结束了。这些不利于行业良性发展的现象的产生，和产值指标被过分强调密不可分，长此以往必定会损害企业的品牌，影响企业的可持续发展。

境外设计机构往往根据不同级别的建筑师制定不同的考核方式，建立完整的系统性的价值考核评价系统。国内建筑民营设计机构也意识到薪酬体系对价值观的重要牵引作用，在这段时间开始积极尝试。日清设计的模式是除合伙人之外，其余员工每人都需要评级，每年考核分为三个指标：首先是产值目标的完成情况；其次，作品是否获奖；最后，项目建成后在市场的反映度。这种将社会的反映度以及获奖等要素的加入，对企业高品质发展至关重要，事实也证明这些价值牵引因素使其在短时间内成为有大批有影响力的建成作品的商业性公司。绿城东方建筑设计有限公司在 2011 年开始进行调整内部职级，其主要借鉴 SOM 等知名境外设计公司的职级体系，同时在全国范围的分支机构内同步推进，形成集团高度一体化，其职级系统主要分为 6 个大级别，每个级别内有较大浮动，提供员工发展可能性（图 3–6）。

图 3–6　民营建筑设计公司常见职级图

尤埃设计为了避免在企业内部由于过分产值导向而产生“挑活”现象，则采取虚拟产值的计算方法，这一做法现在在很多设计机构，尤其是那些希望由住宅类型向公共建筑类型转型的公司内普遍采用。所谓虚拟产值，是指不管工作量和工程难度，公司是否完成实收等因素，而是根据项目的实际需要的人力成本，记在该设计团队年产值内，在经济效益和设计本身之间寻求平衡的状态。

水石国际的做法也很有特色。其旗下独立法人公司，分别拥有各自独立的技术以及管理决策体系，企业采用“轻资产”和“人力驱动型”的发展模式，非常注重核心人员的价值取向以及设计思维的个性化特征。不同的专业团队和独立法人公司会围绕项目设计进行“总—分—总”以及“螺旋上升”的技术发展程序。[①] 同时，其组织构架一直处于动态变动中，以适应外部市场、服务产品更迭，为独具个性的核心人才“量体裁衣”。

第五节 对企业文化和品牌的忽视

企业文化是在企业硬性制度之外的柔性管理因素，能够起到对硬性制度的补充作用。设计企业是智力密集型企业，而建筑师是极富个性的人群，在满足了物质需求之后，更会考虑企业营造的文化氛围，对其个性尊重程度，以及在此企业文化下是否有利于其设计发挥，因此作为企业软性支撑的企业文化和品牌建设对于设计行业来说具有重要意义。

一、对企业文化重视程度不够

美国学者托马斯·彼得斯和小罗伯特·沃特曼在《追求卓越》一书中指出：“我们研究的所有优秀公司都很清楚他们的主张是什么，并认真建立和形成公司的价值准则。事实上，一个公司缺乏明确的价值准则或价值观念不正确，我们则怀疑它是否有可能获得经营上的成功。”企业文化对一个希望在日后大展宏图的公司来说非常重要。其包括：凝聚功能、激励功能、调适功能以及辐射功能，在企业硬性制度规定之外，企业文化起到非常好的补充作用。

建筑设计是一项需要创意的工作，需要更多柔性和人性化的管理方式，这样才能促进建筑师更好地发挥创造力，而这些都应当包括在建筑设计公司的企业文化里。目前许多民营建筑设计公司都将注意力放在企业战略及制度的制定上，而往往忽视了企业文化的塑

① 邓刚，杨纯红，水滴石穿，一心成就全程设计 水石国际理事长邓刚访谈，城市环境设计 . 2012 年 10 期：236-237

造，当然这些“硬性”制度对于规范企业未来科学发展具有重要框架性意义，但企业管理者往往忽视了一点：企业战略和制度的制定应当在企业文化的统领下展开，只有明确企业的愿景和价值观，才能更好地制定制度，使两者相互促进。民营设计机构在其规模比较小的时候，更像设计工坊，模式简单，但当企业进入规模化发展阶段时，就必须注重培育和打造独特的企业文化，强化建筑师对企业的感知，这对于建筑师个体来说非常重要，是避免机制僵化的重要方式。

目前，不少民营设计机构领航者认识到企业文化的重要性，但在实际操作过程中，往往将其简化为编撰作品集、组织公司活动，甚至将员工职业培训也算在里面，自我感觉良好。但这样简单的方式并没有和战略产生良好的互动，所能发挥作用有限。有些民营建筑设计机构具体工作在做，但对于企业愿景和价值观并没有过多考虑，没有形成清晰的文字，更别提在整个企业里的知晓度了，往往底层的员工概念模糊，甚至误解。有些设计公司提出的口号叫“让一部分人先富起来”，与企业作为设计机构的性质相差甚远，值得推敲。

设计企业的特殊性要求管理者跳开条条框框，可以通过一些更有创意的方式来塑造自身的文化。如联创国际通过设立内部研究院、工作室以及出版专著等多种方式来塑造“研究性”和“国际化”的企业文化。2005 年成立非盈利性的联创国际研究中心，研究领域包括中国、上海以及相关国家的新都市主义以及商用和高层等建筑类型的设计发展。同时积极开展合作研究，鼓励国内与国际间的互动和文化交流，促进国内国际高校及相关研究组织和人员来开展共同合作，研究者可以带着课题，成为研究中心的研究员、咨询员或客座研究者，同时提供机会给在校研究生来联创国际研究中心研究和实习。研究内容结合公司发展战略，强调实用性，研究范围包括老人院设计、生态设计、旧城改造、高层建筑、古典主义建筑设计以及装饰时期建筑设计等，对公司前期研究起到很好促进作用。近年来，已完成《阅读新都市主义》上、下两册，《都市主义》一册，2009 年还出版《觉联创 未来的国度》联创作品集（图 3–7）。

此外，联创在人才吸引方面也投入大量精力，与东南大学联合设立联创国际奖学金，在东南大学建筑学专业学生遴选优秀在校学

图 3-7 联创成立研究院及出版研究性书籍支持未来发展

图 3-8 联创国际设立联创国际奖学金，资助优秀学生境外考察和游学

生，资助其去欧洲游学，参观当代西方优秀建筑，感受不同国家文化和城市建设，为其在学生时代开阔视野，增强信心。游学过程中，联创还会安排其参观国外建筑事务所，与境外设计师开展交流等活动。这一活动的持续开展，也为联创树立"回馈社会、重视人才培养"的品牌形象（图 3-8）。

二、品牌建设和推广策略经验的缺乏

品牌是产品概念对应的消费群体的情感需求，或说是消费者对产品或服务等的情感认同。品牌是企业的灵魂，品牌是企业的核心竞争力，强势的品牌代表市场影响力。品牌是企业最重要的资源，竞争对手可以短时间内复制产品、服务、技术以及流程，但是品牌无法复制。[①]

目前国内设计机构在完成粗放式增长后，逐步意识到企业文化和品牌的重要性。从 2000 年开始国内民营建筑设计机构开始学习效果图和模型公司开始在专业媒体上投放广告，推介自身，塑造品牌，并在 2004 年之后普遍展开（图 3-9—图 3-11）。

但在具体操作层面存在不足之处：一是企业文化、战略和品牌建设三者之间的协同弱，二是品牌计划缺乏战略性，显得随机和随

① 王妍．中国建筑事务所运作模式及发展对策研究．天津大学．2009

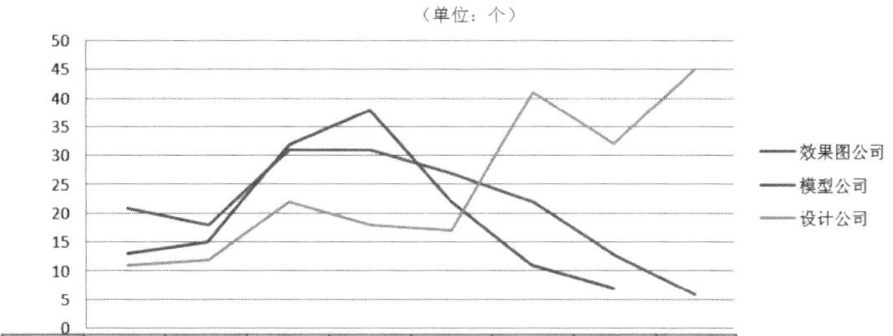

	00年	01年	02年	03年	04年	05年	06年	07年
效果图公司	21	18	31	31	27	22	13	6
模型公司	13	15	32	38	22	11	7	
设计公司	11	12	22	18	17	41	32	45

图 3-9　《世界建筑》杂志 2000—2007 年广告投放量统计

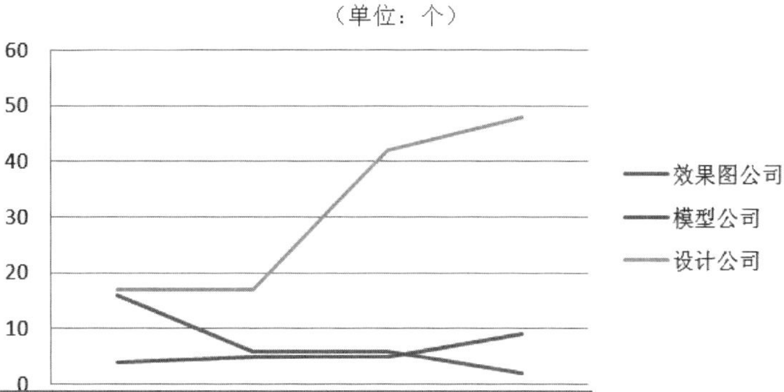

	04年	05年	06年	07年
效果图公司	16	6	6	2
模型公司	4	5	5	9
设计公司	17	17	42	48

图 3-10　《时代建筑》2004—2007 年广告投放量统计

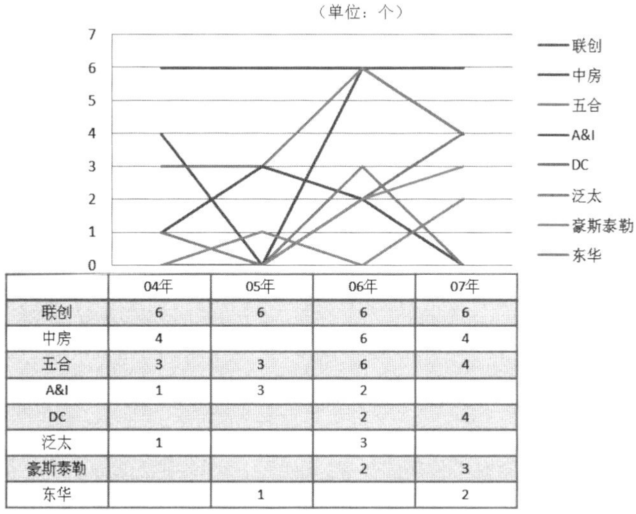

	04年	05年	06年	07年
联创	6	6	6	6
中房	4		6	4
五合	3	3	6	4
A&I	1	3	2	
DC			2	4
泛太	1		3	
豪斯泰勒			2	3
东华		1		2

图 3-11　《时代建筑》2004—2007 年主要设计公司广告

图 3–12　各设计院出版图书以作品为主

性。民营建筑设计机构虽然将品牌积累和塑造放在议事日程上，但还停留在意识层面，企业宣传品只是简单的在作品集，缺乏自身的理念融入和特色（图 3–12）。

无疑，企业战略、品牌和文化建设之间需要协同。不少企业简单认为，品牌更多只是视觉方面的设计，因此重新设计了企业 LOGO 和标识系统，但在其他对外宣传物的应用上缺乏协同。习惯性向专业媒体投放大量广告，试图增加曝光率，但对于内容的策划和表达却缺乏创意和技巧，最终造成品牌特征不鲜明，传播效率低。联创国际是较早开展品牌推广的设计机构，早在 2003 年左右就开始在专业期刊上投放广告，在当时建筑设计机构还没有多少做广告的状况下，效果非常明显。联创国际品牌宣传也与公司转型大力发展公建业务的战略相吻合，通过宣传塑造联创“国际化”“公建为主”的品牌形象。广告中所刊登的公建都较为大型，以效果图为主，同时配合大量手绘彩图，表现了国际化的形象。毫无疑问，这样经过策划的企业品牌推广战略和视觉表现，为联创国际完成品牌内涵塑造起到很好作用，逐步在受众心中树立其“规模化、综合性、国际化”公司形象。此外，这一阶段的广告内容出现较多的还有人才招聘，专业杂志直接面对专业人士，在其上面刊登广告对招聘往往效果很好。与其他设计机构招聘广告不同，联创聘请专业广告公司进行版面设计，颜色鲜艳，主题突出，配合富有创意和吸引力的词汇，第一时间吸引别人眼球。但同期其他设计机构的广告，则常常存在内容繁多、信息量很大，经常更换主题，造成概念信息混乱的不良效果，同时，由于很少出现建成项目，因此容易给人留下不佳的印象，与同时期的联创

图 3–13　这一时期民营设计机构的广告内容

国际所收获的事半功倍的效果相反。因此，如何把控企业品牌形象，有效控制宣传的内容，预设传播效果值得推敲（图 3–13）。

境外设计公司在品牌和文化建设方面则显得经验丰富和专业化。从企业标识、网站、宣传书籍、媒体报道、获奖作品拍摄甚至企业内部装修设计都在企业文化和品牌的统领下，对战略起到支撑作用，向客户和员工传递鲜明的品牌特征和企业内涵。

第六节　塑造正确的市场意识与职业道德

职业建筑师必须满足市场的需要，提供自身专业的服务，这一点与自身的职业道德，为社会提供更好的建筑产品的初衷并不相悖。当代中国民营建筑设计机构的快速发展得益于其具有的良好的服务意识，但必须认识到，好的服务必须建立在对自身职业道德的坚守上，向业主展现较高的职业素养，任何突破底线的做法都不能获得长远利益。

中国传统文化对建筑师职业认同的缺失、建筑师职业水平提升的滞后、行业协会作用缺失都造成外部不理想的执业环境，通过硬性的制度和柔性的文化共同作用来构建内部相对理想和宽松的建筑设计创作环境，无疑已经成为经历发展初创期，期待提升建筑设计品质的民营建筑设计机构的共识。

一、正确的服务意识：职业素养操守

在世界著名营销学大师 Philip Kotler 的《专业服务营销》的开篇有这样一段话，讨论了专业服务人士存在的优越感：“传统的专业

服务人士扩大并宣传他们与其他行业的区别，对其工作动机抱有高傲的信念。通过创造特有的行规，保护自己不参与市场竞争。他们自行组织本行业培训并颁发资格证书，通过设置严格的从业规定进行自律管理。他们认为自己在社会中拥有特殊的地位，他们本身的价值使他们同普通工人区别开来。这些行业有自己的职业道德和行为准则，要求从业人员严格遵守，这又进一步抬高了其社会地位。”①

建筑师作为一个古老职业，就其本质来说属于服务业，但由于其精英化教育和本身专业性，加之国内服务业起步较晚，使从业建筑师普遍缺乏服务意识，从而造成其职业化水准提升缓慢，影响了个人和行业发展。而在美国，服务业占 GDP 的 78%，同时，由于信息成为压倒能源和体力的资源，服务业成为未来发展的动力，而专业人员由于能够提供更高层次的服务，成为西方学界关注和研究的热点。美国最大的设计公司 Genserlar 在其创立伊始，便确立企业使命为：为业主提供产生高附加值的设计服务，将服务作为其立足之本，并将这样的信念融入自身企业文化，在企业制度层面加以体现，在企业内部营造服务至上的氛围，鼓励员工在这一原则的前提下，不断追求更高水准的服务，在为业主创造更高价值的同时实现自身职业的不断发展。同时，在整个公司层面，不断构建更大的平台，与全球各类优质资源建立联系，根据客户的要求，提供更高品质的服务，向更高水准的服务能力不断发展。

民营设计机构在其初创期更多会屈服于甲方，但实践表明天华设计的坚持赢得甲方尊重。对于设计公司和设计师而言，服务意识和服务方法的建立，将改变企业的文化，令企业焕然一新。同时，服务意识作为企业文化的一部分，应在制度层面予以落实，不断激励员工积累服务技巧，最终提升服务能力。CCDI 在 2007 年初，确定了企业宗旨：坚持创新、持续增长；建立卓越品牌，引领行业进步；为客户提供工程设计整体解决方案；为股东和员工创造价值。全面向现代服务性企业转变。成立事业部，实现某一设计产品的专业化，梳理设计业务岗位；增加项目经理岗位，与业主更好沟通；调整设计业务流程，使客户可以参与其中；此外，还进行设计工作标准和质量管理，更好向现代设计服务企业转变。

二、构建内部良性创作环境

近十几年的设计市场持续向好，在给建筑师提供丰厚物质回馈

① 赵小钧．打造为客户提供优质服务的现代设计企业．新空间．2007 年 11 期：11–12

的同时，使中国当代职业建筑师处于高压的工作状态之下，长期处于拼命“赶活”的状态中。地产开发商在完成了快速职业化进程后，对建筑师的“专家”身份提出质疑，忽视设计的价值，造成甲方过于强势，令建筑师无法保持本该有的独立性。业主对设计收费标准的视而不见，创业成本低导致大量“枪手”公司的诞生，导致建筑设计行业低端竞争过于激烈，陷入价格战的困局。市场化意识的强化，带来建筑师精英意识的碰壁，陷入现代服务业的迷思中，进退两难。行业内快速扩张的设计企业到处“挖人”，更助长了四处“寻价”的想法，搞得经营者和建筑师患得患失。这些因素让建筑师创作的外部环境不尽如人意，在一定程度上严重影响了建筑师对建筑理想的坚持和职业道德的坚守。

因此当下民营建筑设计机构更应当致力于构建企业内部的良性创作环境，为建筑师尽可能创造趋于平静和正常的内部工作环境。企业经营者需要以更为长远的利益获得来面对当下过于红火的设计市场，坚守职业道德，在承接更多的项目的同时，坚持自身设计的独立性。在企业内部应当营造“以设计为核心”的企业文化，采用更符合设计行业特征的管理方式来使建筑师的工作环境尽可能地愉悦。应当建立更为均衡的建筑师价值评价体系，从物质和精神两方面双向关怀设计师，使其对这一平台产生依赖感和归属感。相比国外建筑设计机构注重培养年轻建筑师的创造力和理论水平。英国 RMJM 建筑设计事务所成立于 1957 年，不仅为英国建筑业的发展和城市建设有巨大贡献，也为建筑界培养了大量的人才。在公司内部：由中年建筑师（30~35 岁）主持实际工程，负责创收，让青年人留有相对充分的时间和精力来思考。鼓励年轻建筑师（25~35 岁）参加竞赛，并结合公司 3~5 年之后的设计方向进行探索。加强老年建筑师（45 岁至退休）与青年建筑师的交流，一方面是讨论方案；另一方面还和年轻建筑师一起不断探索事务所管理的改进和质量保证体系。事务所在调整后的确变得更有生机，设计质量也有很大提高，给人一种充满活力的事业前景。每周五下午举行建筑研讨会，更是促进了建筑师对理论研究的重视。[1]

面对外界浮躁的设计环境，我们需要更多的耐心，而在企业内部，完全可以建立起更人性化、回归建筑设计本质的氛围，坚持建筑师自己的梦想。

① 范铁．英国建筑师事务所对新人培养的启示．时代建筑．2001 年 01 期：22-23

第四章 设计的规模
——规模扩张与设计品质的关系

2005年之后伴随建筑业持续发展，本土民营建筑设计机构进入高速发展阶段，这一阶段最明显的特征是快速规模扩张，有些机构甚至出现连续几年翻一番的发展速度。规模化发展模式具有很多优势，可以最快速度促进技术快速积累和战略性投入，但同时也面临“跑量”设计后的设计品质下降风险。设计规模应该控制在多大，不同的设计规模应当运用相应的策略，规模扩张能否带来设计提升，规模快速扩张过程考验经营者的智慧。

这一时期的民营建筑设计机构的规模扩张主要通过总部扩张、全国化布局、细分市场纵向发展等方式来实现，在这一过程中，民营建筑设计机构按照规模形成一定阶梯排布，可以分为巨型、大型、中型、小型等不同类型，形成这一时期中国当代民营设计机构发展图谱。

第一节 市场驱动下的快速规模扩张

中国民营设计企业的蓬勃成长得益于建筑市场的持续火热，大多数企业从其诞生之日起没有遭遇任何发展困难，长期处于“活多加人，人多再接活”的自由生长过程中，面对大好形势，选择一再扩张再扩张，随势而上，似乎规模扩张是这一历史时期民营建筑设计机构唯一的发展模式，规模的扩张没有边界。这一时期为了满足市场要求，不少民营建筑设计机构选择有活就做，容许一定程度上的设计跑量，让工程经验还不足的青年建筑师“挑大梁”，人才和技术上的短板问题凸显，带来设计品质的下降的现象。

一、民营设计机构快速规模化发展

从 2005 年开始许多民营设计公司增长速度保持在 50% 以上，企业体量快速膨胀，动辄每年增长 100~200 人，涌现了不少五六百人以上的大型建筑设计机构，出现了许多从西方经验来看的“巨型企业”。与之相比，根据美国国家注册建筑师委员会（NCARB）的统计，截至 2004 年年底，美国约有 10000 家建筑设计事务所（公司），其中约 85% 的建筑设计事务所在 6 人以下，最小的建筑设计事务所只有 1 人，最大的建筑设计公司（HOK 公司）1800 人。[①]在调查样本中也可以发现规模迅速扩张成为这一时期许多民营设计机构表现出来的最大特征。

CCDI 在 2003 年时员工只有 100 多，到了 2011 年员工已经超过 2000 人，产值从 2003 年 1 亿元不到，到 2009 年上升到 6 亿元，员工年增长率超过 220%，产值年增长率超过 90%。联创国际 2004 年建筑师在 100 左右，到了 2011 年已超过 800 人，2009 年营业额超过 2 亿元，年增长率超过 100%。2003 年时上海天华设计人员只有 50~60 人，到了 2011 年已达到 1400 人，年增长率超过 200%。而根据工程勘察设计企业年报统计数据显示，整个勘察设计行业近 10 年增长速度保持在 30% 以上，2005 年全国工程勘察设计企业年营业收入比上年增长 34%，2007 年全国工程勘察设计企业年营业收入比上年增长 26%（图 4–1、图 4–2）。

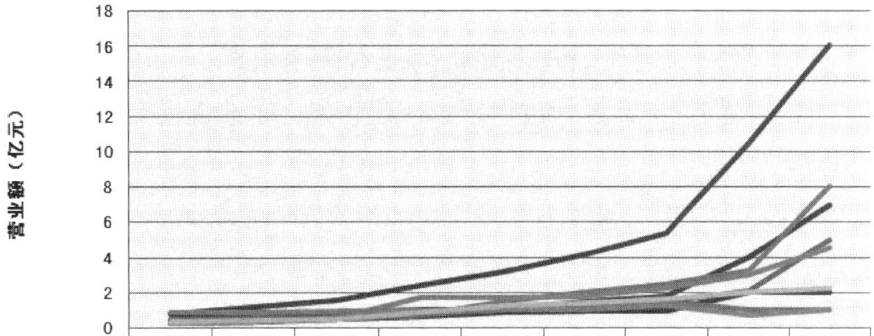

	2003年	2004年	2005年	2006年	2007年	2008年	2009年	2010年	2011年
CCDI	0.8	1.2	1.6	2.4	3.2	4.2	5.4	10.5	16.1
天华	0.8	0.8	0.9	1	1	1.5	1.8	4	7
联创	0.5	0.6	0.68	0.7	1.5	2	2.5	3.2	8
日清	0.25	0.35	0.45	0.6	0.85	0.9	0.95	2	2
三益	0.4	0.5	0.6	0.8	1	1.2	1.5	2.1	5
五合	0.4	0.45	0.5	0.7	1	1.25	1.5	1	1
天津华汇	0.85	0.88	0.95	0.97	0.98	1	1.25	0.7	1
基准方中	0.25	0.325	0.525	1.7	1.7	1.75	2.25	3	4.5
华阳国际	0.31	0.38	0.46	0.87	1.2	1.4	1.6	2	2.2

图 4–1 主要民营建筑设计机构 2003—2011 年产值统计图
（来自《设计新潮》2003—2011 排行榜数据）

① 方东祥．工程勘察设计市场管理：中国工程勘察设计市场准入管理制度改革研究．北京：知识产权出版社．2005

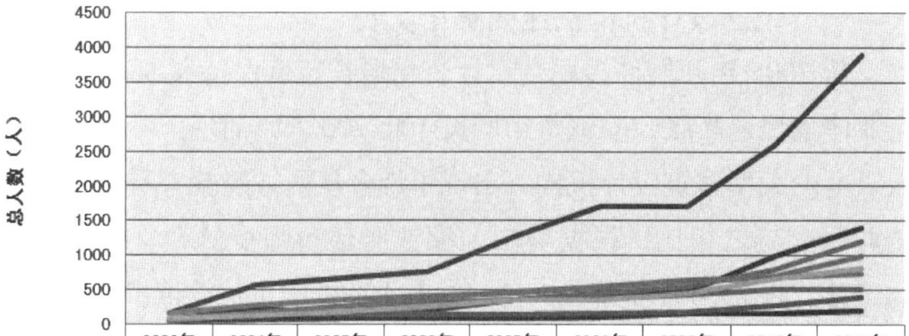

	2003年	2004年	2005年	2006年	2007年	2008年	2009年	2010年	2011年
CCDI	150	550	650	750	1, 250	1, 700	1, 700	2, 600	3, 900
天华	70	250	150	200	350	450	480	1000	1400
联创	70	150	175	240	350	450	550	800	1200
日清	35	50	70	75	80	90	150	160	200
三益	40	150	150	150	150	165	170	280	400
五合	75	150	250	300	350	370	420	500	500
天津华汇	150	270	350	400	450	530	620	690	740
基准方中	35	150	250	370	460	550	650	700	1000
华阳国际	75	109	162	250	336	341	443	661	809

图 4–2　主要民营建筑设计机构 2003—2011 年员工人数发展统计图
（来自《设计新潮》2003—2011 排行榜数据）

民营设计机构之所以在近几年中出现如此大规模的“竞相扩张”，与其与生俱来的“先天不足”有关，相较老牌的国有设计院，民营设计机构在市场份额、人才吸引、技术积累和企业品牌中处于弱势，因此更需要通过快速的大规模扩张来提升企业在行业中的影响力。同时，一定程度的规模化扩张对于企业的发展有极大的推动作用。

二、规模化促进民营设计机构技术快速积累

规模化促进民营设计机构技术快速积累。企业规模有助于知识积累和技术进步，规模保证可以短时间内积累经验，使得设计流程更趋于规范、工程经验更加成熟，快速提升项目的完成度和成熟度，对于整体行业而言，也能快速提升某一类型项目的市场成熟度。

从 20 世纪 90 年代开始的房地产开发已趋向成熟，住宅类型已完成了从总体布局、建筑户型平面、立面风格各方面的设计进化，正是如此大规模的、几乎在所有民营建筑设计机构的业务类型中占大份额的住宅业务的开展，使得整个社会的住宅品质的大幅提升，短时间内形成较高的设计门槛。

天华的成功就是与其坚持规模化发展密不可分。2000 年的天华处于起步期，创始人分析当时市场格局，决定避开国有设计院擅长的公共建筑竞争领域，从住宅建筑领域入手，并针对这一建筑类

型完成了一些前期研究和准备。1999 年到 2000 年，对于天华来说，得到两个重要项目，使其名声大噪。首先是位于金桥开发区的碧云别墅，整个社区采用美式独立别墅风格，迎合周边市场需求。这一设计奠定了金桥地区的基调，荣获“新中国 50 年上海最佳住宅小区大奖”，为天华赢得市场关注。此后的“碧云花园公寓”更是让天华名扬业界，整个社区以 10~18 层小高层为主，立面借鉴了上海海派风格，突破当时以“飘窗、飘顶”为特点的南派住宅建筑风格垄断的住宅设计市场。天华设计师借鉴了经典的上海锦江饭店的立面设计，整体风格传统，建筑细部简单，采用大面积红砖墙、石基座、竖向窗的建筑特征，这种具有价值感的经典建筑风格很好地满足了特定的社会需求，楼盘一经推出，便大获成功。同时，在建筑物的物理性能上也十分考究，采用高品质德国窗框，将 ART DECO 风格进行简化，同时具有高品质现代技术，受到高端客户青睐。这两年这两个代表住宅项目的极大成功，天华设计在地产商圈内名声大振，自此也给天华设计带来了充足业务。

此后，许多业主慕名而来，业界仿照碧云风格的楼盘也层出不穷，但这一时期客户水平层次不齐，由于业务充足，天华也以委托项目为主，不太参与项目投标。天华设计在与大量业主接触过程中，发现业主素质对项目设计至关重要，在工程设计和沟通遇到许多问题之后，2003 年天华管理层决定实施项目升级战略，其缩小承接项目的范围，将项目定位为具有一定规模、直接委托的项目，这样做法可以使设计团队集中精力做好项目。这样的选择对年轻的天华也意味着风险，必须其必须守住底线，同时提高自身设计水平。天华设计将这一时期的主营产品定位于 50 万平方米以上大项目，成规模的项目不仅保证了开发商的实力，也为公司经营提供资金保障。由于自身实力和房地产市场繁荣，公司很快就在 2003 年争取到 6 个 50 万平方米以上项目，其中位于上海的闸北雅宾利，由于设计品质的突出，取得良好销售成绩，赢得业主高度肯定。2003 年的坚持逐步使天华设计进入良性循环中，好的项目条件可以最大限度保证完成品质，同时，吸引更多高端客户，公司规模和产值实现不断增长。其在 2000—2009 年完成项目包括：新浦江城、碧云国际花园、上海橡树湾、绿洲雅宾利、汇龙新城、新湖明珠城、万科四季花城等知名楼盘（图 4–3）。

在大量住宅项目操作过程中，天华积累了各种风格和类型的住

碧云国际花园

绿洲雅宾利

新浦江城

新湖明珠城

图 4-3　天华设计的住宅设计在业界处于领先水平

宅设计经验，其不断坚持创新，在实践层面积极推动国内住宅产品的不断发展，同时，天华还深刻认识到中国住宅市场是“代理开发制”，住宅设计需要以速度和市场为中心，建筑师的设计流程需要配合开发商需求，符合住宅市场运作的规则，其强烈的市场意识保证了天华服务质量。住宅产品的市场性决定了建筑师在创意方面发挥余地不大，但天华建筑师还是坚持不断风格创新和优化，将西方建筑风格样式通过再设计，使其与中国审美、现代性相结合，找到开发商、消费者和建筑美学之间的平衡。其代表作上海华润橡树湾中就很好体现了这一设计理念，设计从开发商利益要求层面，将项目分为低层和小高层，相比纯粹小高层创造更高价值；从消费者角度，营造“书院”气氛，同时，将复式公寓通过下沉庭院、挑空、露台等手法营造别墅般的居住质量；从建筑美学角度，提炼中国传统文化特色建筑元素，唤起人们似曾相识的心理感受。上海华润橡树湾成为业主最得意的地产系列之一，项目已被业主移植到武汉、福州、沈阳等地，同样在当地市场大获成功，获得了建筑美学与市场的共同认可。

以住宅设计为自身品牌优势的天华实践，之所以在住宅市场享有盛誉，与其长时间大规模专注于住宅类型设计分不开，住宅设计在公司成立初期长时间占其总项目量的 90% 以上，2008 年公司员工扩张到 500 多人，大多专注于住宅设计，其所能达到的效率和项目成熟度可想而知，天华人均产值也达到 60 万元。天华设计创始人柳玉进在谈及天华设计成功秘诀时概括为“运作效率 + 高质量完成度”，天华设计快速发展背后是大量的基础性工作，不断打磨住宅设计的节点、细部，不遗余力的知识管理工作是其成功原因。

三、规模化支撑民营设计机构战略性投入

数据表明，企业的规模与企业抗风险能力成正比，例如，统计表明企业的“死亡率”与企业的规模成反比[①]。大企业可以在长期的“不景气”阶段靠收缩规模而生存下来，而小企业则没有这样的收缩余地。

此外，企业规模也帮助企业本身有能力进行内部资源调配，作战略性布局，为企业未来发展投资。作为新业务，从建立一支团队到在市场上取得收益，需要一个投入产出的过程的。企业管理者往往把先期的亏损视作投资，并且懂得如何驾驭这些投资，才能实现一项新业务的快速增长。CCDI 的实践是很好范例，CCDI 早于行业其他企业就开始着手从财务、运营、成本控制、业绩指标、绩效等多方面设计了一整套管理体系，让企业投资行为与设计业务建立良性关系，这种能力的建立是设计企业与设计作坊的根本区别。2010 年起，CCDI 重点在轨道交通、高端酒店、策划咨询等业务领域进行了拓展，在其 2008 年体育事业部的成功经验基础上，建立前期投入与长期盈利方面的数据依据，积累经验，为企业战略投入和发展提供借鉴。

以联创国际为例，其在集团管理层面确立了进入交通建筑设计领域后，迅速成立交通建筑事业部，其创始人薄曦意识到，必须通过业务比较充足的其他设计门类来对这一战略部门进行贴补，同时，

① Glenn Carroll and Michael Hannan，The Demography of Corporations and Industries，Princeton University Press，2000

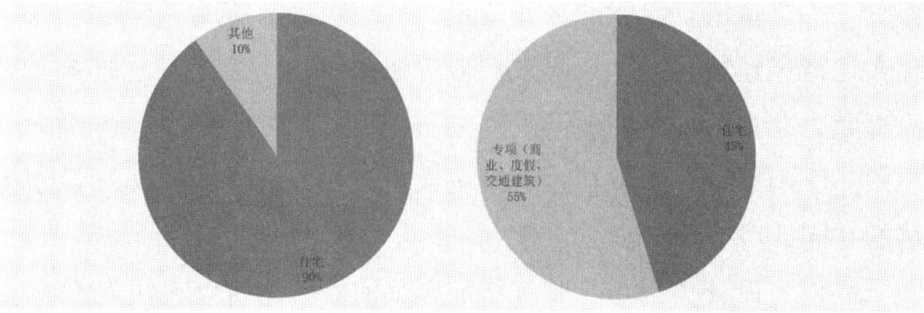

图 4–4 联创 1996 年与 2010 年项目类型比重对比图
（来自《设计新潮》2003—2011 排行榜数据）

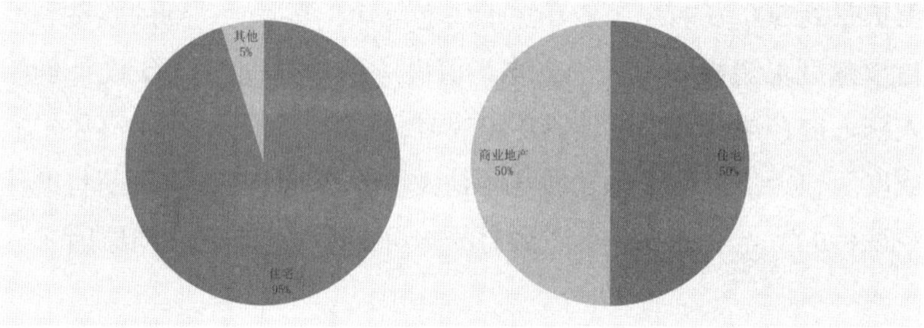

图 4–5 三益中国 2005 年与 2008 年项目类型比重对比图
（来自《设计新潮》2003—2011 排行榜数据）

他坚持认为培育的时间越长，将来盈利机会越大，盈利能力也越高。几年坚持和培育结果证明，联创国际在 2007 年的战略投入已初见成效，其已成为民营设计机构中为数不多的能够进入大型交通类建筑设计领域的设计机构之一（图 4–4）。

以三益中国为例，其在 2005 年之后实施积极转型，对内部部门进行调整和梳理，为从住宅转型到商业地产创造条件，经过 3 年坚持和积累，商业地产类型稳步上升，在 2008 年产值占比突破 50%（图 4–5）。

四、“大而不强”同质化经营模式

以美国为例，“美国目前约 10000 家的建筑设计事务所，最小的只有 1 人，最大的 1800 人，其中约 85% 的在 6 人以下。其形式可以是合伙人制、私人公司、专业公司、有限责任公司等，而且还可以采用有限—合伙人制公司（如 SOM 公司），其中有限责任性质的公司占大多数，无限责任的合伙制公司很少”。以英国为例，“英国 90% 以上的公司不超过 6 人，40 人以上的只占 1%，几家较大的设计公司集中了 20% 以上的建筑师”。[①]国外建筑设计市场在经历了百年发展历程之后，随着本国设计市场的日趋成熟，建筑

① 唐海培．罗谦．浅析中外建筑事务所的管理与体制．中国建设教育．2008 年 7 期：45–46

设计行业也显示出多元化、分级化、系统化的生态环境，回归到与建筑设计本质最为匹配的发展模式，因此以几个核心建筑师组成，强调建筑设计的创意性和独特性的合伙制设计机构构成了金字塔的中部和底部，成为绝大多数。同时，追求自身的核心竞争力，形成差异化竞争也成为西方现代细分化市场环境下各个建筑设计机构所遵循的生存法则。商业性事务所也往往具有优势业务类型：比如美国 SOM 事务所，它擅长商业摩天大楼设计，很少涉足其他类型建筑。亚利桑那州图森市的 ADP 公司，300 人左右规模，专长于超净车间、医院及高校建筑。设计企业长期实施专项化设计的发展战略，其资深设计人员可拥有相对较多的经验，也会比其他公司拥有更多该领域内的固定合作伙伴，更熟悉专用的建筑产品。这不仅意味设计更加得心应手，还意味着可以得到更加优惠的价格优势。此外，如世界知名建筑设计品牌 HOK、ATKINS、CALLISON（图 4-6—图 4-8）等虽然是综合性的大型建筑设计机构，其设计的门类非常广泛，但

图 4-6　HOK 在体育建筑类型上富有盛名

图 4-7　SOM 在超高层设计上独树一帜

图 4-8　凯里森在商业建筑上有多年积累

也往往积极在某个建筑类型如体育、酒店、城市综合体商业等领域享有盛誉。

当下中国民营建筑设计机构2005年之后集体进入快速发展期，每年营业额翻番的发展速度并不鲜见，无论建筑师人数和企业产值都快速增长，其中2000年之前成立的民营建筑设计机构如汉嘉设计、CCDI等都进入规模化运作阶段，而不少员工数在百人左右的民营建筑设计机构在看到第一梯队设计企业快速发展之后，深感市场机遇良好，循着其发展轨迹，开始快速规模化扩张，涌现了大批大型规模的民营建筑设计机构，如上海天华建筑设计有限公司、联创国际、浙江绿城建筑设计有限公司等。至2011年，这些大型民营建筑设计机构都已经到达了500人以上，有的甚至超过3000人，这在西方建筑设计机构中也已经属于“超大型”建筑设计机构规模，但不难发现规模快速扩张并没有带来设计能力、技术水平等“软实力”的相应提升，其更常见的结果往往是“大而不强”，竞争模式单一。与小型规模的百人以内的建筑设计机构相比，大型甚至超大型民营建筑设计机构在市场策略、企业内部管理方式、项目类型、技术水平、工程经验往往没有太多的差别，仍然停留在简单扩大规模的粗放生存发展状态。虽然这些大型、超大型民营建筑设计机构每年产值超亿元，完成大量项目，但观其项目类型，传统住宅开发项目所占比例与其创业时没有太大差别，其技术水平仍然停留在住宅项目类型，对于技术难度较大的公建类型很少承接，项目类型单一。虽然伴随其规模扩张和地产政策持续调控，不少大型、超大型民营建筑设计机构开始寻求项目类型转变，但往往更多停留在公建投标、方案前期等概念设计阶段，难以进入被境外和国有设计院垄断的设计市场，遭遇尴尬，相较之下，而国有设计院和境外设计机构仍然牢牢把握人才和技术高地。

但也可以看到，同质化的行业背景下，不少民营建筑设计机构近年来也试图寻求差异化竞争模式，纷纷成立针对某个建筑类型的设计事业部或者研究中心，希望能尽快完成快速技术积累，但没有市场基础和项目支撑，最终收效甚微，名存实亡，又回到住宅设计的老路上来。此外，有些民营建筑设计机构虽然在企业对外宣传上极力鼓吹综合性发展理念，强化其进入公建设计领域，但往往几年下来鲜有建成项目面世，其本质仍然是没有质的突破。

相比西方成熟、差异化的建筑设计生态，国内民营建筑设计机构在市场环境和自身市场化倾向的双重条件限制下，在当下发展阶段仍停留在趋同化的竞争格局，没有发挥规模化优势，与境外建筑设计机构和国有设计院存在一定差距。

五、快速规模扩张带来的问题：品质稀释

我国民营建筑设计企业在进入2005年后全面进入迅速扩张期，增长率少则达到30%多则达到200%，这样的急速规模扩张带来许多问题。

政策多变带来经营风险。2005年我国房地产经济遭到宏观调控，一时间许多地产项目停了下来，直接影响了以住宅设计为主的民营建筑设计机构。但这波调控很快结束了，整个设计市场迅速复苏，之前被压制的项目需求比2005年之前还要多，许多设计机构乘着这波浪潮又迅速扩张，很快经济再次出现拐点，2008年全球遭遇金融危机，这时一些较大规模的民营建筑设计机构由于规模扩张太急，或甲方回款慢，现金流压力剧增。在规模快速扩张的过程中，民营设计机构往往用较高的成本来吸引高端人才，高端人才还未完全适应新环境，其作用发挥还需要一个过程，如果在这个时候企业还在投资新领域，加上市场形势波动，大规模企业会面临很大的风险。

人才储备和培养短板。建筑设计企业是智力密集型企业，其最重要的生产要素是建筑师。企业规模快速扩张，会导致企业原有人才储备不足，没有一批高水平建筑师的支撑，设计品质就会下滑，从而造成企业竞争力急剧下降。这一点也是许多业界管理者的共同想法，即使市场可以提供足够多的项目也不敢盲目快速扩张，设计品质将难以保证，从而损害企业品牌。建筑设计不同于产品流水线，每个项目都是特殊的定制化服务，必须重新设计，设计的结果与建筑师个人风格关系密切，由谁操刀设计变得非常重要，伴随市场发展成熟，许多设计企业在建设企业品牌的同时，也开始注重打造建筑师个人品牌，以满足不同业主的需求。设计企业的设计品质要受控，需要一批有经验的建筑师的支撑，因此从某种意义上讲设计企业的竞争也是高端设计人才的竞争。企业在扩张过程中必定会吸收更多成熟建筑师的加入，出于对品牌统一性的要求，许多企业在积极加快技术标准和设计流程等制度方面建设的同时，也对新加入的重要建筑师持更为谨慎的态度。如绿城东方对其新加入的合伙人层

级的设计师的考察很严格，要求其设计价值观与公司品牌的价值观相符，以保证加入后可以最大程度保持绿城东方品牌特质的一致性，初步达成协议后，还要对合伙建筑师进行1年以上的过渡考察期。

管理经验的匮乏。由于设计企业的管理层大多是建筑设计或相关工程类专业出身，同时，原先设计院并没有这么大规模，因此造成企业管理知识匮乏，设计企业普遍存在管理短板。规模快速扩张过程中，管理体系发展明显滞后，有些企业只是简单地单元累加，看似是个大设计机构，但往往不具备规模优势。管理体系的滞后，导致企业在规模扩张同时效率的降低（图4-9）。数据显示，21世纪初我国民营设计企业的规模扩张还处于粗放阶段，其结果就是规模和数量的上升，短时间内会导致效率和利润率的无法实现同比例提升。2003—2009年间，CCDI的规模扩张10倍，但人均产值并没有同比例上涨。天华设计在2003—2008年间，规模扩张3倍，人均产值却小幅下降。

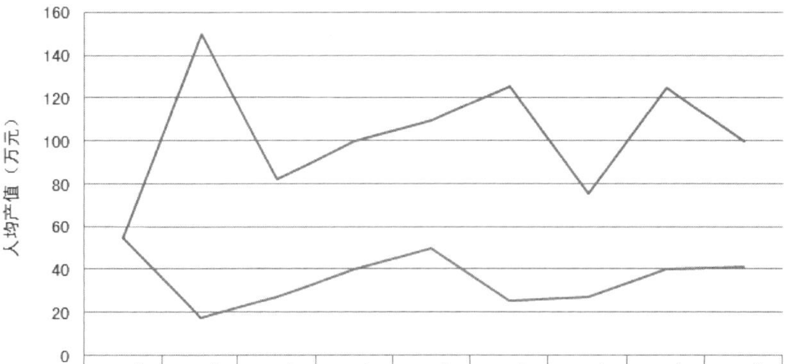

	2003年	2004年	2005年	2006年	2007年	2008年	2009年	2010年	2011年
—CCDI	55	17.5	27.5	40	50	25.5	27.5	40.4	41.3
—日清	55	150	82.5	100	110	125.5	75.5	125	100

图4-9　2003年-2011年CCDI和日清设计人均产值对比图
（数据来自设计新潮Di排行榜）

数据分析表明，企业在快速扩张过程中，管理体系的滞后，会在企业内部形成较大的内耗和管理成本，企业只有通过不断梳理和调整才能逐渐适应新的规模，发挥出应有的效益。正是意识到了这点，从2008—2010年CCDI放慢了发展步伐，将重心转移到管理层面，对内部资源进行梳理，到2010年，产值接近14亿元，成为民营建筑设计机构中的“航空母舰”。

第二节　当下建筑设计机构规模分类及优劣势

经过十几年的快速建筑设计行业发展，涌现大批处于各个发展阶段的民营设计机构，其具有不同的资源，规模和经营方式。规模大小直接影响到生产组织和管理模式，规模相近的设计企业往往面临相似的发展问题，本书中，按照民营建筑设计企业的人员规模将企业分为巨型、大型、中型和小型几类。

一、巨型民营建筑设计机构

巨型民营建筑设计机构是指人数规模一般在千人以上，企业年产值超过 3 亿元的企业。代表性的民营建筑设计机构包括 CCDI（图 4–10）、天华设计（图 4–11）、联创国际（图 4–12）、汉嘉设计

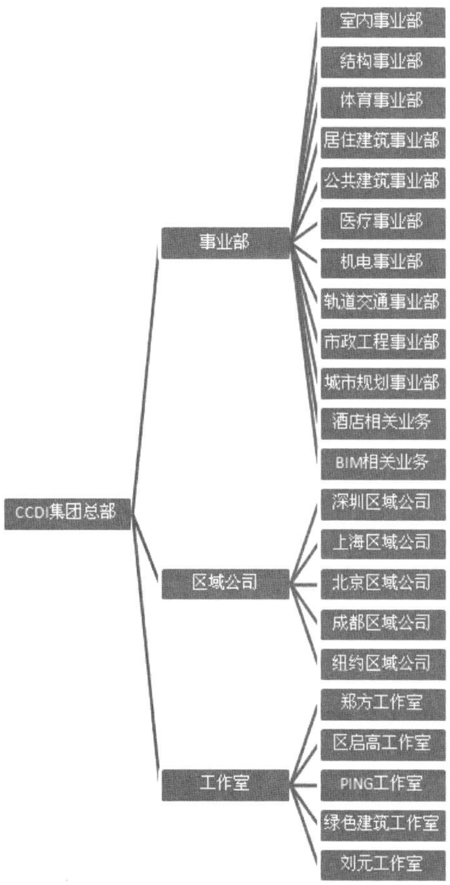

图 4–10　2011 年 CCDI 组织构架图，规模超 2000 人
（资料来自 2011 年企业官方网站）

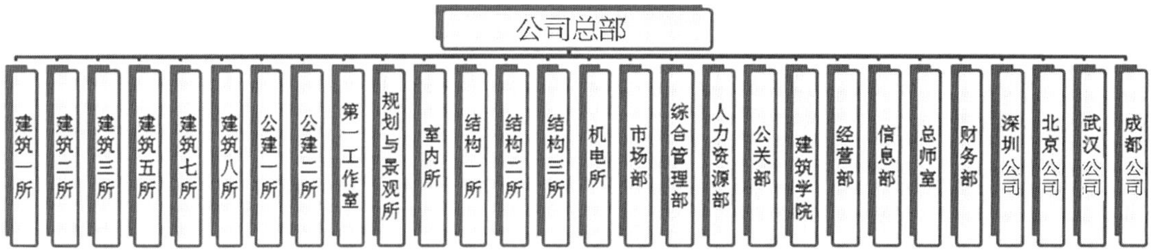

图 4-11　2011 年天华设计组织构架图

（资料来自 2011 年企业官方网站）

图 4-12　2011 年联创建筑设计机构组织构架图

（资料来自 2011 年企业官方网站）

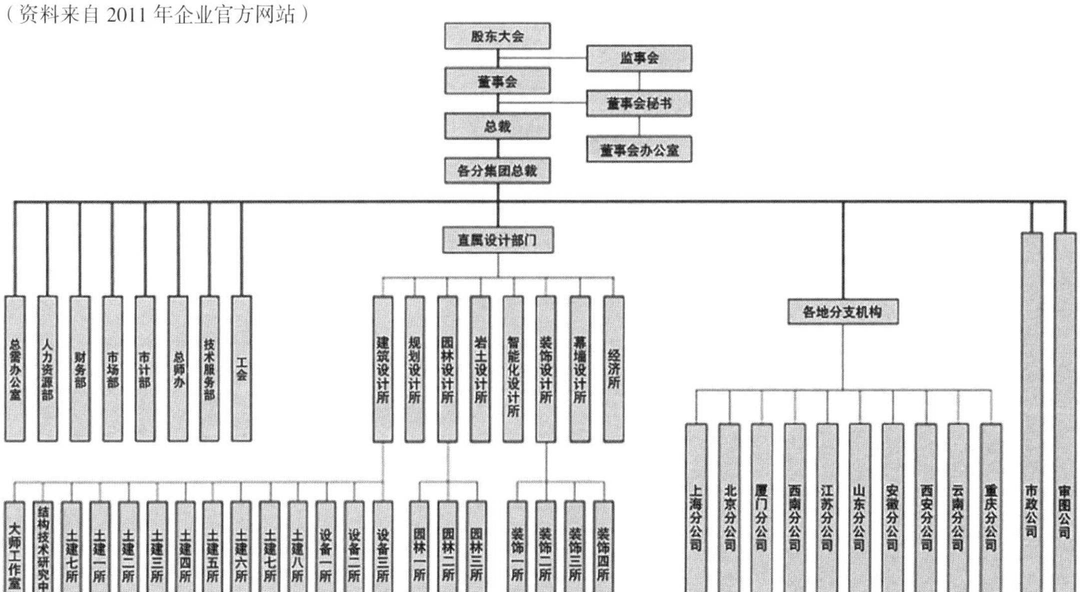

图 4-13　2011 年汉嘉建筑设计集团组织构架图

（资料来自 2011 年企业官方网站）

集团（图 4–13）等。到 21 世纪第一个十年，这类巨型民营建筑设计机构发展时间都已在 10 年以上，具有清晰的企业发展愿景和战略规划，在整个行业具有广泛影响力，已完成相当多的建成项目，占据了民营建筑设计领域最大和最高的市场份额，具备与国有设计院和境外设计机构共同竞争的能力。在这些巨型建筑设计机构的发展过程中，伴随企业规模的不断扩张，其管理者针对企业发展的新挑战，进行过多次企业发展战略、组织构架、生产组织模式等“顶层设计”层面的不断优化和调整，实践证明也取得良好效果，并支撑其下一阶段发展，使其最终在同时期民营建筑设计机构中脱颖而出。如 CCDI 的发展“三级跳”、天华设计的“客户和产品升级”、联创国际的“国际化战略”都是不断探索企业发展空间的举措。

1. 追求全设计咨询领域覆盖，持续不断的管理细化和梳理

一般而言，巨型民营建筑设计机构会主要分为两种发展路径，一是围绕建筑设计咨询主业向上下端设计门类进行延伸，覆盖规划、建筑、景观等业务领域，将产业链做强做大；另一类则对标国际工程咨询公司，突破工程设计范围，向更多工程咨询门类延伸，如国际著名工程设计公司 AECOM、ARCADIS、ATKINS 都采用这一发展模式。以 2011 年 CCDI 战略为例，从其 2011 年集团官网上可以看到其事业部门类中包含了能源、城市发展咨询等类别，但这些板块当时都处于核心团队形成阶段，处在准备过程中。但受制于国内这些领域还处于垄断阶段，市场还未完全放开，当时 CCDI 的抢先布局无疑是在试图为其未来发展提供更大空间。

2. 优势

1）规模化发展带来技术和经验快速积聚，保证设计的成熟度和较高完成度

上千人的企业规模保证其能够快速积累工程经验，不断校正和反馈设计品质，从而保证其设计项目的成熟度和完成度，在整个行业水平中快速处于中高水平。

2）规模化发展有利于战略性投入，增强企业抗风险能力

除了保留原有设计类型强项，巨型企业发展还要结合外部市场环境，积极进入新建筑类型，寻觅新业务空间，支撑企业进一步的持续发展。CCDI 的 “体育品牌”、天华设计的“公共建筑”、联创国际的“交通建筑”都是在其原有优势板块基础上的积极尝试，不断扩大自身业务范围，以期进入被境外建筑设计机构和国有设计

院垄断的项目领域。

3）与国有设计院同台竞争

巨型民营建筑设计机构在经历了十几年高速发展之后，在人才、技术、品牌等方面均获得长足进步。在2005年之后，这些巨型企业都开始尝试突破住宅主导的局面，通过发展初期与境外、国有设计院合作开始获得大型工程项目经验，已经开始具备综合性建筑设计能力，在大型项目上开始与国有设计院、境外建筑设计机构同台竞争。

4）具有品牌优势，对人才吸引能力强

巨型民营建筑设计机构已走过品牌知晓度的发展阶段，初步具备品牌美誉度。同时，凭借体制上灵活性和高薪酬水平等优势对高端建筑设计人才具有很强吸引力，有境外设计机构和国有设计院工作经验的成熟人才大量涌入，从而进一步缩短了技术积累时间，短时间内获得较强市场竞争力。

3. 劣势

1）经营压力高，市场压力大

快速膨胀的企业规模使巨型建筑设计机构不得不面临较大的经营压力来确保证企业正常运转的巨大开销，这就导致其承接业务中必须有相当一部分程式化的、能够快速实现的“产品”类业务来支撑，相对规模不那么大的设计机构而言，具有较高的产值压力，市场化特征明显。

2）巨型规模对管理提出较高要求

这些巨型设计机构在超千人的规模后，原有传统的院所生产组织模式无法发挥规模效益。巨型民营建筑设计机构学习西方成熟经验，积极进行组织架构和经营生产模式上探索和变革。CCDI率先使用矩阵式扁平化管理模式，天华建筑设计学习美国设计公司“三线”分离模式，联创国际设立专项事业部介于本土模式和西方模式之间。但对于巨型民营建筑设计机构而言，如此短时间内的迅速扩张在国际上也没有可以直接照搬的成熟模式，似乎在一夜间膨胀起来的企业规模对经营者提出更高的管理要求，如何在西方模式和中国现状之间，如何在现代企业管理学与匠人文化间找到适合自身企业的模式，极大考验经营者智慧，决定企业的发展能力。

3）知识管理系统匮乏，经验技术总结和研发能力欠缺

相比境外相同规模的工程咨询设计机构，巨型民营建筑设计机

构往往忙于生产任务，在知识固化和管理方面落后，造成经验技术的整理归纳和技术研发能力欠缺，对设计附加值、要价能力提升造成不利影响。通过调研，可以发现不少巨型民营建筑设计机构已经认识到这一问题，并着手进行知识管理体系开发与建设，但这一企业内部管理系统更多是成本中心，不会对生产产生立竿见影效果，因此面临管理者决心、定力和建筑师接受度、执行度的考验。

4）品牌附加值不高，未形成价格高地

巨型民营建筑设计机构虽然具有一定品牌美誉度，但在当代中国整体建筑设计行业职业化水平不高的外部环境下，设计要价能力依然有限，相比境外设计品牌的要价能力仍存在较大差距。同时，相比大、中型民营建筑设计机构也没有太多的价格优势，有时，甚至为了产值而低价竞争，没有显示出与企业行业地位相匹配的品牌优势。由于巨型民营建筑设计往往是“大而全”的综合性业务范围，因此相比在某些细分领域有优势设计品牌而言，其要价能力也存在较大差距。同时，各地分支机构也存在难以与企业总部所在地市场统一的要价能力，品牌统一度还比较薄弱。

5）规模化优势不鲜明，总部和分部间存在技术差距

到 2011 年底，巨型民营建筑设计机构基本上已初步完成了全国化布局，但由于管理水平提升速度落后于企业扩张速度，很多情况下，无法在全国范围内形成统一的技术标准，往往采用简单的加盟方式，这种简单的扩张模式造成技术水平的地域不平衡。总部和分部之间的信息、技术、人才资源共享和互动不足，一体化建设滞后也造成其规模化优势无法凸显。

6）存在官僚化管理和设计僵化风险

千人以上的规模，从全球经验来看，在以建筑设计为主的咨询设计企业中也属于规模巨大。如此规模化发展会带来管理的官僚化风险，同时，规模化也使设计企业存在设计项目的创新度和个性化缺失的风险，对某些业主和项目表现出不重视、“店大欺客”的现象，导致服务质量下滑和业务流失。千人的企业规模带来的经济压力也使企业容易出现“跑量”做法，与日益提高的行业设计品质存在矛盾，陷入恶性竞争的泥潭。

二、大型民营建筑设计机构

大型民营建筑设计机构是指企业规模在 500 人至 1000 人之间，

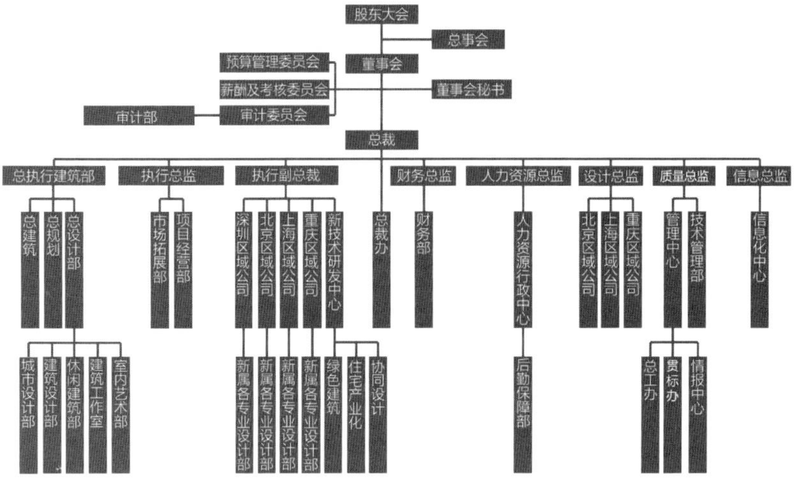

图 4–14　2011 年筑博建筑设计机构组织构架图
（资料来自 2011 年企业官方网站）

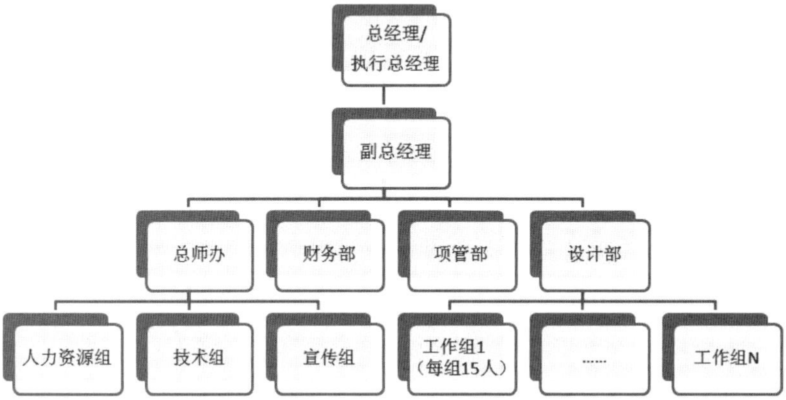

图 4–15　2011 年绿城东方建筑设计机构组织构架图
（资料来自 2011 年企业官方网站）

企业年产值在 1 亿 ~2 亿元左右的企业。2011 年的代表性企业有三益中国、基准方中建筑事务所、筑博工程设计有限公司（图 4–14）、华阳国际、绿城建筑设计、绿城东方建筑设计（图 4–15）、浙江中设工程设计有限公司（图 4–16）等。截至 2011 年，这类企业发展时间接近 10 年，具有较为清晰的企业发展愿景，往往已经在某个类型领域或某个区域市场具有绝对影响力，在该类型领域或区域市场占据较大的市场份额。大多在 2009—2011 年进入快速发展期，规模迅速扩张，发展势头良好。

1. 从专业性经营模式向综合性扩张转变

大型民营建筑设计机构正处于由专业性向综合性的设计品牌的转型过程中。2010 年后，包括浙江绿城建筑设计、成都基准方中

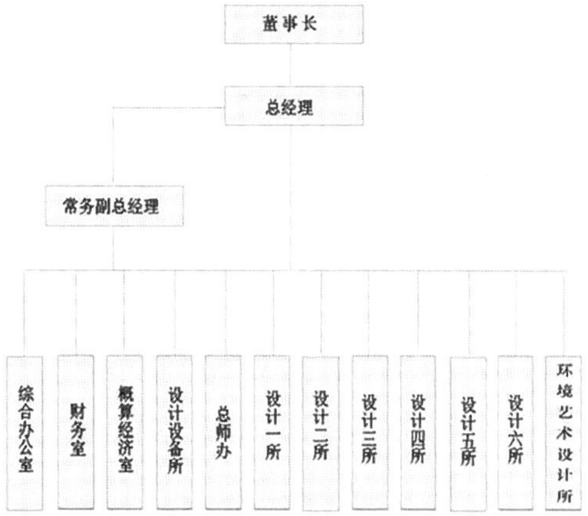

图 4–16 2011 年浙江中设工程设计组织构架图
（资料来自 2011 年企业官方网站）

等在内的设计机构都在尝试逐步从专项化向综合性、地域性向全国性发展过程中。浙江绿城设计和绿城东方都是住宅建筑设计领域的优势品牌，开始积极突破原有业务定位，在超高层建筑、酒店建筑设计领域积极探索，同时，也在全国各地设立分公司，进行规模扩张。基准方中虽然业务类型综合，但其业务主要集中在以成都为主的西南片区，2011 年开始在相邻的西安、重庆设立分公司，覆盖西南区域市场，并在上海成立分公司，试图打造全国性品牌形象。从这些企业过往的发展经验来看，正是由于其在某领域或地域的专注成就了快速的企业扩张和经验积累。

2. 这一发展阶段企业特点

1）完成企业初步积累，具有一定品牌效应

截至 2011 年，大型民营建筑设计机构一般发展超过 10 年，人数超过 500 人，产值过亿元，与一线地产商形成战略合作关系，已完成了企业初步积累过程，其领军者开始系统性思考自身的发展模式和企业愿景，进入战略化发展新阶段，而早期的资金积累为其下一步发展奠定基础。同时，这些大型民营建筑设计机构构成了仅次于巨型民营建筑设计机构的第二梯队，在设计行业中具有较高知名度，为其吸引客户、招徕人才提供有利条件。

2）发展潜力巨大

相较巨型建筑设计机构，大型民营建筑设计机构往往开始聚焦某个建筑设计类型或区域市场，经过谨慎思考，决定向综合性、全国性建筑设计机构的发展目标迈进。在这些大型民营建筑设计机构中，如绿城设计在设计和建造品质上执着追求，具有很强的品牌美誉度。三益中国则专注商业地产细分市场，2005 年到 2010 年近 5 年的聚焦坚持使其具备了操作商业地产整个开发流程的能力，开始进行全国化布局。基准方中则立足于建筑设计服务业的本质，在设计前期和过程服务方面广有口碑。这些大型民营建筑设计机构在经历 10 年的积累和发展后，具备了其核心竞争力，有很强的发展潜力。

3）后发优势明显

当下大型民营建筑设计机构的这一轮快速发展是建立在巨型民营建筑设计机构的经验之上，其经营者也深刻认识到上一轮高速发展过程中许多企业存在的设计品质下降、管理薄弱、总分机构脱节等问题，因此在学习前人经验的同时，更努力规避这些问题。同时，随着建筑设计行业不断放开，业主对于民营设计机构的认可度也不断提升，其外部发展环境也好于上一历史发展阶段。

4）具有创新精神

巨型民营建筑设计机构的经营者年龄段集中在 1965 年之前，而大型民营建筑设计机构的经营者年龄段则集中在 1965 年到 1970 年，两者相比，后者更具有理想主义和创新精神，其学习工作环境集中在国家市场化发展过程中，更多受到西方影响，因此在经营企业的时候，表现出更多自信、独立思考、善于中西结合的思维方式。如绿城东方将西方合伙人制度与中国国情、文化相结合等都是有益的探索。

5）对高端人才吸引力大

巨型民营建筑设计机构随着规模扩张开始出现官僚化倾向，年轻人发展空间不够，而大型民营建筑设计机构在快速发展过程中，涌现大量空缺职位，为高端人才提供很好发展空间，因此对优秀人才吸引力很大。

6）发展模式多元化。

大型民营建筑设计机构的发展方向比较多元，如绿城东方对标 SOM 等国际知名设计品牌，大胆采用合伙人制度，建立完善职业发展通道。而三益中国则走细分化，整合商业各阶段资源，打造整个商业开发产业链。浙江中设的发展道路则更接近规模化、综合化，全设计产业链覆盖，与汉嘉设计集团的发展模式较为接近。

7）处于转型期，规模效应优势有待进一步挖掘

相比巨型民营建筑设计机构，大型建筑设计机构各项制度建设还不完善，正处于积极建构和创新过程中，这一过程将直接影响其

下一阶段发展成功与否。同时在规模化发展的同时，需要保持原有高品质设计和服务水平。

大型民营建筑设计机构正处于企业转型发展期，管理水平和制度建设容易出现滞后于企业发展速度的现象，其管理者对于快速规模化过程缺乏经验，使其面临更大的管理压力。有些还沿用原有简单院所结构，各工种专业化程度以及板块协同程度不高。

与巨型民营建筑设计机构相比，其业务类型更单一，分支机构较少，总部规模较小，而其在扩张和转型过程中有面临管理能级提升的压力，因此造成这一阶段大型民营建筑设计机构的规模效应优势还不明显。而这一问题的解决关系到其发展空间，也考量管理者的战略思维。

三、中型民营建筑设计机构

中型民营建筑设计机构是指企业规模在 200~500 人，企业年产值在亿元左右。代表性机构有上海华都设计、苏州赛德设计（现为启迪设计集团）（图 4–17）、日清建筑设计有限公司、华汇设计有限公司、尤埃设计、墨臣设计、东方华太等。截至 2011 年，这类企业发展时间大多在 5~10 年之间，处于企业化运作阶段，业务量饱和，但由于种种原因没有或者没有选择规模上的快速扩张。

有些具有品牌知晓度的设计机构，如日清设计、北京墨臣设计等往往出于对建筑品质和经营者自身理想因素的原因，而主动选择

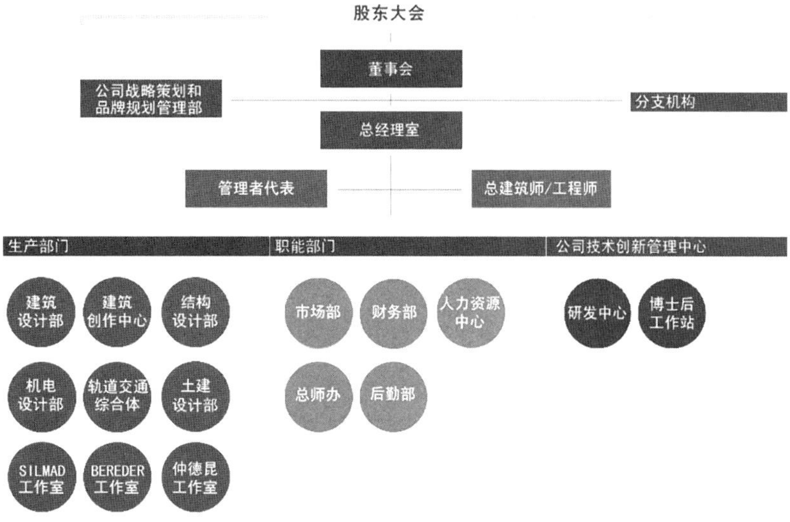

图 4–17　2011 年启迪设计集团组织构架图
（资料来自 2011 年企业官方网站）

保持一定设计规模，刻意不进行快速扩张。日清建筑设计有限公司，截至 2011 年已有近 12 年发展历史，深耕住宅设计领域，已完成大量建成项目，有很强的品牌知晓度，但其管理者宋照青希望企业规模控制在 300 人以下，可以保证高效运作的同时设计品质不被稀释。

有些中型民营建筑设计机构则发展潜力和空间很大，发展势头强劲。如苏州启迪设计于 2002 年由原来的苏州市设计院改制成民营建筑设计企业，得益于体制的改革，改制后的启迪设计迸发巨大活力，依托原有市场、技术、人才资源，在绿色建筑、综合体建筑等领域积极开拓，2011 年员工人数接近 300 人，发展愿望非常强烈。

再如尤埃设计则由“70 后”的年轻建筑师掌控，由于设计品质高和良好的服务水平，深受一线开发商青睐，企业规模快速扩张，2011 年在还未配备后期各专业设计人员的情况下规模已经达到 400 人以上，发展潜力很大。

中型民营建筑设计机构中也有些企业发展历史比较短，在 5 年左右，还未形成品牌影响力，初步完成一些建成项目，在企业定位、设计风格、管理模式等问题上还未成形。相形之下，水石国际（图 4–18）、赛德设计、尤埃设计等已具备清晰的核心竞争力，发展潜力很大，其规模扩张只需稍待时日。

这一发展阶段企业特点：

1）设计品质受控

中型民营建筑设计机构由于规模不大，管理成本较低，设计控制度会比前两类企业更好，绝大多数项目仍旧由核心团队把控，客户满意度较高。

2）企业氛围良好

相比巨型、大型民营建筑设计机构没有太高的经营压力，加班加点现象比较少，建筑师创作工作氛围较理想。同时，中型民营建筑设计机构往往是各专业齐备的综合性建筑设计机构，因此各专业设计师之间能够保持较好的熟悉程度，也有利于良好企业氛围的塑造，官僚化、管理僵化等管理弊端并不多见。

3）发展愿望较强

中型民营建筑设计机构中不乏一些年轻的设计力量，这些新出现的民营建筑设计机构正处于创业期，具有很强的发展愿望，其中佼佼者具有较大的发展潜力和空间，将成为推动行业不断发展的新兴力量。

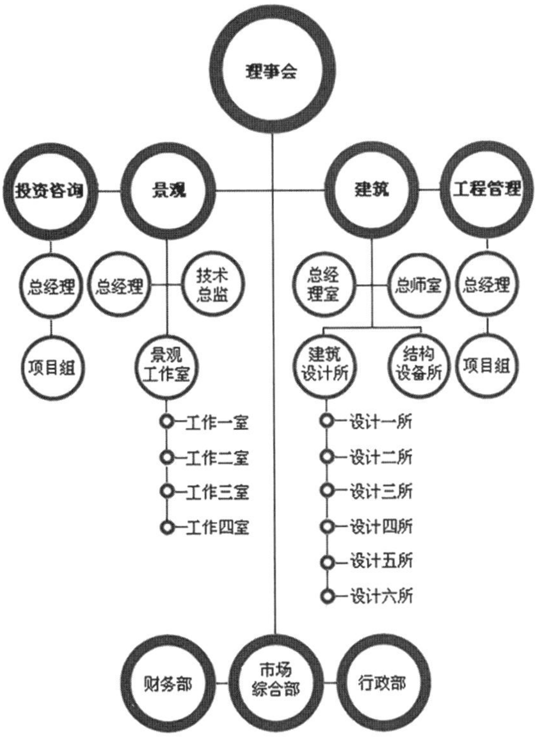

图 4–18　2011 年水石国际建筑设计机构组织构架图
（资料来自 2011 年企业官方网站）

4）技术能力需进一步提升

中型民营建筑设计机构业务类型主要集中在住宅和中、小规模的公建，缺乏大型工程的设计经验，复杂类项目处理上存在内部设计流程建设和各专业磨合完善过程。大型工程经验不够丰富，企业内部设计流程控制还需进一步磨合和完善。

5）品牌知晓度弱，吸引高端人才能力弱

中型民营建筑设计机构往往没有太多有影响力的建成项目，同时，品牌意识差不注重在品牌和学术方面的积累，造成品牌知晓度不高的现状，对其招徕业务和人才造成障碍，制约其发展。中型民营建筑设计机构由于没有品牌影响力、平台优势不明显、发展前景不确定，因此对于高端设计人才的吸引力有限，也对企业发展带来一定影响。

6）抗风险能力有待进一步加强

中型民营建筑设计机构虽然已有一定规模，但大多仍处于积极拓展市场、谋求更大发展空间的机会型发展阶段，未形成稳固的物质基础，因此，相比巨型、大型民营建筑设计机构，企业的抗风险能力较差。

四、小型民营建筑设计机构

小型建筑设计机构是指企业规模在100人以内，大多为建筑设计事务所资质，代表性企业有苏州九城都市设计、DC国际、大舍、山水秀、集合设计等，其大多停留在工作室的状态，可以完成极具个性化、创新性的建筑设计作品，满足对设计创意性要求高的业主的需求，对大多数商业性，有一定规模的设计机构形成很好的补充。不追求规模化发展，对作品创新创意更为看重（图4–19）。

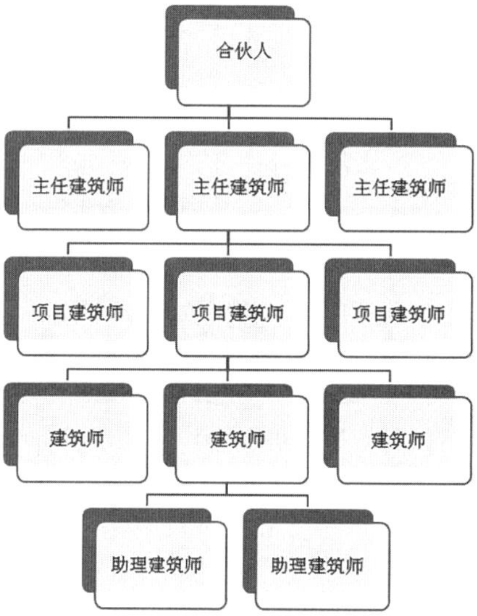

图4–19　2011年某小型建筑设计机构的组织架构图
（资料来自2011年企业官方网站）

这一发展阶段企业特点：

1）设计创意性强

小型建筑设计机构往往更接近建筑设计工作室的工作方式，以追求建筑设计的创意性和艺术性，表达建筑艺术性创意性为经营目的，相较巨型、大中型民营建筑设计机构可以为市场提供个性化的设计产品，从而具有自身的竞争力，成为行业生态链重要组成部分。

2）设计氛围活跃

小型民营建筑设计机构由一个或几个设计师领衔，对设计过程投入精力较多、时间较长，没有太多制度或流程上的硬性规定，管理比较宽松。公司氛围比较活跃，人员之间比较融洽，建筑文化强烈。这类企业由于规模较小，没有太大的生存压力，因此可以更好发挥设计师的创意，对每个项目投入较多的时间进行推敲和创作，有较强的学术和研究能力。

3）承接项目类型比较单一

由于不追求效率，因此经验积累比较慢，在项目的实现度和完成度上存在经验缺乏问题，同时，设计手法比较单一，商业化和职业化水平比较低。小型民营建筑设计机构往往重视设计创意，为建筑事务所经营模式，因此公司内部不配备其他专业，结构、水、暖、电专业配合由其他设计院完成，因此造成内部设计人员缺乏与其他专业不断探讨、交流的环境。同时，其承接的项目容易受到其规模和建筑师个人喜好的限制。

4）抗风险能力弱

巨型和大型民营设计机构起步较早，伴随行业持续向好，迅速扩张，具备规模优势。其工作流程规范，项目完成度较高，职业化水平高于业内平均水平，并逐步积累技术、人才资源，与国有设计院和境外事务所竞争。而中、小型民营设计机构商业化水平较低，遭遇市场拐点，抗风险能力偏弱。

第三节 设计品质保证：动态战略和组织构架调整

21 世纪头十年国内建筑设计市场持续高速发展和民营建筑设计机构强烈的发展愿景相遇后带来当代民营建筑设计机构的快速涌现和规模扩张，在规模扩张的同时积极调整发展战略和组织架构是避免设计品质下滑的关键制度保证。国内民营建筑设计机构与境外建筑设计机构发展模式不同，往往在企业总部就聚集了上千人，甚至超过 2000 多名建筑师的“巨型”规模，选择合适的组织构架和项目运行模式成为这些设计“巨无霸们”必须面对的问题。

外部市场环境的持续向好让不少行业从业者普遍对未来发展持乐观情绪，但不得不看到 2005 年国内经济宏观调控、2008 年世界金融危机等市场波动的存在。

当下经营状况良好的巨型、大型民营建筑设计机构的发展过程中，其经营者往往都在企业成长过程中保持动态战略升级，从而支持机构的长期良性运转。如成立于 20 世纪 90 年代的浙江汉嘉设计集团从一个省内设计团队，逐步走向全国，甚至在房地产开发领域也有所建树，实现其成为综合性、规模化的发展定位。此外，上海天华建筑设计有限公司、联创国际、CCDI、三益国际、深圳筑博等都是这方面典型代表。

当代中国如此大规模的建筑设计机构从全球以建筑设计为主的咨询机构的发展经验来看，其管理经验都是缺乏的，而且中国民营建筑设计机构的特点又是单点规模巨大，业务单一，单纯以建筑设计为主。同时，中国建筑设计行业又沿用苏联模式，与西方强调建筑师个人职业管理和建筑师全过程负责制存在较大差异，因此当代巨、大型民营建筑设计机构必须在西方企业发展经验基础上结合国情积极创新。当下大多数巨、大型民营建筑设计机构都选择专业分离机构组织模式，打破原先综合所的模式，同时，还积极尝试吸收西方经验成立专项事业部，应对细分市场发展趋势。此外，为最大程度为个性建筑师打造多元化的发展平台，不少建筑设计机构还成立个人名义的工作室，如天津华汇的周恺工作室、深圳筑博的冯果川工作室、苏州赛德设计的建筑大师工作室等，以实现机构品牌和明星建筑师个人品牌“两条腿”走路的模式。CCDI 是所有民营建筑设计机构在组织模式创新上积极探索，也是变革最为彻底的一家民营建筑设计机构，其发展和管理经验是许多民营建筑设计机构学习样本，表现出当代民营建筑设计机构经营者将现代企业管理制度以及西方建筑设计机构管理模式植入当代本土民营建筑设计机构的创新思维和改革勇气。

一、持续动态战略升级：上海天华建筑设计有限公司的实践经验

亚当·斯密在其名著《国民财富的性质和原因的研究》中，描述了他参观一个针厂的情况。斯密所看到的工人之间的专业化及其带来的规模经济给他留下了深刻的印象。他写道：一个人抽铁丝，另一个人拉直，第三个人截断，第四个人削尖，第五个人磨光顶端以便安装圆头；做圆头要求有两三道不同的工序；装圆头是一项专门的业务；把针涂白是另一项；甚至将针装进纸盒中也是一门手艺。斯密说，由于这种专业化，针厂每人每天生产几千枚针。他得出的结论是，如果工人选择独立工作，而不是作为一个团队来工作，“那他们肯定不能每人每天制造出 20 枚针，或许连一枚也造不出来”。换句话说，由于专业分工的出现，大针厂可以比小针厂实现更高的人均产量和每枚针更低的平均成本。这些工人专门从事某项工作，而且，这使他们比作为通用型工人

时做得更好。实际上，运用专业化实现规模经济是现代社会之所以这样繁荣的一个重要原因。

21世纪初的上海天华建筑设计有限公司的成功源于专业细分。其成立于1997年，2011年便已经开设了北京分公司、深圳分公司等外地分支机构。曾获得中国十大建筑民营设计公司称号、中国民用建筑设计市场最佳住区公司、最佳雇主称号、年度经济发展杰出奖、华润置地（上海）有限公司最佳合作伙伴称号等多项荣誉，在上海市建委和建设部组织的评奖活动中累计获奖80余项（截至2011年）。天华长期以来专注于住宅设计，而住宅设计相对其他类型建筑设计，在平面、立面风格、细部节点做法等方面都较为成熟。由于其建筑结构比较简单，因此其设计过程比较单一，各专业交叉较少，在一定程度上可以进行拆分设计。天华在完成大量住宅设计后，积累丰富经验，再将经验不断整理和使用，长期如此运作，建立完备的高效率的工作流程和方法。从其人力资源的职级设定，也是相当成熟和职业化。

从1996年刚成立时的十几个人的规模，到2011年接近1400人，天华的发展出乎人们意料，但如果从其近15年发展历程就会发现，其成功不仅仅因为市场快速发展，其自身从发展战略、组织构架、设计类型升级等方面都在不断调整和突破自我，每次调整都伴随着下一阶段更快地发展，同时，也经受了在经济调整时期暂时的发展放缓（图4–20、图4–21）。

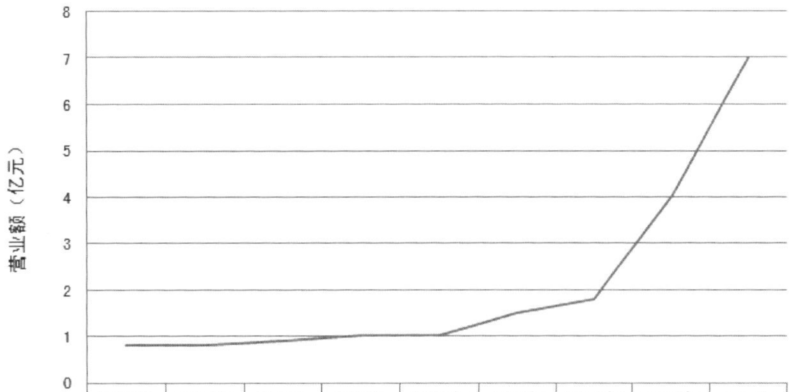

	2003年	2004年	2005年	2006年	2007年	2008年	2009年	2010年	2011年
—天华	0.8	0.8	0.9	1	1	1.5	1.8	4	7

图4–20　2003—2011年天华产值发展图表
（数据来于Di排行榜2003—2011）

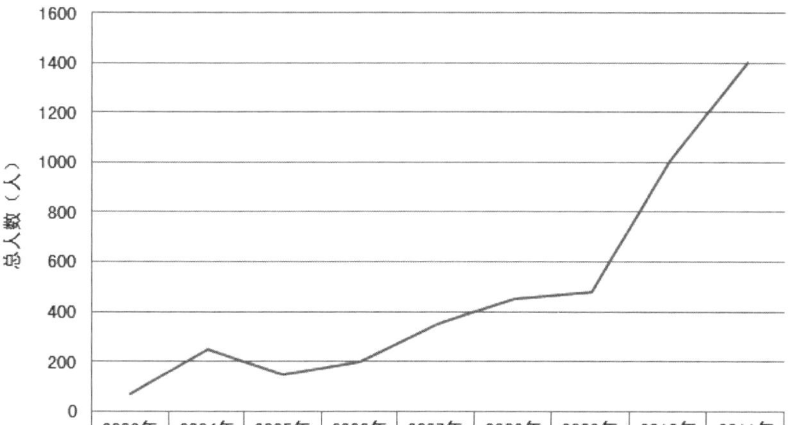

	2003年	2004年	2005年	2006年	2007年	2008年	2009年	2010年	2011年
—天华	70	250	150	200	350	450	480	1000	1400

图 4-21　2003—2011 年天华员工人数发展图表
（数据来于 Di 排行榜 2003—2011）

1. 项目升级和客户升级战略：高端定位

以客户为导向，天华设计将企业定位为立足专业高度创造超出客户期望值服务，为客户提供技术领先，经济、实用、可靠的产品，不断提升客户的开发效率和经济效益。同时，天华设计长期以来坚持高端服务定位，主要聚焦为品牌开发商服务。在 2003 年企业领导者果断实施项目升级战略之后，公司在住宅类型的专项设计领域不断积累经验，在业界逐渐树立住宅设计领军企业形象。2005 年天华再次战略升级，全面实行客户升级，以期为公司品牌提升提供保障，逐渐积累了万科、华润、招商、复地、九龙仓、绿地、瑞安、宝华、中海等一批国内一线地产品牌客户，并与其中多家开发企业逐步建立了战略合作伙伴关系。

天华从成立以来就秉持以客户为中心，注重为客户提供贴心服务，并在公司制度建设中，将这一理念转化为切实可行的制度，包括积极设立客服热线、所长绩效考核中体现等等。长期对品质的坚守为天华设计赢得了客户信任，地产领军企业万科集团向来对设计方要求苛刻，但却对天华设计情有独钟，2005 年万科在全国范围内推广住宅产业化，第一时间找到天华设计，天华迅速成立万科事业部直接服务万科，承担大量住宅产业化产品研发和设计工作。2007 年万科在全国仅选择 4 家建筑设计单位，其中也包括天华。

2. 两次组织机构改革：支撑快速、有序、稳健发展

经过世纪之交的快速成长后，天华在 2005 年已达 150 人，但

当时企业内部管理体制仍沿用原先模式，企业管理滞后于企业发展速度。2005 年天华对管理体制、组织结构、激励机制和管理流程进行全面调整，第一次调整的核心是将考核降到所级，当时每个所设置 20~30 人的规模，调整后效应逐步显现。第二次调整则实施“三线分离”管理模式，三线分别是设计线、技术线和管理线，每条线上相应设置 PM 项目经理、PD 设计总监、PA 技术总监。PM 项目经理分管项目推进和汇报，统筹项目进度；PD 设计总监负责设计层面，最大程度保证设计的创意性；PA 技术总监则主要负责后期施工图技术把关。打破了原先许多设计企业由设计总监来兼顾项目经理的项目管理方式，最大程度解放了创作生产力，从而保证设计企业的核心竞争力。同时，也突出了项目经理的重要性，与国际先进管理经验一致。“三线分离”在院、所及所内小组各个层面上都得以实施，应用于每个项目，在集团管理层面则每条线设一名副总经理。改制之后，集团管理层把精力从关注具体细节，事必躬亲转到关注战略，激发员工积极性，短时间内发挥较好作用，培养出多名管理骨干，为企业战略性发展夯实基础。

天华设计快速高质量发展背后是大量的基础性工作，住宅市场需要快速运作周期和品质保证，而企业又在不断扩张，因此要求经验快速积累和固化。长期以来，天华设计不断调整和完善设计流程和知识积累。天华设计在企业内部的知识平台上将不同类别物业类型，按照设计不同阶段进行细部、节点、材料经验的汇总，方便设计师查阅和使用。在技术积累方面，设置技术总监，整理常遇到的共性问题，同时也积极建设知识共享的数字平台，提升资源共享的效率。

长期以来，设计项目的高完成度一直是天华设计的品牌特质，天华设计强调全过程服务，要求主创设计师对项目全过程负责，在绩效考核里也设置完成度考核，在企业制度层面上要求主创设计师多跑施工现场，对主创设计师经验积累和最终建成效果控制都起到积极作用。作为全工种、全过程的建筑设计企业，每个专业在项目方案阶段就开始介入，最大程度保证项目顺利实施。设计与技术在每个阶段都紧密配合，两线并联，而不是前后串联。平台公司的规模化优势凸显，多项举措最大程度保证项目实现度，使高品质成为天华设计的代名词。例如，在万科长风项目中，天华设计为保证最终建成效果，在项目工地上先行搭建了一座等比例的工法楼，研究这种风格别墅的实际建造问题。整个建造过程在这栋小楼上验证了三次，发现效果不理想就推倒重来，期间还专程去了美国芝加哥，对 20 世纪初赖特的经典作品罗比住宅进行实地考察和测绘，回来后设计师又对檐口线条等细节重新进行了梳理，最终获得了令人满意的建成效果（图 4–22）。[①]

图 4–22　天华设计的万科长风项目

3. 转型综合体业务板块：成功经验的复制

在天华设计的业绩上也不乏公共建筑，如位于上海陆家嘴 205 米高的民生银行大厦。2009 年起，天华设计认识到自身在住宅市场已经积累了品牌，面对不断扩大的公司规模，单一的设计类型会带来很大经营风险，同时，伴随地产商逐渐转入新建筑类型开发，不少投资开始投入到公建、商业和办公建筑市场，此外，国民生活水平提高也出现对商业市场的需求，天华设计决定由住宅设计市场向商业、办公等业务市场拓展，积极参与项目投标，全力拓展新领域。

此次的转型过程中，天华设计保持谨慎发展态度，经过详细的市场研究后，天华设计决定复制以往在住宅细分市场的成功经验，重点关注建筑面积在十几万平方米到二十几万平方米的城市综合体，从这一特定类型上集中实现业务突破。其清晰认识到由于综合体项目集合办公、商业等多种功能，将其处理好，其他单一功能的办公和商业就更容易操作，通过短时间内设计经验快速积累，实现类型突破。与原先住宅优势类型相似，在公共建筑市场，天华设计也坚持以建成作品说话，专注于作品的创新设计、细部刻画和材料运用，扎实积累该领域的口碑。相较住宅建筑，城市综合体设计难度更大，开发商经验不够，商业运作模式也不成熟，天华设计选择在这个时间进入该领域，也是希望同住宅产业一样，成为商业类型

① 董艺 聂欣．摒弃标榜自身的粗糙纪念碑——上海天华建筑设计有限公司建筑师聂欣专访．时代建筑．2011 年 1 期：162–165

图 4–23　天华设计完成上海外高桥文化艺术中心、上海西郊金茂府等项目，保持其一贯的高完成度特点

领域发展过程的参与者，帮助原先开发商一起探索、研究和成长，从而建立更稳固的合作关系。2010年天华设计正式成立公建事业部，作为整个企业中公建产品研发的推动者，同时，各建筑专业所也调整人员结构，在建筑师和管理者双向推动下，推进企业转型发展（图4–23）。

二、事业部矩阵模式尝试：CCDI 的实践经验

CCDI 成立于 1994 年，发展定位为城市建设和开发领域从事专业服务的大型设计咨询机构，2011 年汇聚近 2200 名设计技术专业人员，设有上海、北京、深圳、成都、南京、纽约 6 大区域公司及 14 个专项事业部，已完成具有影响力项目包括：2008 年北京奥运会国家游泳中心、2008 年北京奥运会国家网球中心、天津万科水晶城、深圳中国联通大厦、中山文化艺术中心、上海嘉定海悦酒店等。CCDI 是当代民营建筑设计机构的领军企业，其发展历程堪称民营设计企业的典型代表。其管理者长期以来积极探索中国民营设计机构发展模式，从 2006 年起积极推进企业变革，努力从经营机会的业务性公司改变为经营企业的管理型公司，从区域企业走向全国企业，从单一业务走向多元化业务，从本土市场走向国际市场，展示了不凡的智慧和勇气①（图 4–24、图 4–25）。

1.“三级跳”的发展历程

CCDI 诞生于 21 世纪 90 年代初的深圳，当时的深圳城市建设正如火如荼，国有设计院纷纷设立外派机构，同时也促生了一批当地设计师。在经历了 2~3 年的初级发展阶段后，CCDI 成功承接了深圳高交会馆设计项目，成为其初创阶段颇有影响力的作品，使其在深圳设计市场一下子小有名气。经历 8 年发展后，2001 年底到 2002 年年初，CCDI 开始着手股份制改造，成为中建总公司的关联单位。2003 年，CCDI 成功获得了 2003 年承接北京奥运会

① CCDI 网站

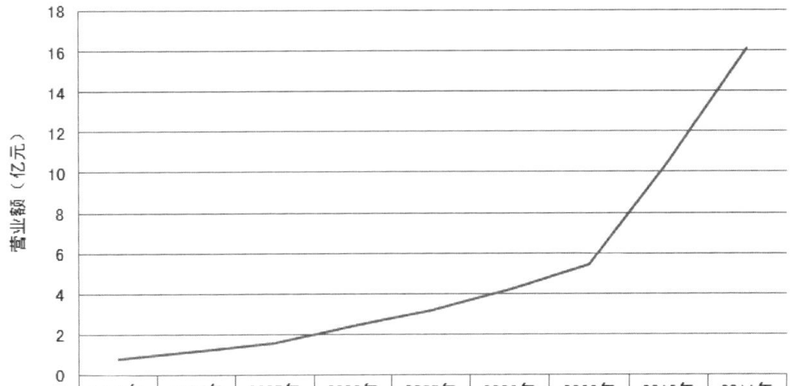

	2003年	2004年	2005年	2006年	2007年	2008年	2009年	2010年	2011年
CCDI	0.8	1.2	1.6	2.4	3.2	4.2	5.4	10.5	16.1

图 4-24　2003—2011 年 CCDI 产值发展图表
（数据来于 Di 排行榜 2003—2011 年）

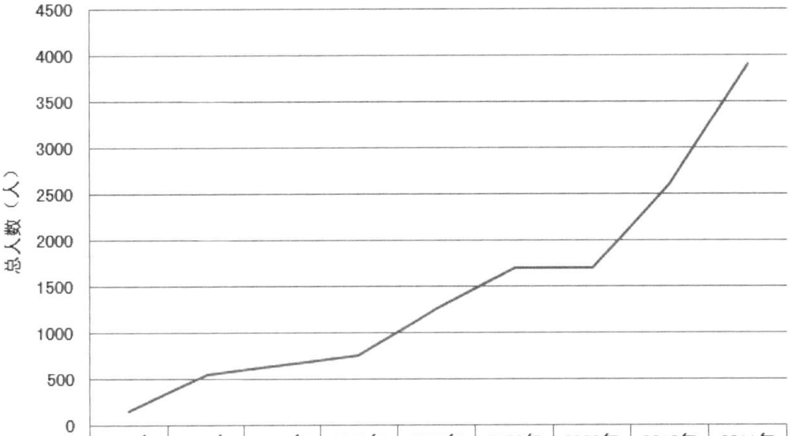

	2003年	2004年	2005年	2006年	2007年	2008年	2009年	2010年	2011年
CCDI	150	550	650	750	1 250	1 700	1 700	2 600	3 900

图 4-25　2003—2011 年 CCDI 员工人数发展图表
（数据来于 Di 排行榜 2003—2011 年）

“水立方”项目的入场券，这一项目无疑是 CCDI 发展史上的重要里程碑，翻开了其发展的新篇章。在国家游泳中心的项目上，由 PTW、CCDI、欧亚三方组成的中建联合体从 33 家报名单位中脱颖而出，获得设计参加权。最终在中澳两国建筑师的共同努力下，击败了美国 Rafael Vinoly Architects 和华建集团（当时为上海现代建筑设计有限公司）获得最终设计权。由于“水立方”的巨大成功，CCDI 又接连承接包括国家网球中心在内 6 个奥运场馆设计，成为奥运经济的巨大收益者，同时，作为民营设计机构进入国家投资领域的开拓者，在收获经济利益的同时，更完成了其品牌的提升，为民营设计机构进入行业高端市场开创了先例。

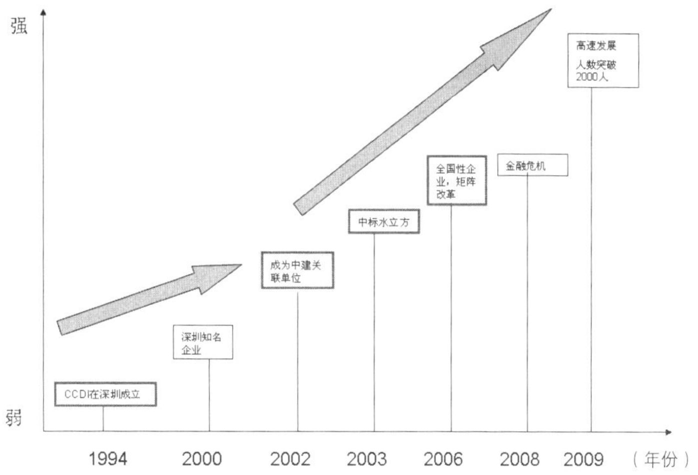

图 4–26　CCDI 发展步骤图（1994—2009 年）

"水立方"项目之后，CCDI 反应迅速，成立体育建筑设计的专业化团队，作为公司这一发展阶段的战略投入，由于专业集聚和"水立方"项目的品牌效应，一举拿下广州大学城体育场体育馆、呼和浩特体育场、济南奥体中心等体育场馆重大项目，跻身国内体育建筑设计第一梯队。在体育事业部成功经验上，公建事业部、交通事业部、规划与城市设计事业部、国际事业部、结构事业部、机电事业部，医疗事业部，环境与能源事业部等纷纷成立，CCDI 也认准了专业化发展方向（图 4–26）。

2. 企业组织构架调整：从传统所制到矩阵式

2004 年 CCDI 发展到 400 人规模，随着规模不断变大，CCDI 开始逐渐认识到传统的所制项目生产模式不能高效率、横向、快速集结资源。2007 年 CCDI 的企业宗旨为"坚持创新、持续增长；建立卓越品牌，引领行业进步；为客户提供工程设计整体解决方案；为股东及员工创造价值"。CCDI 将业务范围分为 C（咨询）、D（设计）、M（管理）、E（工程顾问）四大板块。当时 IBM 的发展思路给了 CCDI 很大启示，希望在设计行业中进行组织资源整合，成为提供解决方案的服务商。将自身定义为技术服务的提供者后，CCDI 开始围绕"专项化""项目制""技术资源组合"的目标，借鉴国外设计公司如 ATKINS、奥雅纳等的矩阵式管理经验，开始进行自身内部生产组织方式的改造。

2006 年 CCDI 规模已接近 700 人，改革小心翼翼地开展，2006 年到 2007 年初开展局部改善，2007 年中旬开始全面公司内部宣讲和沟通，2007 年底企业改革全面铺开，由原先的 4 地公司变为 14

个事业部和5个区域公司，确立事业部加区域公司的组织构架模式，这是我国民营建筑设计企业首次彻底地全面采用与国际性工程咨询公司相同样的管理组织构架，变革进行得迅速而彻底。

由直接面向客户的纵向事业部和提供服务的横向区域公司网络共同组成矩阵式组织结构，形成相互支持、彼此协作的动态机制，从而最大限度地整合公司资源，实现价值最大化。事业部可以聚焦客户，提供专业化服务，直接面对竞争，快速反应，控制成本，提高资源利用率。区域公司为事业部提供统一平台和服务，支持事业部发展。事业部是技术平台，建立技术高度，把专业队伍、技术标准建立起来，此外，事业部还是某一设计产品的专业化的经营单位，为保证竞争优势，须根据市场需求，对专项产品和技术进行研究和积累。

在体育事业部成功经验上，CCDI迅速成立了公建事业部、交通事业部、规划与城市设计事业部、国际事业部、结构事业部、机电事业部，医疗事业部，环境与能源事业部等14个事业部。事业部成熟度与市场成熟度、企业投入密切相关，不同事业部存在较大差异，其中体育、住宅、公建等事业部规模较大，在行业影响力大。

事业部矩阵模式在中国民营建筑设计机构内如此全面、彻底的应用还是第一次，同时，更体现了经营者的前瞻眼光和勇气。以“水立方”项目之后成立的体育事业部为例，CCDI在完成水立方设计后，又成功拿下天津奥林匹克水上中心竞标，在这样的市场环境下体育事业部成立，但在随后的下半年，承接项目并不多。直到2005年年初，体育事业部拿下了广州大学城体育场体育馆竞标后，再次出现转机，CCDI接连拿下国家网球中心、曲棍球场、射箭场、沙滩排球场等奥运场馆设计任务以及呼和浩特体育场。2006年年初拿下济南奥体中心，体育事业部终于完成了基础积累，在这一过程中，体育事业部完成了从奥运会赛事到全运会赛事，从北京到全国，从单项体育建筑到体育建筑群体，从联合设计到独立从方案到施工图的全程设计，最终成为体育建筑设计领域领先者。

3. 多资源类型：事业部、区域公司、工作室

2007年CCDI成立十多个专业事业部，初步建立起以事业部为经、以区域公司为纬的矩阵式组织构架（图4–27）。企业规模扩大后，CCDI认识到创意和个性化特点的模糊，作为一个规模超大的设计平台需要为业主提供更多元化的服务方式和产品。因此2010年，

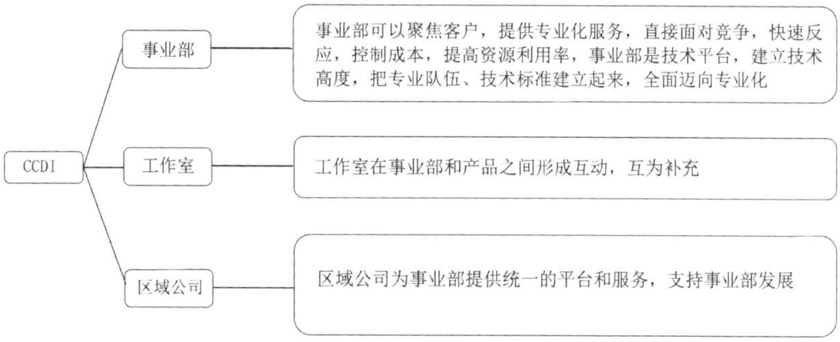

图 4-27 CCDI 各类型功能阐释

CCDI 内部又成立了郑方工作室、区启高工作室、PING 工作室、绿色建筑设计室、刘元工作室等。这些工作室在事业部和产品之间形成互动，互为补充，如北京住宅事业部和上海的区启高工作室互动较。

而 CCDI 这个总部大平台则致力于为所有业务资源提供服务，主要包括四方面：一是对资源进行投入和培育；二是协助资源区分析和定位；三是扶持责任，为不同资源提供成长的机会使其施展和锻炼能力；四是不断再投入，不断校正，支持不断持续发展的责任。

多资源种类的构成对 CCDI 的管理协调带来巨大挑战，多方面的项目来源，资源的分配，如何让在这一平台上的资源有序、公平的开展工作需要不断调整和磨合，逐渐走向成熟。

4. 一体化和流程再造

2007 年 CCDI 初步形成矩阵结构，当时公司整体规模已经超过 700 人，如此大的变革需要企业进行一体化和流程再造，以使整个庞大的机构平稳有效运行。正是基于这样目标，CCDI 从 2008 年开始了长达 3 年多的包括项目运营、管理体系、信息化、人力资源等管理条线一系列自上而下体系再造。工作有条不紊地开展，2008 年上半年制定运行规则，完成初步体系搭建；2008 年下半年完成业务环节优化和项目管理标准流程，同时对新流程运行效果进行追踪、反馈和调整；2008 年到 2009 年上半年统一整合，检视运行阶段；2009 年再次开展价值传递，企业文化建设；2010 年开始持续精细化管理和持久创新。

国际上通行的设计流程集中反映在设计前期的周期计划经济预测、工时预测、表格化管理、人工成本和设计费总构成，使之在项目设计开展前期便可以对工程有前瞻性的预见，已达到有效控制质量的目的。中国设计行业对这块计量还不很成熟。CCDI 着手在新组织形态下，计量和考核维度再定义，财务体系逐步成型。同时，开发新工时系统，对已运行近两年的系统更新，作为项目人力成本计算基础，明确企业人力成本，在整个公司层面上可以更好调配资源，为企业更长远目标奠定基础。当人力成本可以精确计算后，就可以将产品（项目类型）与资源（建筑师，各层级）进行配对，明确每类项目成本和项目总利润。

公司中各个团队正在进行什么项目，每个项目进程如何，需要明确。如此大规模的项目需要借助先进 IT 工具。国际上成熟的企业信息整合系统有 ERP，实现跨部门的联系平台，所有在运营机制和生产环境中的业务单元和智能部门都将被整合到统一系统中，包括各综合模块、客户关系、市场信息、项目管理、生产、物流、财务、会计、人力、采购、数据服务、权限控制，等等。CCDI 在 ERP 基础上，使用改进的 CCBM 系统，针对具有人力资源类型公司业务系统集中化管理，在符合业务需求的条件下，将营销、财务和人力进行一体化管理。CCDI 最终选择 IBM 作为咨询机构，Oracle 作为系统选型，作为一体化的整合跨部门信息的系统平台，CCBM 包含客户关系管理模块、项目管理模块、人力资源模块、财务模块、采购模块等，而这其中管理模块作为公司业务的核心部分。2007 年开始公司在经营、运营、人力、财务等各个方面不断积累数据，历史项目几千个，每个项目的合同、进度、收入、存量、开票、实收、工时、人员、预算、阶段及专业间成本比例等，在每个月的持续报送和统计中不断积累。在数据积累过程中，建立对未来实现系统的项目预算和资源调配能力。这一过程意味着借助流程和系统来完善体系搭建和组织逻辑的深化，也意味着更加一体化的资源整合与及时决策（图 4-28—图 4-30）。

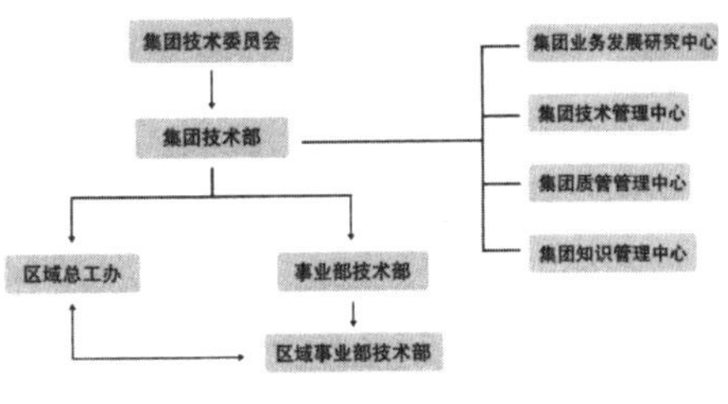

图 4-28　CCDI 技术管理构架

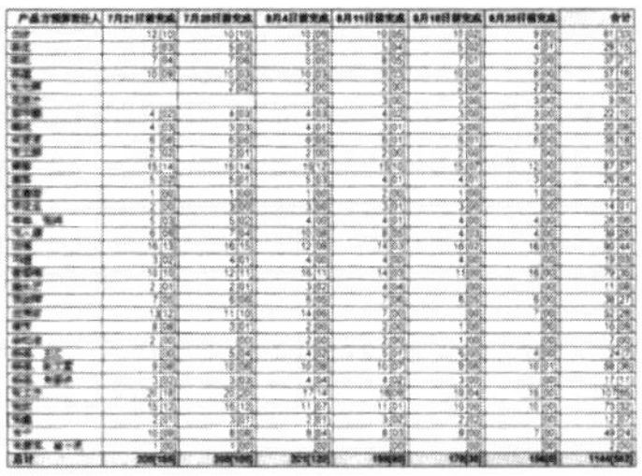

图 4-29　CCDI 项目管理系统：分周分人进展图

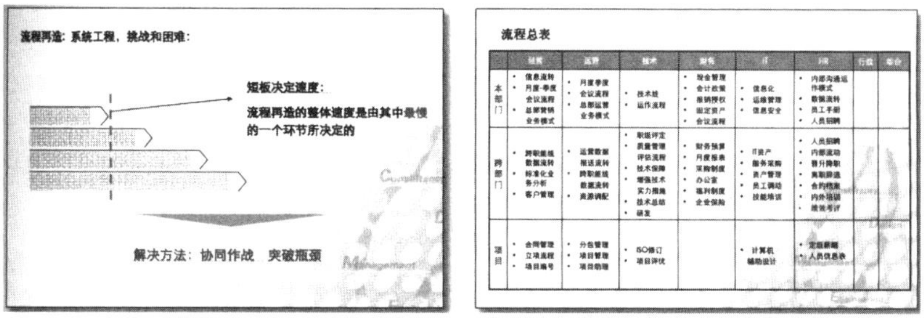

图 4-30　CCDI 流程再造示意图

第四节　全国化过程中的品质保证

全国化是民营建筑设计机构在规模化发展中的重要过程，也是其成为全国品牌所必需经历的过程。其产生的行业背景是设计行业市场的一体化和区域设计市场业务量饱和，大量异地项目涌现。以深圳华森设计为例，2004 年其在深圳项目只占其所有项目的 40%，全国化市场特征非常明显。简单说来，民营建筑设计机构的全国化扩张模式主要分为两种类型：一是承包制，吸收当地原有设计团队；二是直属式，从原设计机构母体中派出优秀人才，落户当地，提供与原品牌质量相当的服务。

企业规模与强度扩张需要企业具备四种能力：同化能力、复制能力、学习能力和适应能力。要想提高企业扩张的成功率，就必须两项保证：一是保证企业的扩张成本低，二是保证扩张后的品质不下滑，尽可能做到“扩张的内容既少又稳定”。

全国化布局在迅速提升设计企业业务辐射能力的同时，也对企业总部的成熟度提出考验。相比全球性设计企业所表现出来的设计品质保证的特点，我国民营设计企业的全国化扩张水平还存在很大差距。据调查，2011 年达到中型建筑设计机构规模以上的企业（总部规模超 200 人）大多存在 2 个或以上的全国分支机构。但在实际工程实践中不难发现在确定是否开设分支机构或选择开设分支机构地点时，大多数设计机构没有太多战略性考虑，只是某处项目多了，感觉服务不方便了，就在该地区开设分部，机会性操作特征明显，随时可能因为当地业务量不充足而关闭。而达到巨大型规模的建筑设计机构由于经营压力及规模优势，通常会对新区域市场开拓进行战略性思考，并对未开发的区域市场进行前期投入（图 4-31）。

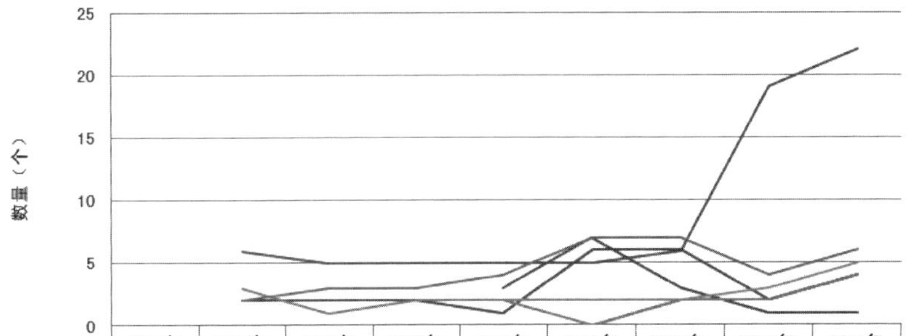

	2003年	2004年	2005年	2006年	2007年	2008年	2009年	2010年	2011年
——CCDI		6	5	5	5	5	6	19	22
——天华		2	2	2	1	6	6	2	4
——联创		3	1	2	2	0	2	2	4
——日清					3	7	3	1	1
——五合		2	3	3	4	7	7	4	6
——基准方中						0	2	2	4
——华阳国际					2	2	2	3	5

图 4–31　主要民营建筑设计机构全国化布局分支机构发展图
（数据来于 Di 排行榜 2003—2011 年）

一、第一代全国化扩张：品牌稀释

第一批民营建筑设计机构的全国化扩张主要在创办于 20 世纪 90 年代初，并在世纪之交已达到一定规模的民营建筑设计机构中开展。2004 年，CCDI 在国内的分支机构数有 6 家，深圳筑博设计有 3 家，联创国际有 3 家，汉嘉设计集团有 5 家。这一时期民营建筑设计机构的全国性扩张处于初级阶段，民营建筑设计机构在本区域市场业务量趋向饱和的情况下，开始放眼全国市场，具备了做大做强的规模化经营意识，在全国化布局过程中，逐渐从地域性品牌上升到全国性品牌，实现企业发展历程中的飞跃。

在这一扩张阶段中，也存在许多问题：分公司开设地点未经战略性考虑，存在较大随意性。总分公司之间关系比较薄弱，在技术、资源、项目共享方面的一体化建设缺乏，财务独立，往往只是简单的承包制模式。由于区域壁垒和自身品牌影响力有限，品牌在全国市场内的统一性较难达到，分支机构往往是背负盛名，造成在总部以外地区只能承接比较低端的项目。这一阶段另一个特点是分院开设不是很稳定，往往因为一个项目而开设的分院，在经营不济之后不了了之。

汉嘉设计集团是较早走全国化布局发展道路的民营建筑设计机构，企业总部于 90 年代初成立，1998 年股份制改革后进入发展快车道，2000 年后开始全国化快速布局，是当时浙江省最大的民营建筑设计公司之一。2007 年，在《建筑时报》举办的民营建筑设计企业排行榜评选中居榜首，企业实力和影响力使其成为“中国设计”的领军人物。汉嘉设计集团较早在其企业发展战略中确立了全国化道路，其全国扩张方式坚定和快速，紧跟国家政策导向，第一时间抢占新兴发展区域。

1. 上海分部初尝试

2001 年汉嘉设计集团意识到在上海设立分部的重要性，同时，恰好承接了上海联洋清水园住宅区设计项目，因此便顺势进入上海市场。初创时，管理者由杭州总部派出，但由于上海建筑设计市场竞争激烈，第二年便决定要实现属地化，因此在上海重新招募了管理层。为了提升整体品牌形象和为当地分支机构降低成本，汉嘉在上海黄金地段购买高档涉外写字楼作为办公地点（图 4–32），以求为分院提供优质硬件设施，给分院更大的支持度和归属感（图 4–33）。

2005 年在上海分公司开设经验上，汉嘉设计集团重新梳理了全国化发展的思路，提出“总部做大做强、属地化、差异化”的方式，在分院的位置选择和战略功能布局等方面考量更细致，投入也更为慎重。2005 年开设北京分公司、厦门分公司、成都分公司，2010 年开设济南分公司、安徽分公司，2011 年设重庆办事处，与原有成都分院互动，并逐步转型为分公司。总部对新开设分部进行孵化和资金上的支持，往往当地高档地段购买办公楼，采用统一装修风格，形成一致的对外品牌形象，由总部承担初期投资。

2. 全国化战略初见成果

汉嘉设计集团早期开设的上海分公司是通过当地招聘设计师的方式来组建设计团队，而其后的北京、厦门、济南等分部则更多采

图 4–32 汉嘉设计集团的上海分公司位于浦东核心地段的涉外写字楼内

图 4–33 汉嘉设计的当代・清水园位于上海浦东联洋居住区内

用直接整合当地优质团队的方式，这样做法为分院落地提供更高保证，也可以最大程度实现属地化。分院凭借汉嘉设计品牌和自身资源来开展工作，在财务、人事等方面享有较大自由度。这些分院在自身努力和总部支持下，很快得以走出初创期，逐步在当地市场中占有一席。资料显示，汉嘉设计集团 2005—2007 年在上海、厦门、北京、成都四个分公司共签署设计合同约 180 个，合同金额超过 2 亿元，为企业发展提供支撑。而其在 2005 年 4 个分公司年总产值约为 4 千万元，2006 年接近 6 千万元，2007 年 2 亿元，年均增幅高达 70%，证明了汉嘉设计集团全国化战略实施有效。各地分公司由于所处区域市场情况不同，在发展过程中也呈现业务差异化特点，为汉嘉全国资源互补和调动创造可能性。上海分部作为品牌高地，成都和合肥等内陆城市的分院由于人力成本更低，更多承担施工图绘制，重庆分院则与成都分院互动，杭州总部则成为最强的资源集聚中心，为各分院提供技术保证和品牌支撑。值得关注的一点是，总部要求各分院的项目来源都以当地项目为主，有效避免内部不良竞争，真正实现项目、人力资源属地化。

3. 集团成为支持中心

集团作为整个汉嘉设计集团的母体，为后台支持中心，肩负三大职能：研发中心、技术服务、信息化平台。①研发中心：新技术、新工艺的研发；专用设计软件编制；联合高校及其他设计机构编制行业或地方规范、规程等。②技术服务中心：内部标准的制定、公司标准图设计；分析各种结构形式的造价，编制各种结构形式的主要经济指标，指导公司设计人员进行限额设计；完善后期技术服务平台，参与后期技术服务；承接危旧建筑的改造和加固设计；承接外单位设计图纸的图审及优化工作；等等。③信息化平台实现总部、分公司的经营管理、项目管理、设计过程管理的一体化和开发跨地域、多工种协同设计；实现综合办公管理、图档管理、人事管理等综合管理功能。④信息化平台：视频系统，电话会议系统，理念、技术标准和服务质量一致；研究成果、技术数据等进行科技化处理。

二、第二代全国化：一体化建设

第二波民营建筑设计机构的全国化扩张浪潮兴起于 2005 年之后，2005 年的宏观调控过去后，设计行业项目井喷，许多设计机构进入大规模扩张，全国范围内布点再次进入快速发展阶段。这一时期全国化布局有两部分组成：第一部分为原先在 2000 年左右开始的第一批全国化布局的机构，其主要表现为经过战略调整后全国化进程进一步加快，其这一时期扩张是在原有分支机构运行的经验和基础上，呈现出更具战略性特点，对区域布局和分院发展模式更为成熟，这批企业包括 CCDI、汉嘉设计集团、联创国际、深圳筑博等。第二部分由在 2000 年左右快速成长的新一批建筑设计机构组成，这批快速涌现的设计机构在设计方面具竞争力，其开设分支机构的步伐更为谨慎，选择的模式也更为多元化，包括浙江绿城建筑设计有限公司、成都基准方中设计事务所、深圳华阳国际、三益中国、上海天华建筑设计有限公司等。

第二代全国化发展阶段表现几大特点：①关注建筑设计机构在扩张过程中设计品质的不稀释，积极借鉴西方经验，借助信息技术管理方式来建设统一平台；②体现战略性思维，设计机构更倾向于在分支开设前期进行培育和投入，保证分支机构的持续力，表现出更大的耐心，在开设分支机构的人员选择、运行模式和与总部关系约定上都更为谨慎；③属地化特征明显，无论是招募当地优质团队还是从总部派人，都更为注重业务团队的属地化，在设计品牌落地的同时，强化各地差异性，并不断积极进行相应的调整，培育其自身的竞争力；④着重进行一体化建设，一体化建设是保证品牌品质的关键，一体化方面包括技术标准、服务内容、收费标准、品牌等多方面；⑤合作模式多元化，根据自身企业发展战略来定义全国分支机构的功能，选择多种运营模式并存；⑥资本力量的介入，对当地优秀且合适团队进行整体收购，保证以最快速度融入当地市场，集聚当地优秀人才。

这一时期，国内民营建筑设计机构虽然呈现快速全国化布局特点，但相比境外设计机构更成熟的扩张模式，在制度建设、企业管理等一体化方面还处于初步阶段，而且往往总部也处于扩张阶段，总部的构架和模式也正处于动态调整过程中，因此对分支机构的标准输出也存在不稳定性。总体而言，这一时期全国设计行业整体处于过快的扩张状态中，全国布局步伐也过快，存在较大不确定性和经营风险。全国化扩张是民营建筑设计机构做大做强中必须经历的考验，各团队之间的资源整合和调配极大考验管理者的智慧，但也是涌现优秀企业的必要条件。

1. 建立项目信息管理平台：华阳国际的实践经验

建立项目信息管理平台是实现全国各分支机构之间项目信息和人力资源共享的重要技术工具，西方大型的建筑设计机构的全球性扩张中大多都借助先进的信息化技术，可以有效地将目的进度、客户信息、人力资源使用等重要信息实时得到反馈，为实现全球市场的资源合理运用和一体化布局提供信息基础。当下不少巨、大型民营建筑设计机构也都认识到信息化工具重要性，积极建设内部项目信息管理平台，以提升自身的管理能力，更好促进工作效率提升和规模效益的发挥。在积极进行信息管理平台建设的包括 CCDI、汉嘉设计集团、浙江中设、深圳筑博等。

深圳华阳国际作为后起之秀，在快速扩张的同时，也积极开展企业内部项目管理平台建设（图 4–34），在总公司的层面上对项目、人力进行调配，保证各资源团队能做到人尽其用，提高项目周转率和人力成本控制。华阳国际成立于 2000 年，截至 2011 年公司拥有员工 500 余人，先后设立深圳、长沙、广州、重庆等四家分公司，公司在成立 10 年间先后承担设计任务四百余项，项目类型包括大型办公商业建筑、住宅区、工业园区、物流园区、软件园区及游乐中心等，其中设计精品项目在国内外建筑设计大赛中获奖，并赢得社会各界的好评。公司尤其看重企业流程控制和质量管理，早在 2003 年便通过 ISO9001 2000 质量体系认证，并制定 “华阳国际工程设计质量控制全景图”。2006 年，华阳国际成立了“模块化设计研究室”以及“住宅工业化设计研究室”，近年来，凭借科学

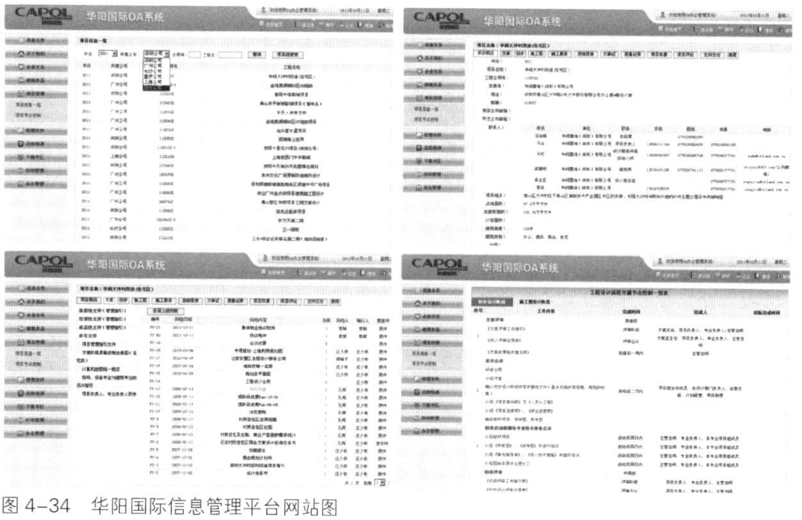

图 4–34　华阳国际信息管理平台网站图

的管理体制，创新的设计及优质的服务理念，持续保持深圳本土设计市场领先的占有率，在省外设计市场拓展方面亦取得了较大成功，业务已遍布广东、广西、江西、四川、江苏、浙江、山东、天津、武汉、西安、合肥、沈阳、长沙等省市。

华阳国际所有分公司都在同一信息平台上运作，在各公司之间建立项目上的商业原则，解决利益归属问题，公司总部主要通过公司间的人员派遣和项目分包两种方式来实现华阳集团所有项目全国分配和建筑师全国调动。在企业内部弘扬“各公司都以支援兄弟公司为荣”的企业文化。比如广州公司承接贵阳中天 180 万平方米的项目，单凭广州公司无法完成，最后依靠深圳、重庆、长沙公司联合完成。企业内部注重每个项目的管理，依照 ISO9000 的管理系统建立“项目信息管理平台”，其中包含两个核心，文件共享和项目管理。通过设立工程设计流程关键节点一览表、工程设计全检图等图表方式来不断简化管理模式。

2. 高度一体化建设：绿城东方建筑设计有限公司的实践经验

高度一体化建设的方式是第二代全国性扩张过程中具有代表性模式，其表现为总部对各地分部具有较强的控制和干预能力，分支机构在人力、市场、财务等方面不享有独立性，所有组成机构保证采用相同的设计收费标准，统一的项目调配，所有设计师采用相同的人才认定标准进行职级评定，通过各管理制度的建立健全来保持设计品牌在全国的高度统一性，其最终目标是最大程度保证设计品质的统一性。在具体扩张过程中，经营者往往会结合自身品牌定位和当地市场的适应度，为分支机构的模式进行更深入考量，在扩张时显得更为谨慎，在寻求当地合作伙伴时也会更为深思熟虑。

浙江绿城东方建筑设计有限公司从 2006 年开始全国化布局，结合自身高建筑品质的品牌定位，布局速度缓慢而谨慎，为保证设计品质的不稀释坚持走高度一体化的管控模式。绿城东方总部位于杭州，在十几年的发展历程中具有很高的品牌价值，吸引不少优秀设计团队关注，希望加盟者络绎不绝。其总部成立之初便采用合伙人制度，在吸收新合伙人上显得尤为慎重，合伙人加入往往需要经过几年的磨合和考察。在开设分支机构的过程中，总公司会对新设计团队进行统一管理，保证其在内部管理、技术标准以及企业文化的全面融合，之后才会逐步放开对其管控，最终完成价值观的融合，最大程度保证品牌统一性。

合伙人制在西方建筑设计行业是占比例最高的机构组织形式，由于其对设计师本身可以提供最大尊重，具有不可比拟的构架优势。但在中国，长期以来受设计院传统模式和本身文化因素影响，基于契约精神的合伙人制度往往并不常见。绿城东方很早认识到合伙人制度的优势，在这一制度的运用和坚持上走在行业前列，并取得很好效果，基本可以保证每个项目都由一个或多个合伙人全程控制，即使在项目不断增多的情况下，这一制度也能较好保证设计水平。

绿城东方的杭州总部一方面不断完善设计平台所需要承担的各项责任，同时，又以广博的胸怀欢迎更多设计高端人才加入。但对于资深合伙人的选择上尤为谨慎，设定一整套加入要求，即使满足所有要求后，预备的资深合伙人仍需进入长达 1~2 年的过渡期，而这一切都是为了更好保证企业初创之时便坚守的高品质设计。在挑选合伙人众多要求中，其最为看重的就是设计“价值观”。抛开技术层面的条条框框，设计师本身对建筑设计的理解，对绿城东方品牌内涵的理解无误和认同，无疑是将来肩负和传承企业精神的首要条件。绿城东方在面对优秀人才时，从不降低标准，即使条件再优秀，如果不能真正理解和贯彻绿城东方的品牌特质的话，也只能选择放弃。同时，对于期待加盟的设计团队来说，绿城东方品牌虽好，但一旦加盟就必须采用绿城东方的收费标准，意味着对原有客户群的筛选，同时还要以最快速度融入绿城东方的管理体系，保证制度、质量、管理上的高度统一。2006 年，绿城东方吸收了北京当地优质团队，成立 GOA·北京格维建筑设计有限公司。2008 年，上海公司吸收了原上海本地公司博创加盟（图 4-35）。上海博创成立于 2001 年，是建设部批准的具有全国建筑甲级设计资质的十七家合伙制企业之一，擅长大型公建及住区设计，团队领头人刘纲曾获得 1998 年中国建筑学会“青年建筑师设计竞赛”优秀设计奖。其主持设计的上海市长宁区一所寄宿制高级中学获得 1999 年教育部优秀建筑一等奖，虹桥乐庭高层住宅小区获得 2000 年全国“创新风暴”综合金奖，秋水云芦花园获得 2001 年上海市住宅建筑优秀规划设计奖。在企业发展到一定规模之后，刘纲出于对绿城东方品牌的认同，而选择加入，在新平台上获得更大进步。

图 4-35 绿城东方各地办公室装修风格一致，图为上海分公司内景

3. 低成本扩张：基准方中建筑设计事务所的实践经验

低成本扩张是从经济学角度来说是保证企业扩张成功率的重要指标之一。针对建筑设计这一人力成本占高比重为特征的行业来

说，低成本扩张更多体现在民营建筑设计机构在选择设立分部所在地时，需要更多考虑当地文化和人力资源特点，而通过选择与总部企业文化相近的地区来设立分支机构，无疑可以最大程度减少企业管理和制度落地的不适感，也可以更快使分支机构进入良性运转阶段。这就要求企业管理者在设立分支机构时，不仅仅要考察当地市场情况，还需要考虑地区差异性，慎重选择，可以进行一段时间的考察和当地项目运作，在积累经验的基础上，实现企业文化的软着陆，赋予分支机构真正的生命力。

成都基准方中建筑设计事务所成立于 2002 年，作为一家地域性特点较强的设计公司，基准方中深知服务的重要性，其贯彻“以客户需求为导向”的公司理念，提倡服务的“全过程、全面服务”，在设计品质和内涵上坚守“精细化、节约化”的宗旨。从成立开始就进入快速发展，并于 2007 年开始酝酿全国化布局战略。

作为从成都起步的基准方中，深刻意识到中西部是未来中国城市化发展热点，乐山、雅安三线城市都将逐步进入快速发展期，位于中西部中心城市的地理优势为基准方中的发展提供极大空间，因此其确定申根西部市场，在企业规模、客户水平、产品质量、服务水平等方面均跻身区域市场第一梯队。光依托成都市场显然不够，2008 年其开设重庆分公司，2010 年开设西安分公司，2011 年进一步希望能够开设西安、昆明、武汉等分支机构，实现中西部重要城市覆盖，从而逐步完成基准方中的全国版图（图 4-36、图 4-37）。

基准方中在实现全国化的过程中，第一个分院就选择落户重庆，一是因为当地项目多，此外成渝本一家，文化和历史相近，人、物、信息互动频繁，车程仅约三小时，重建建筑大学毕业生多分布于成渝两地建设系统，基准方中各级员工中重建建筑大学毕业生数量高居第一，重庆主流开发商与基准方中在成也已有较为良好的合作，在这些条件前提下，实现事务所的低成本扩张。本地化是保证异地扩张成功的重要因素之一，其关键在于是建设一支认同基准方中企业愿景、使命、理念和价值观的由本地优秀人才组成的优秀团队。2008 年基准方中重庆事务所正式投入运营，标志着基准方中尝试走向全国，成立 4 个月，便进入良性运转，提前实现了盈利平衡，并超额完成了预期目标。基准方中一贯注重企业文化建设，用这种柔性文化方式来保证各地分院能在统一的设计理念下进行异地协同设计，而总部则为全国化发展提供技术、管理、人力资源、文化、

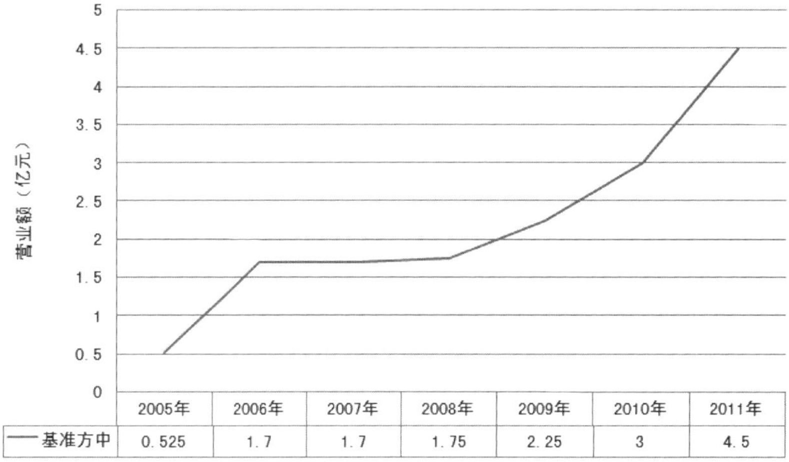

图 4-36　2003—2011 年基准方中产值发展图表
（数据来于 Di 排行榜 2003—2011）

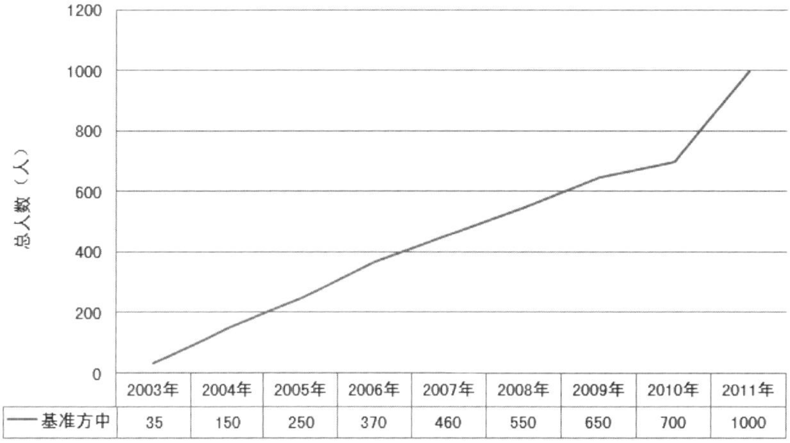

图 4-37　2003—2011 年基准方中员工人数发展图表
（数据来于 Di 排行榜 2003—2011）

品牌等方面后台支持，完成工作量考核、团队合理搭建、任务分配、标准化成果建设、设计流程的梳理等宏观层面上的工作。

同时，基准方中还特别注重技术的本土化建设，擅长在各地寻找适合当地条件的建造和工艺方式，最大程度实现经济和设计品质的平衡。在平时项目实践过程中，基准方中积极对不同区域的材料和建造方式进行了解和归纳，并将其进一步制度化、规范化、系统化、标准化，用这种方式来地解决项目落地性，使设计产品在不断创新进步的同时不会遭遇“水土不服”，对原有的质量、技术、服务体系不断补充完善，也带来全国化发展运营能力水平的不断提升。

外地分院面临最大问题便是缺乏高端人才，而高端人才聚集的上海、北京两地的人才往往也不愿意放弃原有生活环境，因此通过在国际性都市设置高端研发团队的做法可以解决这一问题。在基准方中立足中西部，实现全国一体化的未来企业发展蓝图中，其管理者希望可以根据各分院资源情况，合理分配项目，并在上海、北京等一线城市建立人才高地，实现整体品牌价值的提升。同时，在基准方中内部设高端设计团队，不同特点的设计团队进行配合，可以保证项目完整性，更好保证项目完成度。

4. 多种模式的分支机构探索

在异地扩张的发展过程中，有些设计机构一味追求开设分支机构的效率，容易造成各分支同质化现象严重，甚至各分支机构之间抢活的现象。相比之下，有些设计机构则尝试针对不同市场成熟度，设立多元化的分支机构，有条不紊地推进品牌的全国化。所谓多元化可以体现在分支机构功能职责的不同，也可以是设计优势的不同，或者是管理模式的不同等。

绿城东方在设立上海分公司后，将文化相近的长三角地区视为一体，追求两地高度一体化，上海与杭州人才实现最大程度共享。

三益中国的优势设计类型是商业地产，商业建筑设计较为复杂，短时间难以快速复制，因此其仍以上海设计总部为主，而在各地设立办事处，各办事处主要承担企业地域市场开拓和品牌宣传工作（图4-38）。

在对分支机构的管理方式上，不同企业也持不同态度，如何积极探索打破“一管就死、一放就乱”的状态，如何在“中央集权”和“属地化”之间寻找平衡点，准确拿捏“放”和“管”的程度是企业管理者一直思索的问题。选择“放”的设计企业，总部承担管

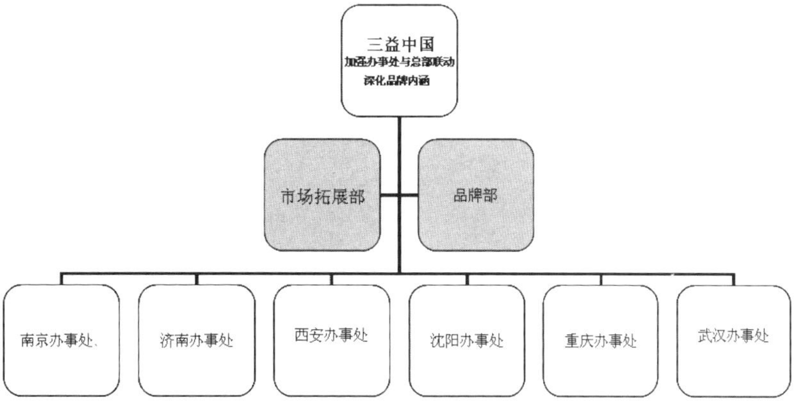

图 4-38 三益采用各地办事处模式

理制度建设、技术规范建设和品牌维护，分部则享有人力、财务的自由，给分部更多权利，以期帮助其快速成长，整体管理体系比较松散。而“管”的设计机构则是，总部全权控制分支的人力资源、市场情况和项目调配权利，对分部控制力更强，一体化程度更高，总分部之间通过频繁的项目合作实现整体技术提升、人才培养和企业文化传递，使品牌趋于统一，体现规模化效益（图 4–39）。

越来越多的企业认识到属地化是实现企业分支机构成功与否的重要条件，更多企业改变原有派遣骨干去当地管几年的做法，派遣人员更多就留在当地发展，将其作为自己的事业，全身心地投入，

图 4–39　三益中国在各地媒体宣传
（来源于网络）

在当地招募优秀设计人才，扎根当地，从而实现最大程度的企业价值观和品牌统一性。

同时，随着管理水平不断发展和深入，总部也会综合考虑各地差异，不断进行管理上的调整。联创国际的做法值得借鉴，其在青岛、成都、深圳、郑州建立分公司时，都对当地市场进行充分地先期调研，最终由于人力资源的不同，组建不同的人力资源构架，用这种柔性方式完成了企业文化的软着陆。

第五节 细分领域的纵向扩张

在当代民营建筑设计机构的规模化发展模式中，除了业务模式不变情况下规模扩张以及全国化扩张方式以外，还有一些设计机构在同质化的竞争中看到未来细分市场的发展趋势，结合自身的资源，努力在某一细分设计业务领域开始纵向上的规模扩张。

细分领域的纵向性扩张是指，以某种建筑类型的建筑设计为中心，向前期和后期延伸，打通前后期，成为细分领域的隐形冠军。民营建筑设计机构起步期大多以住宅设计为主，随着住宅市场宏观调控的因素和自身规模扩张，不少经营者希望打破这一同质化的经营模式，转而关注其他地产类型，如商业地产、创意地产等新兴发展中的物业类型。而这些类型比住宅的开发过程更复杂，往往需要前期的咨询策划和后期的运营经验，这就需要建筑设计企业积累更多的前期和后期经验，对设计师水平提出挑战。如三益中国在商业地产领域风生水起，水石国际在产业园更新设计中抢得先机，赛德设计近年来开始关注绿色设计，已完成一批具有影响力的作品等。

设计市场的细分趋势是许多建筑设计行业经营者的共识，但真正能实现在细分领域的专注受到外部市场和内部管理、人才等多方面的限制，在当代民营建筑设计机构发展模式中，不少企业都尝试业务链的延伸，但真正能够成功只在少数。

一、“大商业”模式——三益中国的实践

上海三益建筑设计事务所是建设部第一批批准的建筑工程设计综合甲级资质的民营设计事务所，其前身为上海市三益建筑设计院，成立于 1984 年，历经了 1996 年、1998 年、2001 年的三次改制，

于 2001 年改制为全国首批合伙制无限责任公司，更名为上海三益建筑设计事务所，后成功获得建筑工程设计综合甲级资质及城市规划设计乙级资质。

2000 年三益中国承接了徐家汇宏基广场的设计项目，因偶然机缘，三益作为业主之一，参与部分开发和运营工作。在积累了经验和发现其中的巨大商机后，三益中国开始将目光投向商业休闲广场地产的策划和运营业务，同时在企业内部成立策划咨询、商业经营等管理部门。2002 年企业内部重组，正式成立以上海弘基企业发展有限公司为总公司，上海三益建筑设计事务所、上海弘策房地产咨询有限公司、上海弘基商业经营管理有限公司为核心成员的综合实体。但当时来三益中国还未明确提出“大商业”概念，各关联单位之间合作并不多。三益中国在 2001 年到 2005 年期间发展平顺，承接项目以住宅为主，在 2005 年时企业发展遭遇瓶颈，经过慎重思考，三益中国决定向商业地产全面转型，在商业领域建立新高地。当时商业地产还不成熟，其发展前景也很不确定，三益下了很大决心，根据业务构成和部门贡献率收缩了原有的景观和室内部门，公司上下进行沟通，对企业组织构架和业务模式进行全面调整。2005 年到 2008 年间的 3 年三益中国走得很辛苦，业务调整带来市场策略、发展模式、企业内部构架、内部管理、知识管理等各层面的巨大调整（图 4–40、图 4–41）。

2008 年开始国内住宅市场再次遭遇调控，相反商业地产市场则出现许多综合体项目，综合体项目是传统商业建筑的升级，往往由商业、办公、住宅等多功能组成，其设计难点在于如何将各功能配比做到最好，充分发挥互补作用，实现真正的多功能、高效率。这一建筑类型需要成熟操盘经验，但当时国内大多设计机构并没有太多经验，因此形成了一定设计门槛，而三益中国这几年聚焦商业类型，因此在以商业地产为核心的综合体项目中获得了很强竞争力。2008 年三益承接商业建筑类型占比 50% 以上，成为商业地产设计领军品牌。三益中国擅长的商业地产类型包括：①大型购物中心，如虹口交通枢纽上盖 40 万平方米的虹口龙之梦，烟台 30 万平方米的澳柯玛商贸中心、沧州 26 万平方米的鼓楼广场等；②商业休闲广场，从早期的单一功能逐渐转向综合体，如南汇大元弘基休闲广场、上海城隍庙的豫龙坊等；③大型连锁超市；④泛商业地产，如旧厂房改建成的创意园区，已建成有创邑源、创邑老码头、创邑金

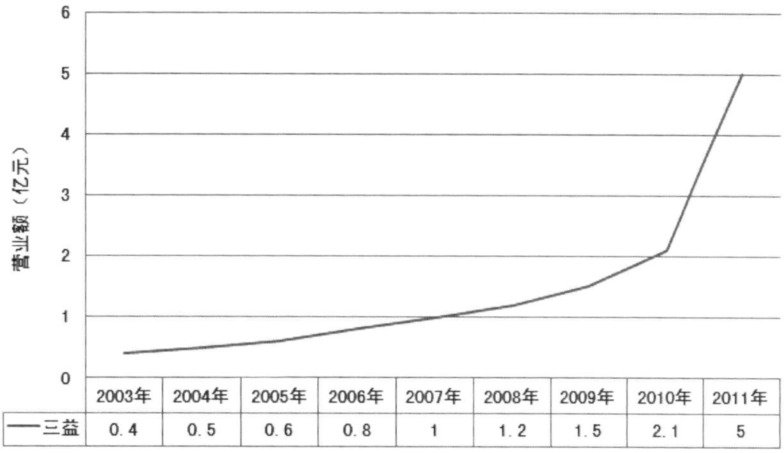

图 4-40 2003-2011 年三益中国产值发展图表
（数据来于 Di 排行榜 2003—2011）

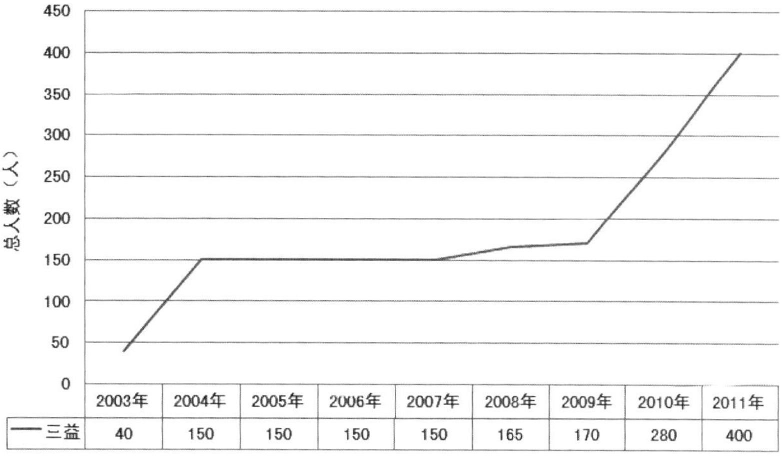

图 4-41 2003-2011 年三益中国员工人数发展图表
（数据来于 Di 排行榜 2003—2011）

沙谷等。三益业务模式包括：①集项目策划、开发、招商、运营甚至物业管理的整体打包服务；②针对比较成熟开发商，三益承担建筑设计这一块，对开发流程的熟悉保证更顺畅的配合。在长期实践后，三益形成了母公司弘基“鱼骨模式”服务模式重要一环，在这一平台上策划、设计、招商、运营甚至物业管理可以同时开展，以策划为先导，以设计为纽带，以招商和运营为中心，最终保证项目的成功率。

三益中国成为整个平台的发动引擎，以设计作为原动力，与其他产业门类结合，形成自身特色。在这一服务闭环中，三益中国主要承担两项职能，一是研发，为弘基开发各类型商业地产进行研究

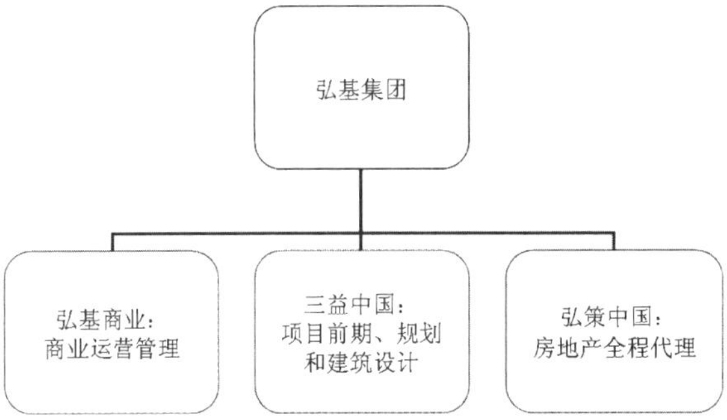

图 4-42　三益中国商业模式创新

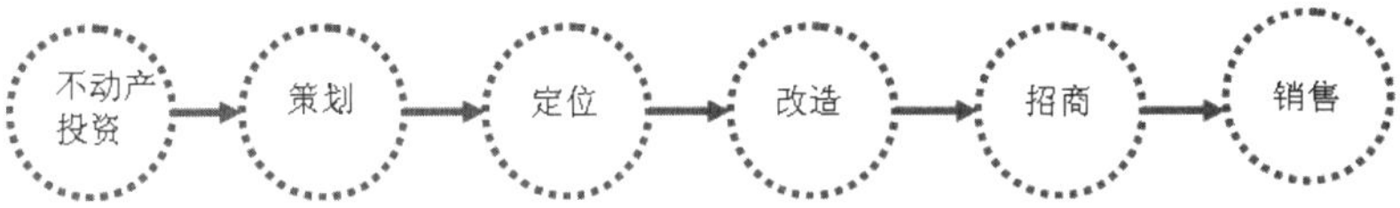

图 4-43　弘基地产大商业模式

和设计，以此为依据来整合弘基旗下各专业团队；第二是成为业务平台，以设计为先导，为宏基创造更大发展空间，从而获取更大利益（图 4-42、图 4-43）。

基于未来房地产开发重心将向二、三线城市转移的判断，三益中国开始开辟全国市场，由于商业地产操盘经验无法快速复制，因此三益全国开设南京、济南、西安、沈阳、重庆办事处，作为企业在当地品牌宣传和服务触点。这样做法让三益中国大获成功，在山东省设计的作品遍布济南、青岛、烟台、济宁、莱芜、东营、淄博、威海等地。名士豪庭、名泉春晓、红尚坊和泰府广场、外海中央花园等项目在济南颇有名气，打响了自己的品牌。

二、创意地产的综合服务者——水石国际

水石国际成立于 1999 年，面对激烈的市场竞争，水石国际立足横向联合的综合技术服务平台，相互协作的技术与管理支撑体系，提供贯穿城市规划设计、建筑设计、景观设计、可行性研究、专项设计与咨询的全过程、综合性解决方案（图 4-44）。综合性的同时，坚持走专业化发展策略，其核心企业由水石建筑规划、水石景观、水石投资咨询、水石工程管理等组成，形成优势互补，也为提供整体解决方案创造条件（图 4-45）。

由于早期其与红坊企业发展公司成功开发红坊国际文化艺术社区项目，其项目位于上海核心地块，其成功更新改造为上海城市中心转型提供有益示范，为其提供实战经验。在完成该项目后，水石

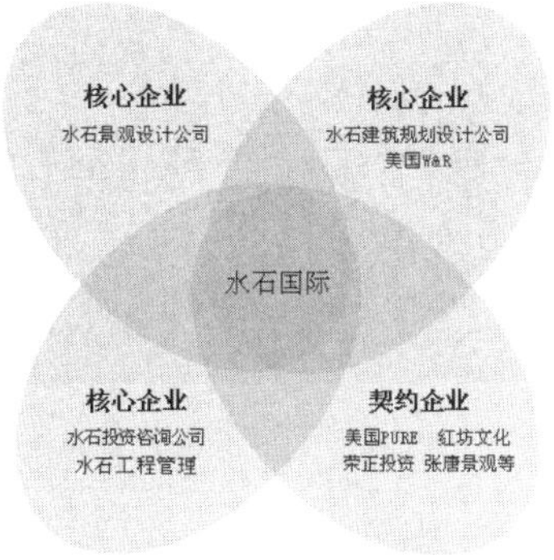

图 4-44 水石构架图（2011 年）

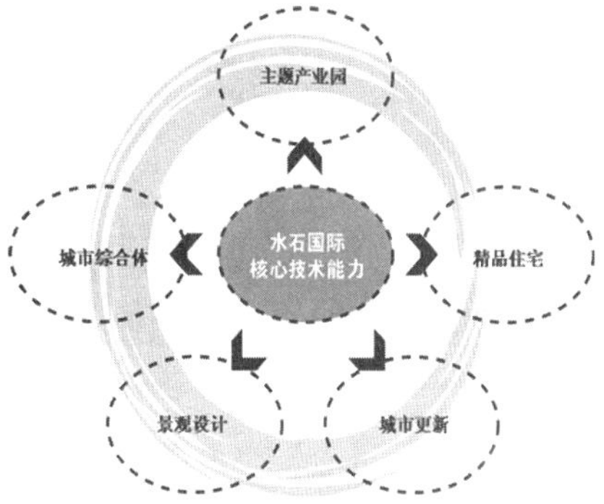

图 4-45 水石项目类型构成

国际看到主题产业园板块未来发展趋势，将这一项目类型列入其核心技术能力板块中，多年深耕，成功打造半岛 1919 滨江文化创意园、福州海峡创意产业集聚区（福州红坊）、武汉汉阳造等一批颇有知名度的项目实践。

水石国际董事长邓刚在总结当前的建筑设计行业现状时谈到，对于项目建设的全过程而言，社会尚未建立起“价值观清晰、责权利协同、服务体系完善、项目的总量进度成本关系平衡”的项目建设体系。社会需求、开发建设主体、设计服务体系之间的价值观、技术水平、服务能力需要经过长期的拉锯与磨合。因此，水石国际定位于服务主流项目类型与投资主体，为以市场导向的项目决策体系服务，为社会主流终端所需求的建筑与城市环境的群体服务。由于市场、经济、速度等主导因素使得技术出于引领地位，也使水石国际不断延长服务链，关注项目产业链上下游配套的产品研发、功能配比、经济成本等因素，还可以配合业主开展项目前期综合研究等。在“水石国际的管理组织构架和运营机制”中，不难看出其对于企业专业化服务定位的支持，其强调“技术决策的独立性（建筑、规划、景观、投资咨询）”和“资源整合的协同性（人力资源、技术能力、市场、综合管理、信息资源）”。正是得益于精准企业发展定位和常年坚持，使得水石国际得以在众多民营建筑设计机构中脱颖而出，不断积累，在市场细分趋势愈加明显的环境下呈现较快发展速度。①

其策划设计完成的红坊国际公共文化艺术社区（图 4-46），在设计中延续了城市历史文脉，整旧如旧，将艺术与时尚相结合，形成历史与现代时尚的碰撞。在景观设计中，将场地的质感设计的朴素，在草地、砾石、混凝土的材质上精心摆放着历史感并源于老

① 水滴石穿，一心成就全程设计 水石国际理事长邓刚访谈．城市环境设计．2012 年 10 期：162-165

图 4-46　红坊国际公共文化艺术社区

厂房本身的酸洗槽、砝码和构建，充分彰显了对砾石环境的尊重，也为租户的二期创造提供可能性。建成后，运营良好，成为创意产业园开发的成功案例。创意产业园是产业转型中新出现的类型，但其前期策划和运营经验较少，水石国际在这一项目中积累的经验，为其之后的发展奠定基础。

第六节　合理的设计规模选择

快速规模扩张是这一时期民营建筑设计机构面临的巨大挑战，在创业初期建立的品牌品质，如何在规模化的过程中保证设计品质不稀释，能否保有核心竞争力决定这些设计机构在下一阶段是否还能独占鳌头。走过 21 世纪头十年，整个建筑设计行业已经达到粗放性发展阶段，民营建筑设计机构集体进入战略发展阶段，需要认清方向，及时根据自身资源选择合适的发展模式，在规模扩张的同时完成企业各项制度建设，并结合具体情况积极进行调整，从而最大程度保证设计品质，使得设计机构可以立足设计核心，支撑其持续性发展。

一、发展模式决定设计规模

中国民营设计企业的蓬勃成长得益于外部建筑设计市场的持续火热，大多数企业从其诞生之日起没有遭遇任何困难，长期处于“活多加人，人多再接活”的自由生长过程中，面对大好形势，难以抵制市场的诱惑，大多选择不断扩张的发展模式，随势而上，似乎规模扩张是企业唯一追求的目标，规模扩张没有边界。

企业规模与其发展愿景应当相匹配，从西方建筑设计行业的发展经验来看，其行业已形成较为完善的生态系统，大型、中型、小型明星工作室不同类型设计机构共同存在，满足市场的多元化需求。同时，各种规模的企业也可以相互促进，小型明星工作室完成更多前瞻性、探索性的创意项目或研究工作，而大中型商业性设计机构则不断从小型工作室内完成的前瞻性设计中吸取灵感，将其通过商业化改造后进行批量生产，从而完成艺术的世俗化过程，最终提升整个设计行业职业水准。而中大型职业化水准很高的商业性设计机构的存在，也为小型工作室提供更好物质基础，在商业上进行合作。中国民营设计企业近十几年的发展，总体而言，处于粗放型发展阶段，许多企业并未想过自身的企业愿景，更没有相应的战略规划，造成大院没有规模优势，小院也没有太多创意的企业发展现状。有位企业管理者的概括非常形象，100 人考虑经营问题，200 人考虑经营问题，300 人考虑构架问题，400 人以上考虑企业文化问题。不同规模的企业必须选择不同的发展模式，准确定位，明确各个不同发展阶段所需要面临的问题和解决的方式，不断进行内部组织架构和发展模式的改变，支撑企业下一阶段顺利发展。

1. 巨型、大型民营建筑设计机构

巨型、大型民营建筑设计企业由于人数规模庞大，必须不断优化管理来应对企业发展过程中遇到的挑战。不断建立和完善企业规章制度，进一步构建一个较大的、可持续扩张的平台，适应和支撑企业进一步发展，在形成品牌效应的同时，吸引更多优秀人才的加入。在企业成长周期中，随着规模扩张，容易出现大企业病，出现效率下降等问题，必须不断提升精细化管理水平，使组织趋向扁平化，这也是许多境外大型设计机构采用矩阵式组织架构的原因（图 4–47）。国内的民营建筑设计机构中快速涌现的巨型、大型规模的企业，规模已经超过大多数国外以建筑设计为主的咨询设计类公司，设计品质的保证在这一过程中显得更为重要。采用扁平矩阵式结构，避免出现太多纵向管理层级，从而提高管理和服务效率，这种管理做减法的方式也是一种国际趋势，许多国际知名建筑设计品牌近年来都在积极探索直接面向客户端的服务方式，以期提高服务能力。日本经济经历 20 世纪 80 年代末泡沫破裂之后，建筑设计企业连续 10 年营业额持续下降，造成整个建筑设计业的萎缩。建筑设计界内开始思考，如何通过企业自身内部的转变来适应由卖方市场向买方市场的转变。当时日本建筑设计企业采用的转变包括：组织机构的创新、设计的精专化

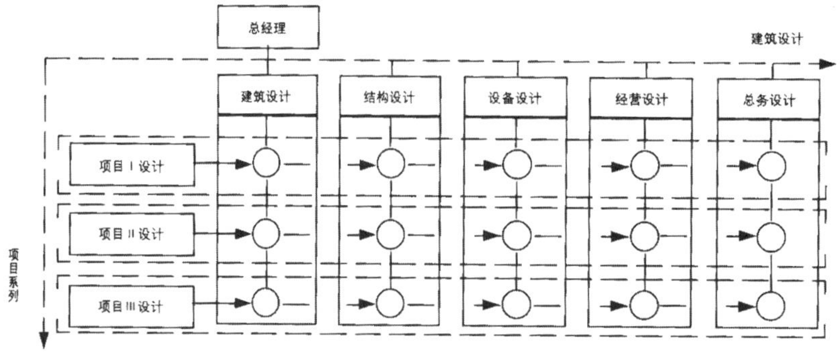

图 4-47 大型设计机构的矩阵式管理模式

以及业务领域的拓展。日建设计由原先的金字塔结构中 20 人组成的基本设计单元转变为 10 人左右的设计小组，以追求最大程度的灵活性和弹性。石本设计则采用“倒金字塔”结构，使每一名建筑师像董事和高管一样直接面对客户，更好地为客户提供专业化的技术服务，提高创作积极性。[①]此外，巨型、大型民营建筑设计机构必须加强企业文化建设，加强各层级之间的沟通，尤其是高层和基层之间更多建立沟通机制，使员工更有归属感。此外，还可以通过出版企业内刊等方式来搭建企业内部沟通的桥梁。

2. 中型民营建筑设计机构

对于中型民营建筑设计机构来说，内部已经形成几个设计团队，往往也配齐了其他专业团队，伴随其进一步发展要及时关注和解决各团队之间关系，不断梳理项目流程中各环节的配合关系。在企业内部管理制度层面上制定和完善相应的规则，让各团队之间形成良性的竞争和合作关系，有效地推动企业发展。同时，中型民营建筑设计机构正处于发展的关键期，可以选择向更大规模发展，或者保持现有的规模，应积极考虑企业未来发展的目标和发展战略，更精准的定位，在战略层面上进行更多的前期投入。中型民营建筑设计机构由于人数已经超过 200 人，各方面制度都趋向健全，如果选择更大规模的发展，必须在这一阶段进行可以承载更多建筑师的平台建设。

3. 小型民营建筑设计机构

小型民营建筑设计机构的管理相对比较简单，往往由几个经验丰富的项目负责人带领一个共同的团队，按照项目需要来灵活调配人员。团队的融洽程度好，人情味足，设计追求创意，不追求设计效率。如果选择向更大规模的综合性、规模化、商业性公司目标发

① 姜涌．日本建筑设计界的变革与启示．新空间．2007 年 11 期：25-26

展，则必须在制度建设上投入更多精力，逐步进行人员分组和形成内部竞争机制。

二、基于设计品质的良性规模扩张

良性的规模扩张对于企业可持续性发展能带来很多优势，规模扩张也是保证企业持续发展的必要特征。民营建筑设计机构之所以吸引许多原先在国有设计院工作的优秀人才的加入，就是因为其正处于成长期，其中蕴含着许多机会。一些经营者也坦言，有时候也必须被动地扩张，否则留不住自己培养出来的优秀人才，必要的扩张是需要的。规模扩张可以保持企业的市场占有率，同时，获得规模效应，有力推动企业良性循环。

但规模扩张必须基于品质不稀释，核心竞争能力不丧失的前提之下，目前有些民营建筑设计机构往往难以抵抗市场诱惑而盲目扩张，疯狂抢人，一旦建立起了品牌，就不再那么重视品质，最终导致同一品牌，水平却层次不齐的恶果。GMP 是德国最大的建筑设计机构，进入中国超过 10 年，2011 年全球超过 600 名员工，这一规模对于国内民营建筑设计机构来说,往往一个总部规模就超过了。但 GMP 当家人坦言，已经感受到规模带来的压力，准备放慢规模扩张的速度，不愿意因为追求规模而导致设计品质被稀释，其更为谨慎地挑选建筑师,且从不放低用人要求。拿 GMP 在中国分部来说，三地分部加起来 150 名员工左右，每年新加入的建筑师也只有十几个，这样的扩张速度可以看出其谨慎的态度。经历过几次金融危机的 GMP 坚持在外部市场环境不好的情况下也选择不裁员，因此鉴于规模压力和对设计市场谨慎态度，使其最终选择慢速扩张的发展模式。

规模扩张对于企业管理水平提出要求，管理水平的滞后只能导致利润率的下降，做大的同时却没有真正做强。企业谋求“良性扩张”，应具有以下特征：

1. 规模扩张必须建立在品质不稀释的基础上

规模扩张是企业良性发展的标志，管理者必须结合市场和自身条件，来主动确定企业发展速度。将企业发展与更长远的战略规划相结合，制定中、长期发展战略，将当下的发展策略与企业使命和愿景相结合。规模扩张必须谨防使企业陷入设计跑量的恶性循环中，不肩负建筑设计的社会责任，一味追求企业利润的企业不可能实现良性发展。时代背景造成设计量过大容易造成建筑师的创作环境的浮躁之气，但建筑师作为独立第三方的职业道德，要求当代建筑师必须坚守为社会提供高性能、高品质的建筑公共产品，设计企业应尽可能地在企业内部为建筑师创造良好工作环境，弘扬以建筑设计为核心，以为社会创造美观、经济、绿色，符合时代特征的建筑物作为为企业长远发展愿景。

2. 良性规模扩张需要各项制度的积极调整和夯实的过程

一个优秀的管理者应当针对企业发展不同阶段，在企业组织构架、制度建设、管理方法等方面进行不断调整和优化，没有完美的制度，只有适合的制度，积极打破院所之间相互割裂的管理短板。一方面可以学习西方先进的管理经验，另一方面也要结合国情和自身员工特点，积极进行管理方式的创新，真正发挥规模效应。另一个需要注意的是，在企业扩张过程中，吸收来的成熟人才往往需要磨合期，因此良性的规模扩张过程中需要一个不断夯实过程，梳理人才，不断为其创造更合适的发展环境。

3. 正确对待资本的力量

2005 年起，资本进入传统的勘察设计行业，借助资本力量进行跨地区、跨行业的参股、并购事件层出不穷，一下子打破原有市场格局，也让传统行业为之一震。资本运作让许多设计机构看到打破原有人才、技术、发展瓶颈的希望，这一时期建筑设计行业高利润率也吸引了资金的关注，许多设计公司也开始谋求上市，将上市看作支撑企业进一步发展的强心剂。在浮躁的行业环境中，如何正确认识资本的力量，如何运用资本，使其真正发挥作用无疑需要管理者的智慧。

4. 有效的新陈代谢促进企业未来发展

优秀的企业需要持续的新陈代谢过程，每个企业独特的文化决定有些人才即使再优秀也不一定适合，而这点对于人力资源型的建筑设计行业表现更为突出。2011 年市场火爆使得不少设计企业出现“人才荒”，似乎只要是建筑学专业的毕业生就可以找到工作，设计机构掀起抢人潮。这样的现象在其他行业看来很不正常，没有形成有效的人才竞争必然导致人才水准的下降，长此以往也会导致企业竞争力下降。因此，规模扩张过程中企业不仅要做到“招的进来”也要“送的出去”，找到与自身企业文化相匹配的优秀人才，人才强则企业强，真正促进企业未来发展。

三、动态的模式调整保证设计品质

当前知名国外建筑设计企业大多出现在 20 世纪 50 年代，至今已走过半个多世纪，在其发展过程中经历多次经济发展周期，企业自身也基本经历了成长、发展、成熟和衰退等整个企业发展周期，之所以能生存下来，与其企业自身不断积极调整发展策略，获取更大发展空间的努力密不可分。优秀企业具有自我更新、修复能力，变是唯一的不变，企业发展目标、组织架构、市场策略、内部制度等都处于不断变化之中（图 4–48）。

当代中国本土民营建筑设计机构虽然发展时间不长，但纵观整个十几年的发展历程，许多曾经辉煌一时的设计机构已经悄然无声，而目前的领军企业，如 CCDI、天华设计、联创国际、三益中国等，往往都是在发展过程中不断调整自身发展模式，不断提升管理能力，完善企业各项制度的成功者。

企业发展经验告诉我们企业发展往往不是线性发展，而往往是迂回的，需要根据外部市场环境和企业自身具体发展情况，对已采取的策略进行不断调整。如天华设计的实践经验非常具有代表性，其在分支机构发展过程就不断在调整模式和方法，2003 年天华设计曾希望以参股华侨城设计公司的方式来拓展深圳市场，但效果并不理想，于是在 2009 年，天华决定全面实施全国化布局战略之后，对原先的深圳分公司进行了全资收购，直接输出优秀技术骨干，短

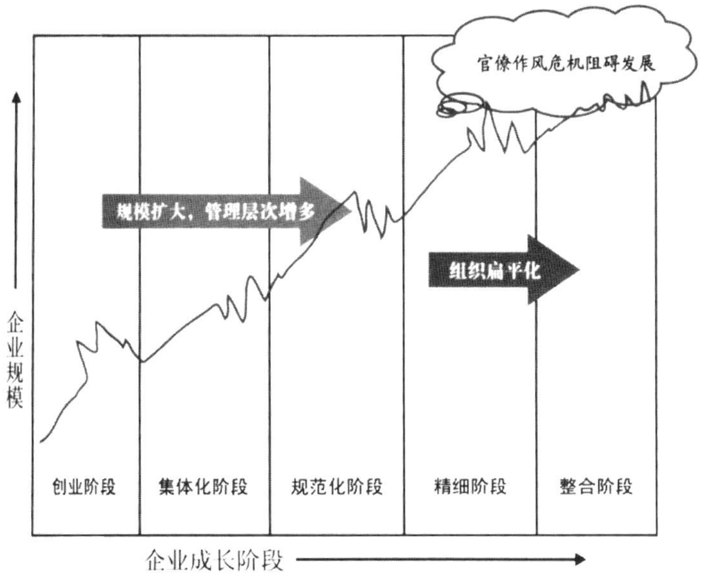

图 4–48　企业发展周期图

时间内提升了当地公司的业务水平，并将其纳入天华设计整体管理体系中，收效令人满意。2008 年天华设计也是因为承接项目的机缘而进入北京市场，创办初期只派遣了几个技术骨干去，进展并不顺利， 2010 年北京分公司进行重新梳理，总部派遣有丰富工程经验的负责人去驻扎，把整个家都搬到了北京，弥补了任期制的不足，管理者真正将其作为自己的事业来开创，整个北京分公司面貌焕然一新。

汉嘉设计集团成功的发展过程也能清晰看到这一点，组织构架一方面必须与战略保持高度一致，助力战略落地，另一方面也要与企业自身情况匹配，否则会造成水土不服，调整有时也不是线性推进的，迂回和反复再调整也是必不可少的。对比汉嘉设计集团 2008 年和 2010 年的构架图（图 4–49），会发现 2008 年汉嘉设计集团尝试专项事业部模式，在建筑设计院下设置居住部、商业部、

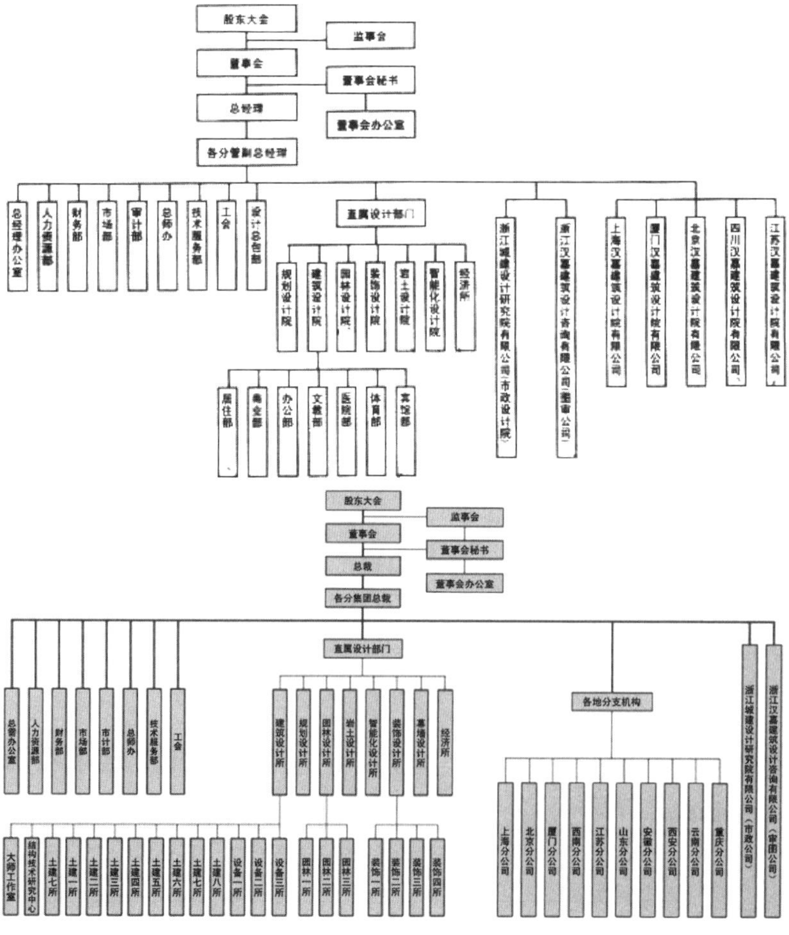

图 4–49　汉嘉设计集团 2008 年（上）2010 年（下）组织构架图对比
（来自集团官网）

办公部、文教部、医院部等 7 个专项事业部。但运行 1 年后，效果并不理想，西方先进的组织模式与当时本土市场的衔接并不那么吻合，因此 2010 年汉嘉设计集团的组织架构采用了综合所模式，同时通过设置创作中心来提升企业的方案设计水平，更专注于设计前期和投标。

第五章 设计的产生
——设计机制保证设计受控

2003年当CCDI成功获得国家游泳中心设计项目之后，打破原先被国有设计院和境外建筑设计机构垄断的高端设计市场，行业为之震惊，“水立方”项目极大提升了CCDI品牌影响力，虽然项目的最终获得存在许多偶然因素，但也与CCDI的长期努力和战略布局密不可分。站在21世纪第一个十年发展阶段的民营建筑设计机构正在积极寻找一种能够保证其平均设计水平的方式方法，在一定程度上保证其优质设计项目的出品率，而这就是本章所提及的“设计机制”问题。

第一节 设计机制包含因素

本书所探讨的设计机制是指会直接影响设计结果的，在设计产生到实现的整个过程中所涉及的各层面的方式方法及制度，其出发点是希望通过机制（规则或制度）的方式来最大程度达到保证设计品质的目标。更广泛地说，机构组织架构、企业运营模式等企业内部管理层面上会影响设计结果的因素都可以纳入思考范畴。

从西方建筑设计机构一百多年的发展过程来看，其之所以能在全球范围内保证较高的设计品质来源于其对建筑设计本身特殊性和对现代企业管理方法的深刻理解。对比西方成熟机制，当前我国仍存在项目管理滞后、流程控制薄弱、资源使用效率低等问题。

一、项目管理模式发展滞后

在计划经济时代，我国勘察设计单位项目管理是以有效完成国家指令性工程设计任务为目标，围绕具体工程设计展开，因此，项目组织管理方式基本上是按照基本建设程序或设计工作流程形成的单一线性项目组织管理方式，具体形式包括以综合室（所）为基本生产单位，按专业顺序组织项目设计。这种模式沿用至今，并未发生太多改变，而发达国家的项目组织管理是以提供工程建设全过程咨询服务来组织的，围绕项目组织管理，根据不同的市场需求，组织动态、优化的项目组和项目经理，根据项目组的工作需要，确定相应的管理程序和办法。项目组和项目经理在企业法人的授权和监督下，为业主提供经济、有效和高质量的技术设计、技术管理和技术咨询服务，全权负责项目的质量、进度和成本控制。

二、资源配置效率低

我国勘察设计单位原有的项目管理方式，无法实现内部资源的最佳组合，制约最佳设计水平发挥；而发达国家实行的企业和社会动态的资源优化配置的项目组织管理方式，可以有效调配资源组成项目组，保证了设计水平和质量，在企业内部形成不同项目团队良性竞争，同时在外部形成有效的市场竞争能力。

我国原有项目组织管理方式中，工程设计人员是被动的劳动者和被管理者，其责任是完成分配的设计任务，并只对个人所做的工作负责；而发达国家项目组织管理方式，将项自与项目组结合起来，设计人员既是劳动者又是管理者，其责任是对工程项目整体质量与效益负责，并与个人经济利益与社会信誉挂钩，强化了设计咨询人员的责任心和工作的主动性与积极性。[①]

许多民营设计企业在走过艰苦奋斗的初创期后，开始将更多的注意力放在出作品上，认识到高品质建成项目所能带来的品牌提升作用。但在中国当下建造水平偏低，设计、监理和建造相对分离的现状下，要想得到高完成度的项目，需要设计企业投入比行业平均水平更多的人力成本，加上行业本身还存在价格战的低端竞争，许多设计企业为了生存也不得不降低设计费，因此在较短时间内，想要大幅提升当前建筑的平均品质很难实现。面对这样的情况，不少企业只能退而求其次，先从部分项目开始，保证一部分适合的项目有较高的完成度。

从设计行业发展规律来看，持续不断出产高品质设计作品是保证企业长远发展最关键因素。境外设计公司的发展路径值得学习，不少境外建筑设计机构已发展到全球性公司阶段，由于其管理体系成熟，具有保证设计品质的流程和机制来控制分公司，使其即使扩

① 韦青松．设计院建立项目经理制的研究．广西大学．2005

张也可以保证设计品质。当前中国民营建筑设计机构对西方学习已经走过了模仿具体设计风格的纯技术阶段，更多企业进一步开始研究境外公司运作的方式，研究其机制层面的设置，并在公司内部进行试验，试图通过机制层面的创新谱写适合中国文化的“中国解决方案”。

第二节　设计机制中的市场化导向

当代民营建筑设计机构的出现和发展都伴随着中国市场化进程，市场化因素影响建筑设计生产的全过程，牵引着企业内部资源向着利益最大化、效率最高化的方向发展。行业内因此出现不少畸形项目操作方式：极端的专业化做法，将建筑师贴上标签，求得建筑设计生产的效益最大化；拆封设计过程，让建筑设计符合流水线生产；无限制地抢占市场份额，给建筑师拼命压活，不管有没有人做，先接了活再说，造成设计效率过高的“中国速度”；以中国建造工业化程度低的现状为托词，对设计深度进行人为控制，以求设计效率的提升。凡此种种，都造成阻碍当代中国民营建筑设计机构更高质量发展的绊脚石。

一、建筑师的标签化——极端专业化

设计专项化是建筑设计行业发展的重要特点，从西方发展经验来看，设计机构按照自身设计能力专注于专项细分领域拓展，有利于构建自身核心竞争力。欧美建筑市场，往往有两种模式，一种是规模较小的专业类建筑设计公司，擅长设计一种或几种建筑类型，在该领域享有世界级的影响力，如法国巴黎机场工程公司（ADP）是世界最著名的机场设计公司、美国 SASAKI 设计公司是美国排名前 10 位的著名设计公司，在规划方面和土地应用方面在世界范围内首屈一指；另一种模式则是规模较大的综合性设计机构，其设计范围广泛，针对每一类型都形成相对固定的团队，有利于在该专项设计领域经验的积聚。境外建筑设计机构对于专业化的做法比较多元，其程度也各不相同。有些直接采用专项事业部的形式，相对固定的人员可以快速完成知识积累，早在 20 世纪 80 年代 HOK 就开始尝试成立事业部模式的专项化运作方式，

1983 年成立的体育事业部，2011 年仍占据公司业务总量的 15%，1994 年又并购 CRS，成立规划事业部，2011 年 HOK 在全球主要分公司有 20 多家，专项事业部也有 20 多个。另一种方式则是根据每个地区公司原本特征或所在地区业务占比，组成区域加专项化特色并行的方式；还有选择更松散的方式，只是在公司总部层面上形成专业类的技术团队，承接重要项目时按照需求来集聚专家类建筑师，如奥雅纳设计集团，并不设团队实体，专项化由类似于建筑师兼职的专项组织，其成员遍布全球，但每年有研究计划，并由总部来完成专项知识的积聚。

当代民营建筑设计机构的发展过程中，为了追求生产效率，过于极端地将建筑师贴上某种标签，限定其在某项领域进行设计，相较境外建筑设计机构的专项化更为极端。这样做的结果虽然短时间内会产生效率，但对于建筑师的个人长期发展存在问题。建筑师在学校接受建筑学设计教育时，往往是所有类型都涵盖的，在其进入设计机构之后，需要较长一段时间接触各种类型建筑，这将帮助其建立起较全面的建筑观。同时，还需要经历整个项目的熟悉过程，成为一个较成熟的建筑师之后，才会根据个人兴趣和经验选择相对有一定专业细分倾向的建筑类型，成为该类型的专家。如果一开始就被贴上标签，会使建筑师视野狭隘，久而久之沦为生产图纸的技术工人。CCDI 从 2006 年成功完成北京奥运会“水立方”游泳馆设计之后，乘势而上，成立体育事业部，进而又成立了住宅、公建等数个专项事业部，其出发点是可以快速积累经验，提供给业主最专业的服务。同时，还制定了动态调整机制，可以通过沟通机制，对设计师不断进行调整，增强资源内部优化和重组。

21 世纪头十年专项事业部模式对中国设计机构来说还是一个全新的概念，其对企业内部管理提出很高的要求，尤其是形成的新设计团队和原先各生产单元之间的关系。CCDI 也于 2006 年尝试事业部加区域公司的方式，在水立方之后成立的体育事业部在经历短暂的投入后，成功成为企业发展的新动力。在体育事业部成功的经验上，CCDI 一夜之间将事业部从 1 个拓展到 14 个，搭建了矩阵式组织构架，以尽可能扁平的组织模式来管理 1 千多人的庞大企业规模，求得企业服务的高效。事业部的组织模式很好应对了专项化的设计行业发展趋势，但西方先进管理经验是否能够安全落地，嫁接成功需要经历时间考验。事业部在专项化的同时，给建筑师贴上标签，专注于某一建筑类型有利于快速积累相关工程经验，但同时由于市场的不确定性，也为企业发展带来风险。专项化“专”到什么程度，在什么时候实施专业化，值得商榷。2011 年，CCDI 众多事业部中，只有体育、住宅、公建等事业部在行业有一定影响力，其余的细分市场都在培育中，其存在给企业带来发展压力（表 5–1）。事业部和区域公司的并存，对“权、责、利”的分配，提出管理上的更高要求。

表 5–1　CCDI 事业部分类（2011 年）

	事业部	意义	业务内容	成果	成立时间	代表性项目
1	城市发展咨询	咨询业务带来设计业务	城市更新与改造：主题地产开发；城镇规划；旅游资源开发	2007 年 50 人	2007 年	
2	体育建筑	进入新设计领域	体育类建筑	2007 年共投近 30 标。中标率高	2004 年	奥运场馆、全运全场馆等
3	居住建筑	传统强项	新类型研究和新市场开拓	首个同时服务于国内十大产商机构	2007 年	
4	公建	传统强项	城市功能规划、办公、文化、教育、商业、酒店等		2007 年	
5	交通建筑	新领域拓展	铁路客运站房、机场、公路客运站	积极探索中	2007 年	上海国际游轮客运中心
6	规划与城市设计部	对建筑设计起先导作用	城市规划和城市设计	中标率 80% 2007 年 18 人	2007 年	
7	国际事业部	新领域拓展	开拓国内外高端设计市场		2007 年	
8	结构事业部	优势类别	独立对外经营	2008 年 150 人 设立研发中心	2007 年	水立方、多哈、中钢
9	机电事业部	一定程度领先	3 年达到一定程度领先、5 年形成市场认知度、5 年形成高端	2008 年成立绿色研究中心、照明设计室、机电标准工作室	2007 年	
10	医疗事业部	新领域拓展	从项目开发的经济与技术可行性研究、运营管理咨询到医疗卫生设施规划与建筑设计	2007 年参加全国医疗系统建设会议、2008 年起自行举办专业论坛	2007 年	
11	环境与能源	新领域拓展	能源和环境咨询	以收购方式建立核心团队	2007 年	

一般而言，多方牵头的组织模式，会增加企业运营成本，带来效率的下降。项目组成员的组合方式太多，人员流动性太大，彼此间不了解，无形中会降低工作效率，增加运营成本。转型中出现常见问题包括：①管理机构变得很大，管理成本增高；②新的组织构架考验部门之间的协作能力；③组织变革中产生机会的同时产生矛盾，对管理者协调技巧提出挑战；④人才不均。

过分的专业化分类会带来很大的市场风险，尤其在中国还不太成熟的外部建筑设计市场环境中，每个类型市场都会发生波动。但伴随市场开放程度和新机会的涌现，很多新建设领域都正在逐步放开和兴起。相反，原先作为民营建筑设计机构主要业务类型的传统住宅板块则呈现下降趋势，因此许多民营建筑设计机构，尤其是已发展为大型规模的，更需要对市场走向进行预判，在下一轮竞争中抢得先机。在市场风险和可持续发展之间，许多设计机构不断寻求适合的度。前文提到的 CCDI 在北京奥运会之后，将原先的区域公司打散，形成事业部加区域公司的矩阵结构就是这一模式的最佳实践者，其他的追随者则更多选择在原有建筑设计所的基础上建立几个专项事业部，选择“两条脚走路”的折中发展模式。如联创国际逐步推进某些事业部的设立，事业部也可不仅以建筑类型来简单区分，其建筑类型的分类也并不细致，其分类标准还是更多与不同的资源类型结合，2011 年基本形成商业、住宅、研究院、国际部、工作室、度假产品 6 个事业部，共同推进整个企业的全方位发展。

另一个重要特征是，在我国民营建筑设计机构中也基本完成了专业的分离，由综合所模式转变为建筑、结构、机电等专业所，有利于打破所的技术壁垒，可以更好地专业积累，让企业内部资源更好地流动，不同团队间形成良性竞争局面。

二、跑量化经营策略

当代中国民营建筑设计机构诞生于完全市场化的外部环境，生存是其必须首先要解决的问题。创业期结束后，不少民营建筑设计机构选择进一步扩大规模，随着规模扩大，生存压力和经营风险不断增加，跑量成为不少上了规模的民营建筑设计机构这个阶段的经营策略。“跑量化”的建筑设计方式，通常做法是通过一定量的设计经验之后，形成一套公司内部的风格图集，从而提高建筑师的“生产”速度，而忽视了每个设计项目应具有的独特性、创新性，也是在这样的操作方式下建筑师在产值压力下沦为“画匠”的现象屡见不鲜。此外，还有一些企业在内部分为泾渭分明的设计前期组和后期组，将项目设计过程进行分割，以期通过简单粗暴的阶段划分来提升工作效率，最终造成设计完成度和统一性不够，设计理念难以充分体现出来。这样的做法造成当下民营建筑设计机构项目完成度不高，难有“出彩”的项目，其作品很难亮相于专业杂志，最终无法进一步提升的不良后果。据笔者调研发现，相比国有建筑设计院的人均产值，民营建筑设计机构的人均产值往往高出 30%~40%，甚至翻番。而这并不是由于设计费高造成的，是民营建筑设计机构的设计费往往比国有院更低，如此高的产值源于跑量化经营策略和更高的生产效率。

不少民营建筑设计机构坦言，其初衷也并不想“设计跑量”，但面对建筑设计市场的竞争激烈，不断上升的人力成本和不见提升的设计费，“跑量”是没有办法之下的对策。相比这样无奈的表述，也有一些企业认为，由于大量接触的是地产类项目，该项目本身从设计层面上来说受到市场接受度和甲方干涉较大，对于设计师来说发挥余地不大，这些项目往往开发周期短，甲方需要成熟的、经过市场检验的产品，因此也迫使建筑师在着手这些项目时显得比较被动。相比西方建筑师的全过程服务模式和建筑师负责制，国内设计行业在行业管理上也存在设计与后期施工相分离的状况，这也为建筑师在面对完成度不高的建成项目时，对自身投入不够提供借口。

相比国内国有和境外建筑设计机构，民营设计机构的建筑师往往被要求更高的工作效率,创造更大的产值,在获得更多报酬的同时，也承担更大工作压力，对于建筑创作的推敲往往很难顾及，这样的环境对于优秀建筑师成长来说非常不利，也成为民营建筑设计机构难以招到高端人才的原因。虽然近年来，不少民营建筑设计机构采取了一系列强化设计的机制上的创新来提升项目的普遍设计水平或在一些精品项目上精雕细琢，但受限于体制特点和外部浮躁的设计环境之下，往往无法大范围内改善，事实也证明，跑量化经营模式已经成为阻碍民营建筑设计机构品牌化发展道路上最大的问题。

三、产品化、模式化设计倾向

当下民营建筑设计机构随着规模不断扩张，其设计创新方面却出现产品化、模式化的倾向，开始表现出设计僵化的特点，对于其进一步良性发展存在巨大风险。西方经验启示我们，建筑事务所是整个西方建筑设计行业中占比最高的公司形式，其原因在于建筑设计的创意性、创新性特征，高度依赖于建筑师个人的创造能力。中国当代民营建筑设计机构大多起步于建筑设计事务所，其最大优势在于其创业建筑师个人的设计能力受到业主的肯定，而伴随着规模的不断扩张，加上自身的高度市场化，使得在大中型民营建筑设计机构中出现规模化带来的设计僵化倾向，这一特征比国有设计院更为明显。一些中型规模的民营建筑设计机构往往在设计理想与市场生存之间徘徊，选择“跑量”与“精品”并存的折中路线，在完成大量产品化设计的同时，选择一些项目来疏解自身的建筑理想。而有些大型民营建筑设计机构则开始逐渐脱离建筑师精英思维的传统模式，将建筑设计项目看作纯粹的产品，按照建筑类型将所承接的项目分门别类放置于不同的部门之中批量化生产，在企业文化和员工培训中不断强化这一“产品”思维，短时间内似乎有利于建筑设计专项化的发展，但长此以往很难保证在这样的“设计航母”中，建筑师如何保存其原有的创造性、独立性，对建筑设计的艺术性、人文性表达，其结果将是把建筑设计等同于流水线上生产出的产品，模式化、标准化，而剥离其原先所应具有的艺术性、文化性。

近年来，随着成功学和管理学思维的渗入，不少规模不断扩大的民营建筑设计机构的管理者希望通过借鉴其他行业的管理经验来改造传统的建筑设计行业。但在实际操作过程中，往往呈现机械化特征，制造业中的产品管理体系更是影响了不少建筑设计企业的管理者，也在一定程度上导致民营建筑设计机构中设计的产品化、模式化倾向。

建筑设计与普通的商品生产过程具有很大的差异性，每一个项目都具有其特殊的场地、功能、文化和文脉等精神层面的特征，必须通过与业主的充分交流，了解其特殊性，才能设计出符合当时、当地的适当的解决方案。在创作过程中建筑师需要对空间进行多角度的分析和推敲，满足空间的使用功能，并积极探索和创造出空间精神，而这也是建筑所以打动使用者的关键点所在。[1]关注工程本身的基本技术环节，如材料的选择、建造的工艺和造价的控制等方面，而这些是不能够完全复制的，不同地区项目存在不同的施工条

① 吴刚．中国建筑事务所——在成长中走向市场．时代建筑．2003年3期：36-39

件和技术水平，需要结合当地的特殊性选择适合的、具有表现力、易操作的材料和构造方式，保证完成度。这些都是建筑设计不同于标准化产品的特殊性，一旦建筑设计机构开始进入模式化建筑产品的生产过程中，其发展空间极为有限，将会丧失其作为建筑设计机构的核心竞争力。

四、设计过程拆分

设计过程拆分是我国现阶段建筑设计行业特有的现象，在一定程度上阻碍了我国建筑设计行业高质量发展。主要有两种情况：一是前期方案设计与后期施工图设计的分离，虽然国家行业的资质管理存在问题，但许多设计机构往往会出于战略合作和追求高利润的原因，选择只完成到扩初设计阶段，将施工图设计交给项目所在地设计院来完成。这样做法导致建筑师对项目整体控制力大打折扣，项目建成后，往往出现谁也不认账，互相推诿的现象。而在西方建筑师职业范围，涵盖了建筑设计的全过程，不仅仅是方案的创作过程，更全程贯穿项目建造过程。职业建筑师的业务过程实际是一个项目管理和系统目标实现的过程。美国建筑师协会规定美国建筑师的业主服务包括 9 个方面：项目管理、支持服务、评估与策划服务、设计服务、施工管理服务、合同管理服务、设施调试服务、服务进度表和其他服务。日本和国际通行的做法是建筑师把握住与建筑形象密切相关的部分，并在施工技术人员的配合下（设计配合和现场洽商）完成相应的技术选型和式样设计，专业厂商和施工企业依次进行满足性能和工艺的生产设计，并配合工艺与工序绘制相应的图纸文件，在设计师认可签字后进行施工并接受设计师的简历。[①] 而在中国，设计、施工、监理的条块分割，使建筑师对技术和施工不敏感，难以保证形态设计和构造设计的统一。长期以来，设计院汇编的设计详图也没有随着技术进步进行系统创新，使建筑构造和细部很难创新和出彩。

第二种常见的情况是，在设计企业内部将整个设计流程拆分，有的建筑师只做前期资料收集，有些建筑师只做后期施工图，对项目前期方案设计了解不充分，而前期建筑师完成方案设计后，也就不再过问，前后期分离，整个项目过程被肢解，最终生产效率是提升了，企业利润率上升了，但建筑设计品质无法保证。随着建筑师和企业的逐渐成熟，越来越多的企业意识到拥有优秀建

① 姜涌 . 建筑师职能体系与建造实践 . 北京：清华大学出版社 . 2005

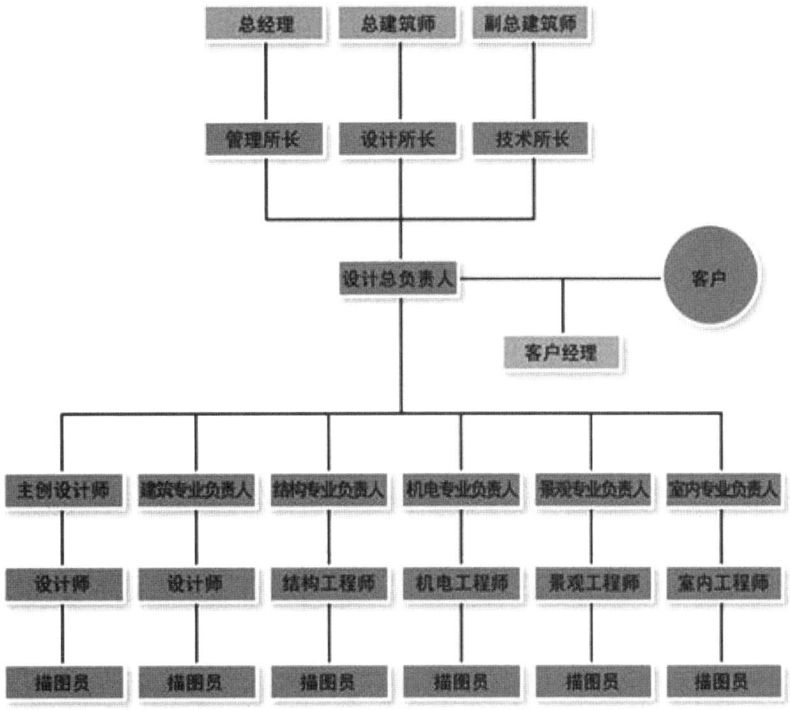

图 5–1 天华设计职级表（2011 年）

成作品对其品牌的巨大价值，业主也越来越多的从追求炫目的造型转变为对建筑使用、品质的高要求。

不同类型的建筑有其不同的设计特点。有些商业程度高的类型，如住宅，其结构等技术要求不高，在一定程度上可以通过设计过程的相对区别，来提高设计效率和品质，如上海天华设计由于长期以来专注于住宅设计，已积累了大量经验，而且有时开发商往往就需要某一系列，已经较为成熟的地产楼盘，因此天华通过制定详细的工作流程，最大程度保证了其设计的品质和成熟度，效果显著。但其他类型，尤其是公共建筑类，往往需要各专业人员多次讨论，共同努力，才能保证设计的完成度，因此无法像住宅那样，过程变得过于专门化。当天华 2008 年准备开始转型时，其面临的不仅仅是设计类型的简单转变，其整套公司体系必须随之调整（图 5–1）。

五、设计效率过高

中国城市化的快速进程带来建筑设计需求井喷，业务空前饱和的情况下，许多建筑师根本无暇对项目进行深入思考和推敲就直接完成设计工作，平日里加班赶图是在常见不过的事。相比境外建筑师，中国建筑师的设计效率让许多境外建筑师诧异不已。在笔者调查过程中发现，一个基本的设计团队一般由十几名建筑师组成，这样的一个项目小组，手上同时操作的处于各阶段的项目的平均数是6个，10个左右的也不少见。而与之相比，境外建筑师往往实行年薪制，其工作时间和效率通过工时制得到核算，不同级别的设计师其经手的项目数和介入深入不同。有数据显示，在境外市场一个项目组往往只同时接手1~2个项目。[①]以德国事务所工作方式为例，中西方建筑师设计流程存在较大差异，在设计过程中他们非常重视模型辅助设计的作用。在接到设计任务之后，首要工作便是做基地环境模型，这反映出设计师的对环境高度重视的基本职业素养。接下来的工作往往是做建筑体块模型，结合具体的建筑平面图和建筑剖面图一起推敲，多次推敲后才会确定方案，然后再深入绘制具体的立面图和剖面图。他们在建筑竞赛中展示的图纸虽然表现朴实无华，却非常严谨地反映功能、空间等建筑本质问题，体现出其思考和设计深度。建筑模型表现占据设计表达主要部分，与图纸部分相比更侧重设计概念和艺术效果体现。甚至在不少境外项目竞赛中，项目的图纸全是手工完成的黑白图纸，这与我国目前所流行的追求视觉效果的计算机表现图形成鲜明对比。当然近些年来由于计算机运用在德国的推广，设计图逐步由计算机完成，而其表现内容还是更多注重建筑本质。[②]

境外设计公司根据以往经验，在经手项目之前就进行了大致所需要的人力成本测算，给操作的建筑师提供足够的时间来设计和推敲方案，在设计效率和设计品质之间有一个大致的平衡点。境外设计机构其成熟管理经验保证其可以正确估算每年所能承接的项目数量，其项目计划甚至可以精确排到3~5年之后（图5-2）。而国内建筑设计机构还处于管理的初级阶段，对人力成本没法正确估算，承接项目时往往只考虑到企业利润，而不考虑是否完成，一旦项目过多了，那就只能让建筑师加班赶项目，长期处于如此工作状态下，对建筑师个人职业水平提高和企业发展都存在不利影响。

此外，实行设计师年薪制在我国设计行业中遭遇尴尬，一些国内设计机构借鉴西方的管理经验，也实行工时制，让员工每天打卡上班，定期填写相关的工作内容，以便其精确估算不同类型的项目所需要配备的各级别的建筑师，以及所需要的时间，但在实施过程中，却遇到许多问题，有些员工对这类附加的工作感到麻烦，不愿

① 向上．浅谈东西方建筑事务所之差异．建筑创作．2007年01期：124-131

② 蔡永洁．德国建筑事务所的组织及运作方式．时代建筑．2001年01期：16-17

表 5-2 日本大型设计公司的人力成本估算

分级	人 员	核算工作日成本（日元/日）	直接工作日成本（日元/日）	时间成本（日元/小时）	时间成本换算（美元/小时）
A	中级以上干部,技术骨干	96000	48000	6000	55
B	一般干部,成熟职员	64000	32000	4000	36
C	一般技术职员	48000	24000	3000	27
D	临时工,打工学生	16000	8000	1000	9

说明：1 美元约为 110 日元。

图 5-2 日本大型设计公司的人力成本估算

填写，即使填写了，准确性很低。因此许多企业管理者一方面对员工进行教育，使其培养成习惯，另一方面，又不断调整填写方式，使其尽可能便捷。中国当代民营建筑设计机构还处于成为现代企业的初级阶段，管理方面经验不足，但从国外优秀建筑设计机构发展经验来看，准确估算设计效率和企业人力成本，对于企业的要价能力、良性运作以及行业健康发展都有重大的意义。

六、设计深度控制

中国本土建筑师的图纸深度与境外设计师相比存在较大差距，如美国的 CBT 公司，一个造价 200 万美元的小别墅设计，光施工图绘制就要花近半年的时间，每一个节点、细部都要考虑到，室内的每间房间的设计甚至落实到一块瓷砖的贴法、固定柜子的做法和一颗钉子的位置。[①] 境外通行的建筑设计过程一般分为三阶段。第一阶段是初步设计（图纸比例 1∶200，相当于我国的方案阶段），第二阶段是设计（图纸比例 1∶100，并加入引导性节点图，相当于我国的扩初阶段），第三阶段是施工图（图纸比例 1∶50，节点 1∶5、1∶2、1∶1 等）。设计方案完成后可以上报建设局审批。施工图中的节点详图实质上也只是建设性的意见。施工公司拿到这些图纸后，再根据自己产品的特性作出实施方案的详图，然后反馈到建筑师手中，再由建筑师提出修改意见，这样才形成实际施工的详图。德国建筑师工作中另一大特点是建筑设计工作一般都包括室内设计部分，而且完整地反映在设计图及施工图中。[②]

基于当下过于饱和的设计量和设计效率过高的要求，许多民营建筑设计机构不得不对设计深度放低要求，建筑师也无暇顾及，整个建筑设计行业出现各企业出图深度不均的问题，对最终建成品质形成不利影响。由于不少项目设计过程中还存在前后期分离的状况，使得做前期的设计机构认为做后期的设计机构会修改设计，因此也

① 李晨光．中外建筑设计机构经营模式及生产体制之比较研究．天津大学．2004

② 蔡永洁．德国建筑事务所的组织及运作方式．时代建筑．2001 年 01 期：16-17

不愿意在方案设计阶段设计过细。

对设计深度放低要求的做法无疑会对建筑师的职业生涯发展和最终项目建成品质不利，长此以往，建筑师容易产生不重视建造环节，设计流于纸面的做法，恶性循环，最终丧失将设计进一步深入的能力。

第三节　设计因素的强化策略

与西方建筑师负责制不同，国内建筑师的工作范围往往止步于施工图设计，在其后的施工和建造过程建筑师介入很有限。国内原先传统的设计院的院所管理模式也不利于建筑师创造力的发挥，快速的规模扩张带来管理和制度建设上的落后，造成企业发展过程中设计品质下滑。

为提高设计品质，当代本土民营建筑设计机构基于当下中国设计行业和建造现状，积极学习西方先进项目管理和运作模式，进行在设计制度层面的创新，在项目操作过程中，通过设计因素的强化来提升设计品质。

一、合伙人制的中国实践

“美国目前约有 1000 家的建筑设计事务所（公司），最小的建筑设计事务所只有 1 人，最大的建筑设计公司（HOK 公司）有 1800 人，其中约 85% 的在 6 人以下。其形式可以是合伙人制、私人公司、专业公司、有限责任公司等，而且还可以采用有限 - 合伙人制公司（如 SOM 公司），其中有限责任性质的公司占大多数，无限责任的合伙制公司很少。”这比我国现在广泛常用的无限责任的合伙人制更易控制风险和保障合伙人的利益。①

合伙人制常见于专业类行业的一种公司体制，在西方建筑设计事务所中最为常见。合伙人制比较符合建筑创作的规律，在事务所里，建筑师始终处于主导地位，前期为业主策划，设计阶段协调各专业设计条件与关系，并完成设计，施工阶段承担工程监理，负责控制设备、材料、施工的质量、进度和费用，保证实现设计意图，确保业主的投资效益。②合伙人制的建筑事务所模式可以最大程度发挥优秀建筑师的创作能力，最利于保证创作水平的机制之一，其

① 唐海培，罗谦．浅析中外建筑事务所的管理与体制．商场现代化．2008 年 23 期：45–46
② 孙田．中国私营建筑设计事务所相关资料汇编．时代建筑．2001 年 01 期：30–31

关键在于所有项目必须通过优秀创作集体的共同商讨把关。在中国建筑当代民营建筑设计机构很多也采用合伙人制，在民营设计机构起步时往往是几个志同道合者合伙成立工作室，申请成立建筑设计专项事务所，采用合伙人制。

合伙人制在中国文化中遭遇尴尬。合伙人制虽然可以保证创作质量，但其决策效率低，所以当民营建筑设计机构规模扩大后，往往虽然名义上说是采用合伙人制，但往往由于效率问题而形同虚设。有些合伙人制的建筑设计事务所其实只是几个小团队共享一个品牌，各自独立，项目甚至人事、财务都非常独立。

同时，中国传统中缺少合作文化，而合伙人制其实就是需要通过集体合作方式来制衡最终结果的品质，因此合伙人制在中国落地，需要中国建筑师的智慧，通过机制来权衡。

随着事务所规模不断扩大，出于经营者风险和需要不断增加合伙人的原因，不少建筑事务所转变为建筑设计有限公司，经营者承担有限责任，但在内部的职级系统设置方面仍然沿用合伙人的头衔。浙江绿城东方建筑设计有限公司长期以来坚持合伙人－集体创作团队的设计模式，并积极结合我国设计行业的特殊性来合理设置内部管理和项目运作流程，将西方先进的合伙人模式很好实现了落地，很好保证了设计品质。

绿城东方成立于 1998 年，伴随中国经济的迅速发展，在业界广泛影响力。截至 2011 年，在杭州、上海、北京、南京、宁波等地设有办公室，拥有专业技术人员近 600 余人，其代表作包括桂花城、春江花月、北京御园等，以项目高完成度享有盛誉。其建筑哲学定位于追求建筑永恒的价值与美，不追求夸张的形态，讲究建筑细部与整体协调搭配，甘做城市高品质背景建筑；在品质上追求卓越，通过严格控制建筑构造、材料、施工工艺等建造全过程，从物质角度达到最好呈现，作品不是个人理想的彰显，绿城东方以一个集体的力量为城市和社会贡献恰当的、高品质的设计。

绿城东方长期以来恪守合伙人制的项目管理方式，使得每一个项目都由一个或多个合伙人全程控制，从而保证项目品质。其创始人希望通过机制设置来保证在企业规模不断增大的过程中，能够保证企业高完成度的特征，因此其学习了西方建筑设计著名品牌的管理经验，如 SOM、KPF 等，在企业构架、运营方式、建筑师管理等方面吸收了许多模式（图 5-3）。

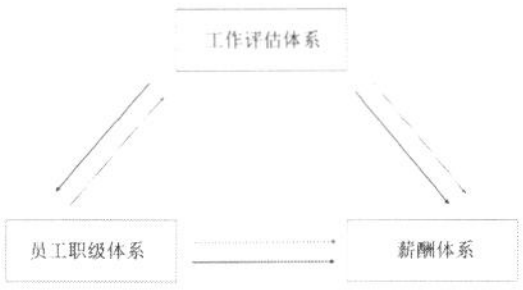

图 5-3 绿城东方评价体系

伴随规模的不断增长，其合伙人队伍也不断增长，从开始时的2个人发展到2011年的11个人，分布在上海、北京和杭州三地。同时，合伙人也分级，分为创始合伙人、高级合伙人和项目合伙人，并建立了完善的建筑师成长通道，指引建筑师从进入公司到成为合伙人的整个职业发展过程。

绿城东方积极思考如何在中国传统文化环境下，使源自西方契约文化的合伙人制在中国能很好运用。设计行业属于人力资源主导型企业，高端的人才对设计企业来说非常关键，但由于建筑师职业所需要的创意需要建筑师更为自我，这点与企业所需要的团队精神形成矛盾。绿城东方所采取的方式是：让合伙人团队最大程度专注于设计，通过组建一个有效的管理团队协调所有与人力资源、项目流程相关的易产生矛盾的环节。合伙人下设若干设计小组，每组15个人左右，小组设组长，负责组内人员的调配、利润分配，而合伙人在得以责任解放后，专心做设计，控制设计（图5-4）。在绿城东方，组长的作用非常重要，从某种意义上解放了合伙人，让这批富有个性的优秀设计师得以在同一屋檐下保持自由性，从机制上保证了设计水平。此外绿城东方行政部隶属于总师办，除了承担技术管理、技术资料管理和品牌宣传以外，总师办还对技术人员进行管理，工作内容包括：各设计部门分设人员管理主管的周例会、季度考评、半年一对一的谈话等。行业内通常做法是会招聘人力资源管理专业的人去管理，绿城东方则认为在设计公司，行政要为设

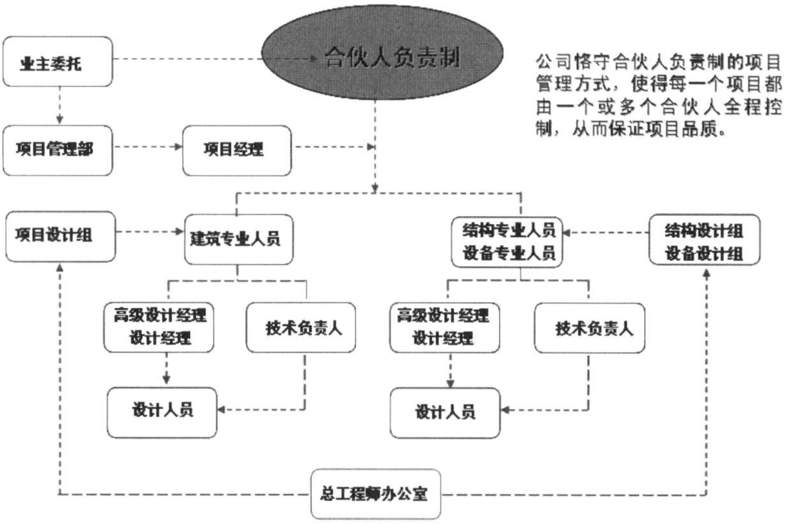

图5-4 绿城东方项目操作流程

计服务，应当由技术口去协调人力资源，这是理想状态，也能达到最好管理效果。

合伙人价值观一致性是保证合伙人机制持续的原因。对产品品质的追求，以设计为核心的公司管理理念，建筑完成度的执着坚持，是企业社会责任感体现。对合伙人核心团队的机制解放，是对建筑创作的最大支持，从而保证企业核心竞争力。合伙人之间总是把“事情做好”放在首位，在利益方面不过多计较，是企业掌舵人的气魄。不断帮助员工成长，真正实现从基层直到合伙人层面的上升通道，是企业对员工郑重承诺。凡事都本着“向善”的原则，只有真正道德高尚，才能成就一种企业文化，成就一个品牌。绿城东方之所以冠有东方二字，体现其所秉持的东方精神，重道义，重道德是其对企业文化的精髓。

二、日建模式引入——上海日清建筑设计有限公司

国际通行做法往往是由建筑师把控与建筑造型密切相关的部分，并在施工方配合下（设计配合与现场洽商）完成相应的技术选型和式样设计，建筑师的工作范围从建筑方案设计一直衍生到建造完工全阶段。专业厂商和施工企业依次进行满足性能和工艺的生产设计，并配合工艺与工序绘制相应的图纸文件，在设计师认可签字后进行施工并接受设计师的监理。同时，建筑设计事务所在完成建筑设计之后与其他专项事务所合作来完成建筑结构设计、景观设计等，通过市场性选择，达到优秀资源的整合，完成高品质项目建成效果。

20 世纪 90 年代，我国大力推行专项事务所制度的目的就在于此，但运行不顺畅。这种社会分工合作的方式需要建筑师投入更多精力，服务的内容和周期都大大延长，造成经济效益的下降。此外，与建筑事务所配套的专业事务所的数量稀少，也是造成运行困难的主要原因。虽然存在困难，但这一制度所能带来的高品质仍使得一些对品质高要求的建筑事务所采用这一项目模式。

上海日清建筑设计有限公司成立于 1997 年，创业初期以项目公司的形式在上海承接设计工程，1999 年正式注册。创始人宋照青的目标非常清晰：以坚持独立创新为原则，以设计为根本，不断致力于时代前沿的新技术开发，并以此为契机，将文化的概念反映

到其作品中，体现了人类文化的演化过程，反映了时代的特征。其战略合作的大型地产公司包括：万科集团，金地集团，龙湖集团，大华集团，中体集团，仁恒集团等，其代表作包括：金地未来、小院青城、湾流域、天域等（图 5–5、图 5–6）。

日清设计创始人宋照青毕业后，选择去境外企业学习国外先进经验，1998 年到 2001 年作为日清设计国际有限公司的主任设计师在上海新天地项目进行为期三年的设计及施工配合工作。这样的工作经历让他深刻认识到建筑师与建筑相关领域的其他各专业充分合作分工的重要性，也认识到建筑从设计到建造全过程是一个社会化过程，需协调并集合社会多种因素的必然性。

正是基于这样的从业经验，日清设计一开始就确立了追求高完成度的建筑设计价值取向，致力于高品质建成项目的实现。宋照青

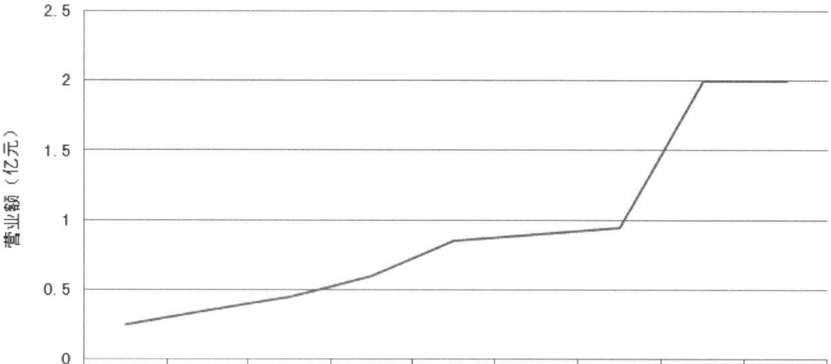

	2003年	2004年	2005年	2006年	2007年	2008年	2009年	2010年	2011年
—日清	0.25	0.35	0.45	0.6	0.85	0.9	0.95	2	2

图 5–5　2003—2011 年日清设计产值发展图表
（来自《设计新潮》2003—2011 排行榜数据）

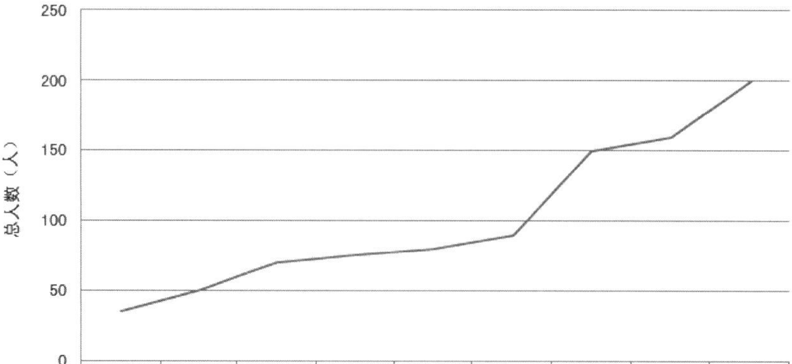

	2003年	2004年	2005年	2006年	2007年	2008年	2009年	2010年	2011年
—日清	35	50	70	75	80	90	150	160	200

图 5–6　2003—2011 年日清设计员工人数发展图表
（来自《设计新潮》2003—2011 排行榜数据）

认为，作为一个称职的建筑师，尤其是一个在中国从业的建筑师必须摒弃固有的闭门造车的观念，他更愿意把自己称作“营造建筑师”，不只是完成设计图纸，更应该将精力放在推进项目的实现过程，关注材料运用、施工细节、相关专业的协调等问题，把项目实施放在“营造”标准上去衡量，将建筑师工作范围延伸到整个建筑生成的周期中。宋照青更多强调以自身的表率作用来影响整个团队，要求团队负责人对每个项目都必须身体力行，以建造为设计的最终指向。宋照青每天手绘大量图纸和节点大样，去工地的次数更是频繁，以个人魅力塑造企业文化，感染每个员工。

同日本的建筑行业不同，国内施工企业普遍没有制图和研究能力，因此长期以来，通过汇编通用的施工详图以供各大建筑设计机构选用，很难满足具体的、日新月异的操作技术的要求，造成设计的节点与细节僵化。[①] 日清设计很早就意识到建筑细部对于项目最终建成品质的重要性，尤其在其长期从事的住宅类型设计中，近人尺度的构件更会直接影响使用者的感受。因此，在国内没有丰富的成熟工业化产品可供选择的情况下，日清设计会根据设计要求自行设计，交于厂方生产，用这种方式最大程度地保证设计的完整性。长期深耕住宅设计，让日清设计对尺度、材料、细部把握更为敏感，在办公空间里，自行设计的门、窗等构件随处可见（图 5-7）。

此外，日清设计还积累一批外部优秀专项化设计团队与其共同工作，所谓术业有专攻，这样的项目操作方式保证了设计资源的最佳匹配，与日清长期合作的优秀团队有：日本户田芳树景观公司、牧桓空间设计等。在长期与这些团队合作过程中，双方建立了良好的默契，沟通成本低，保证了每个专项设计的高品质。这种合作方式在国外非常常见，成熟的设计市场中，上下游企业的供给非常充沛，可以通过充分的市场竞争来选择最优的组合，保证最优设计品质的同时也充分使用了市场经济工具，在更为公平、开放的市场经济中获得双方利益最大化，避免了在许多综合性设计公司中经常会遭遇各专业互相扯皮、缺乏竞争意识的局面。社会分工细化是市场逐渐走向成熟的必然特征，在充分市场竞争的环境中，优质资源进行合理整合，成为建筑设计专项事务所完成高水准项目的模式之一（图 5-8、图 5-9）。

① 姜涌 . 建筑师职能体系与建造实践 . 北京：清华大学出版社 .2005

图 5-7　日清办公楼内景，随处堆放的材料样品以及自行设计的窗格

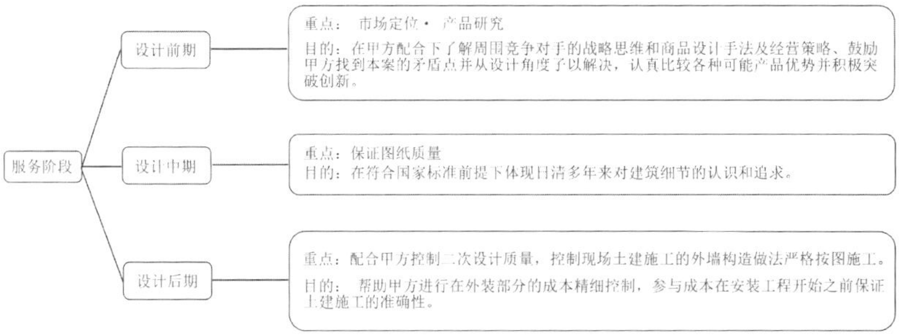

图 5-8　日清服务流程图（来源网络，整理）

在许多日清近年来的优秀建成项目中，可以看到这种配合模式下的创意呈现和高完成度。如重庆万科悦府售楼处中的旋转楼梯设计，整个楼梯悬于中庭中，非常纯粹大气，显示高品质的空间体验，整体钢结构出自同济大学钢结构研究所。如在西安秦二世博物馆项

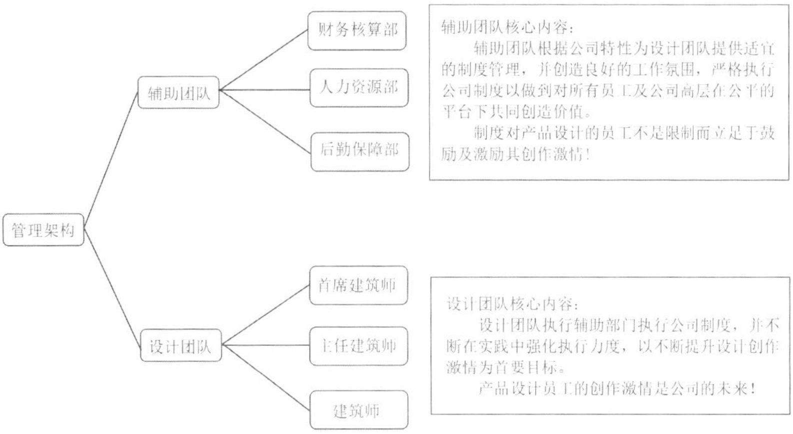

图 5–9　日清管理构架图（来源网络，整理）

图 5–10　日清秦二世博物馆，具有较高的完成度

目中（图 5–10），日清设计非常重视这个项目，在完成了建筑设计部分，景观设计交给日本著名景观设计大师户田芳树先生来操刀设计。日清设计在整个项目实施过程中采用了类似于西方建筑师负责制的操作模式，但从其所付出的人力成本远远超过预算。在项目

三号楼椭圆中庭幕墙的设计过程中，本应有外围一圈坡道的存在，但这样的做法会使幕墙节点的设计变得较为复杂，为了保持中庭空间的纯粹感，同时幕墙的框料也尽可能轻巧，在与结构工程师的多次沟通中将幕墙的主体框架作为坡道的支撑结构主体，并选用了外观上更显轻巧的梯形钢作为主框架，最终中庭的整个坡道实现了与幕墙连成一体的结构，达到令人满意的空间效果。日清设计也正是十年如一日对专业坚守，对品质追求使其在行业内始终享有品牌美誉度，其完成大量建成项目向行业展现其对细节近乎苛刻的追求和打磨。

三、建筑品质和细节控制——绿城设计

现场控制和配合是设计图纸完成之后进入施工阶段期间影响最终建成品质的重要因素，但由于这些服务内容在我国并未受到业主经济上的认可，因此造成不少建筑设计机构并不愿意投入过多精力，最终造成项目完成度不高的结果。但也有一些设计机构认识到这一环节缺失，非常看重施工配合阶段，甚至将这一过程看做二次创作或者矫正图纸的机会，这样的做法无疑对其项目经验积累和完成度控制起到积极作用。

浙江绿城建筑设计有限公司就是这一做法的坚守者，绿城设计成立于 1997 年，其坚持追求高品质的设计态度，在 15 年时间内快速成长为知名设计品牌。绿城设计在实践过程中意识到中国建造现实存在许多无奈，在建造管理、建造材料丰富度、建筑构件工业化等方面都与西方成熟市场存在着较大差距，对此绿城设计严格设置自身的设计底线并力争突破和坚持。绿城设计长期以来保持其“匠人”本质，坚持直面建造现场的执业理念，全情投入设计建造过程，尤其重视施工现场“再设计”过程。在他们看来，建筑项目的高完成度，不能仅依靠图纸深度，还需依靠建筑师全过程中对设计意图的贯彻，且当下中国设计现状是设计周期极为仓促，更需要建筑师在施工过程中进行后期弥补。在项目进入施工阶段后，对于整个场景的把握使设计师从项目图纸和建筑单体层面跳出来，具有更好的环境体验感。绿城设计的作品很少套用现成的图集，详图更新频率很高，每次项目建成后，设计团队都会实地校验，对细部做法直观地推敲。绿城设计的详图不是画得细，而是更强调尺度推敲，不同尺度的建筑，其细部往往也不同，

从而实现设计深度的提升。为最大程度保证建筑的建成效果，建筑师被要求全程参与，从方案创作、扩初、施工图绘制、建筑细部的推敲、建筑材料的选定，全面进行把握。在项目建造阶段，特别是外立面建造阶段，项目合伙人几乎每周都会带领主要设计人员去工地现场，查看细部节点的做法是否准确到位，尺度是否合适，材料选择是否有偏差，施工人员对设计意图的理解是否到位，随时提出可行性的修改方案。据其合伙人介绍，他们往往在工地上进行二次设计，这一过程将解决占总设计量的 30%~40% 深化调整性设计。刚进入绿城设计的建筑师会被要求更多地去施工现场，用这种方式来帮助其快速建立起“建筑感”。在远近视角的不断转换过程中，设计作品也逐渐接近理想状态，也更符合使用者对建筑的真实的切身感受。

建筑竣工后，绿城设计的建筑师还需要进一步与景观设计师协调造园手法，保证建筑师设计理念贯彻到每一个部分，控制项目的整体性。经过建筑师和景观设计师共同营造的建成环境，置身其中所获得的全方位的感官感受，往往让人印象深刻，体现了建筑师以人为本的设计理念。

当中国建筑师希望营造出能与西方优秀建筑相媲美的建造效果时，经常会遭遇中国材料短板的尴尬。不同质感、色泽的建筑材料往往传达出迥异的建筑气质，而进口国外材料的高昂费用令开发商往往拒绝承担。面对这一问题，绿城设计选择和材料商积极互动。材料商设计审美的缺乏是其无法生产出建筑师认可材料的最大障碍，因此建筑师的介入无疑非常有效，或设计构造节点，或不断调试材料的颜色、质感，可以说，绿城设计对于能够提升建造效果的任何有效环节都不吝惜时间和精力的付出（图 5-11）。许多与绿城设计合作过的材料商都从合作过程中获益良多，由两者共同开发的材料往往也具有很好市场效益。

四、设计总包——汉嘉设计集团

设计总包是国际成熟的工程设计服务类别之一。国际通行的设计总包概念是：从项目立项开始到项目竣工的全过程设计及咨询服务，即提供规划设计、城市设计、建筑设计、园林景观设计、装饰设计、市政设计、岩土工程设计、智能化设计等泛建筑设计服务，可以说是项目设计的“交钥匙”工程。作为全球排名前列的建筑设

图 5–11　浙江绿城成名作上海玫瑰园细部图

计公司，美国 HOK 公司通过逐步延伸设计产业链，始终尝试向不同设计领域拓展的方式来增强核心竞争力。

伴随汉嘉设计集团全国化战略和产值规模不断扩大，技术积累和提升成为其做大做强必须完成的任务。汉嘉设计集团首先选择做强杭州总部，不断兼并杭州当地优质资源，完善各项资质，全面实施设计总包战略。2011 年，汉嘉杭州总部设计部门已经包括：规划设计院、建筑设计院、园林设计院、装饰设计院、岩土设计院、智能化设计院、幕墙设计院、经济所，基本完成设计链全覆盖。同时，汉嘉拥有建筑行业设计甲级资质、风景园林工程设计甲级资质、建筑装饰设计甲级资质、建筑智能化设计甲级资质、建筑幕墙设计甲级资质、消防设施工程设计甲级资质、轻钢房屋钢结构工程设计甲级资质、村镇建筑工程设计甲级资质、市政行业给水、排水、道路、桥隧工程设计乙级资质，努力打破行业壁垒，为民营设计公司发展打开更广阔的可能性。

2011 年，汉嘉完成的设计总包项目有“海峡国际社区”项目。该项目位于厦门本岛东海岸会展片区，定位为高端滨海度假社区，项目分多期开发，一期“茂宜·果岭”项目包括有 4 栋精装顶级水晶公寓、6 栋高层观景公寓和 10 套联排别墅，共约 852 户。二期项目 12 幢楼宇已全面动工，建筑面积有 25 万平方米，2019 年以全部精装修面市。这里也没有多余的装饰，没有过多的色彩，但空间层次分明，分区合理，处处体现简约而不简单的美学元素。汉嘉设计集团在这一项目中承担了设计总包的角色，从前期策划、建筑设计、室内设计到景观设计，覆盖全设计过程，相比普通项目模式，实现较高的完成度和品质。

在当前建筑设计行业，设计总包的实施条件有限，市场认可度不高，业主方为此买单的热情不高。此外，能提供全程服务的建筑设计机构还不多，服务质量及各环节的衔接还有待进一步的磨合。

五、精品建筑全程控制——上海中房建筑设计有限公司

由于当下设计总包市场环境不成熟，一些设计机构针对市场存在的需求创新地采用了一种新的服务模式，即“精品建筑全程控制”。上海中房建筑设计有限公司创建于 1979 年，是有较大影响力的甲级综合性设计公司。作为“精品建筑全程控制”设计的实践者，其积极尝试从项目策划、建筑设计、室内设计、景观设计、项目管理和施工监造等各个环节对项目营建的全程提供设计控制和服务支持。在走过了初创期、规模发展期后逐步进入追求品质的发展阶段。中房设计开始尝试“精品建筑全程控制”方式（图 5-12），希望能够通过这种项目操作方式来实现一批高品质的建成项目。“精品建筑全程控制”概念基本涵盖设计全过程，包括项目策划、建筑规划、建筑设计、室内设计、景观设计、平面设计等设计环节。而其中像建筑、室内、景观设计环节又包括：

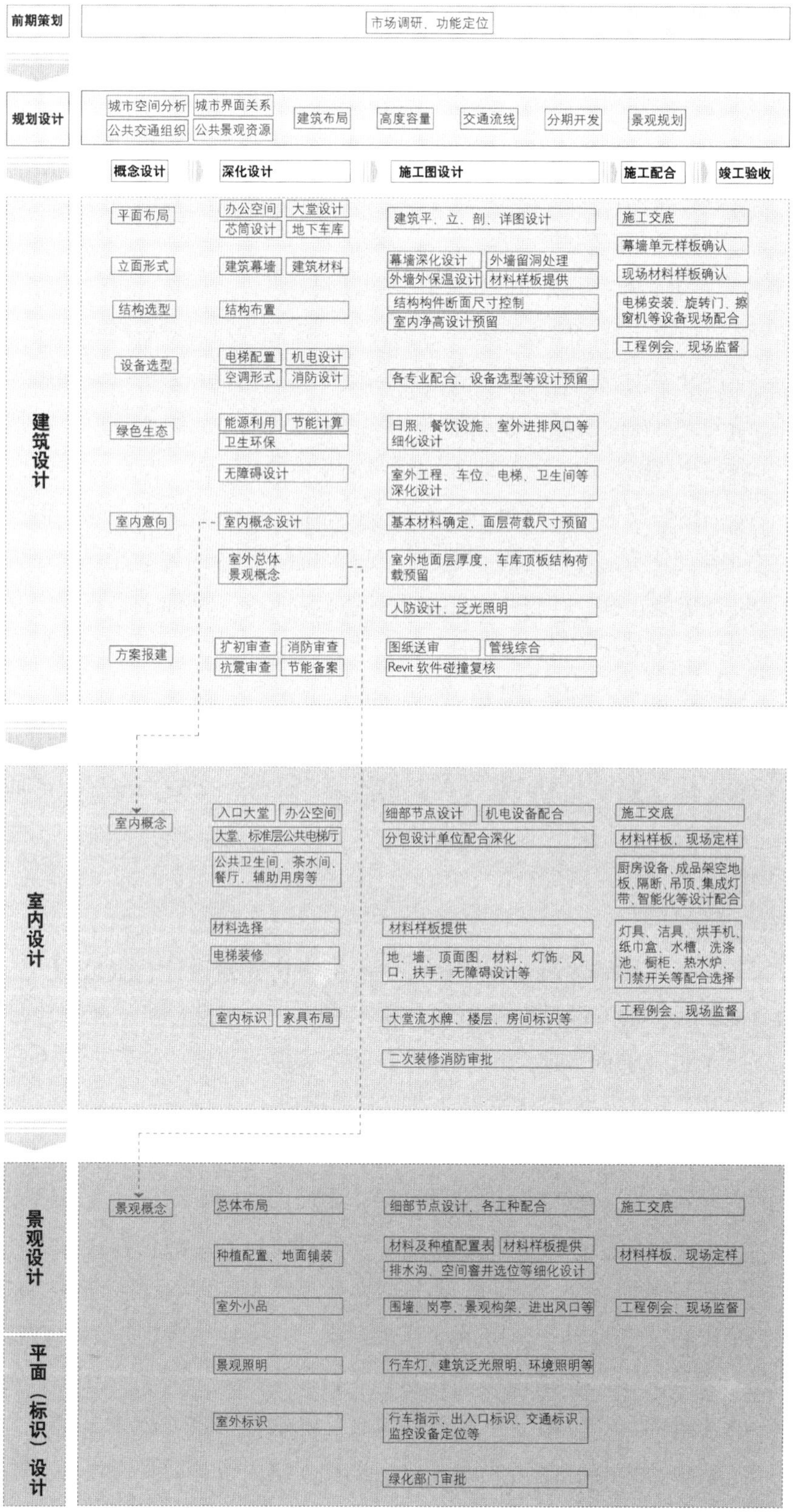

图 5-12　中房“全程控制”项目流程表

概念设计、深化设计、施工图设计、后期配合等。建筑师通过全程设计或参与控制设计，力求各环节相互配合和协调，最终取得1+1 ＞ 2 的整体效益。中房设计提出的“精品建筑全程控制”与”设计总包”的概念略有不同，“设计总包”通常做法是由设计公司牵头，分别与其他专业公司签合同，进行总协调、总管理，这往往需要花费许多管理成本。而精品建筑全程控制”除包括上述总包服务内容外还需要对其他合作方的建成效果进行控制，起到监管、控制作用。

“精品建筑全程控制”不仅仅是图纸层面的工作，更多关注后期服务，技术交底、小样确定、施工现场控制等。此外，“全程控制”更强调交叉专业的控制，这对建成效果的影响很大，中房设计在这方面的经验获得了甲方的广泛认可。“精品建筑全程控制”的实现机制是将建筑设计的各阶段分成若干控制节点，制定各节点的具体控制标准，通过设计管理逐级把关，使建筑设计在全程范围内可控和高质。将建筑设计与室内、景观、幕墙、灯光、平面等各阶段细化设计专业的交叉点梳理清晰，制定各交叉点的控制目标，通过建筑设计与相关专业的会审，使全程设计可控、高效。

在实际工作中，中房设计采用 2 套“控制流程”。在建筑设计方面，方案、扩初、施工图等每个图纸深化阶段制定相应的图纸样本，比如提报方案做到什么程度，报批文件做到什么深度，等等。此外，在各专业的交叉点也设置标准，编制重要节点控制标准，建构完整的流程体系。目前实施“精品建筑”方式的项目能占 20%~30%，就中房设计当前承接的项目来看，可以分为两类：一为“类型型”项目，甲方对其有明确的设计指向性，建筑师更多致力于细部刻画和高品质的塑造；二为“创作型”项目，建筑师有更多创作空间，可以更好表达创作理念。2009 年中房设计的 5 个获奖作品都是创作型作品，印证了这一项目模式的成功（图 5–13）。

不论实施哪种方式的高品质项目管控模式都会带来设计人力成本的上升，高完成度意味着建筑师更多的投入。近年来，低价竞争的行业恶性竞争并不鲜见，但随着整体市场日趋成熟，不少业主也逐渐看到品牌价值所在，愿意出更高价格来买优质的设计和服务。“全程控制”对建筑师提出更高要求，要求建筑师对交叉专业有一定的了解，包括室内、景观、幕墙、灯光等，针对原

图 5-13　黄浦中心是中房在“精品建筑全程控制设计”的实践项目

先只专注于本专业的现象，中房对建筑师加强其他专业的培训。目前，在中房担任“全程控制”的建筑师往往要求具有 8~10 年的从业经验，并且已完成了一批高品质项目。中房“精品建筑全程控制设计”的目标是：首先是建立精品建筑全程控制设计的实践规则和样板工程；其次是将精品建筑全程控制设计理念尽可能地覆盖所有具备条件的中房建筑项目；最终目标是中房精品建筑更具原创性和时代性，使中房建筑成为一家具有国际视野的本土创作型设计公司。

六、总建筑师工作室——天津华汇工程建筑设计有限公司

规模化设计机构随着规模扩张，带来设计创新僵化，丧失创作活力。有些建筑设计机构通过在内部构建一些“轻质”的特殊团队起到调节作用。

天津华汇工程建筑设计有限公司成立于 1995 年，在上海、深圳、厦门、北京设有分支机构，成立以来完成包括学校、博物馆、高层办公等各种类型建筑，截至 2011 年获得全国优秀工程设计银奖、铜奖各一项，建设部一等奖 2 项、二等奖 13 项，天津市一等奖 21 项一级其他各类别奖项若干项。2011 年人员 200 名左右，

产值接近 1 亿元。公司的领军人物周恺在 2008 年获得全球十大华人青年建筑师和国家工程勘察设计大师称号。在他的直接带领下，华汇公司从刚刚成立的十几个人迅速成长为在业界颇具影响力的公司。华汇的作品特征鲜明，可以看到以全国勘察设计大师周恺领衔的创作团队朴素的建筑设计观：用最简单的设计语言把功能要求和限制因素巧妙地解决，不一味追求新、奇、特，而是创造性的立足中国现阶段的建造技术水平，实现更具先进性和时代感的艺术效果。关注空间，关注建造，在限定中做好“恰如其分”的建筑。① 2011 年，华汇设计由包括周恺在内的 3 个合伙人共同组成，原先由周恺任总经理，但公司成立没太久，周恺希望能够更专注于设计工作本身，只担任总建筑师职务，全身心投入建筑设计。伴随频繁获奖，名声鹊起，有许多社会活动邀请其参加，周恺却还是一如既往地将 95% 的时间放在设计上，推掉许多额外的活动。华汇设计很注重项目现场驻场，因此天津总部的大多数项目都在天津本地，确保提供最好的服务，提高项目完成度。2011 年，华汇公司总部构架是建筑前期部分分为 5 个组，后期为 4 个组，周恺主要负责公建部分，周恺工作室设多名助手，辅助周恺完成项目前期创作，其后再和具体小组形成对应关系，成为每个组和周恺之间的沟通桥梁，从而使周恺本人可以发挥更大的作用。周恺工作室还是整个华汇设计的优秀人才的孵化器，每年公司进新人，往往会挑选适合工作室机制的建筑师跟随周恺本人操作项目，保持传统的师傅带徒弟，言传身教的方式，等其较成熟时，可以按照公司需要去带领团队，成为整个公司的重要设计力量。周恺工作室的存在使整个华汇设计与一般的民营设计机构相比，游走在商业和学术之间，同时，也塑造了一种独特的企业文化，更重视感情，有很强的凝聚力，流动率很低。

周恺工作室在公司的二楼，配有较大的资料室、材料陈列室以及模型摄影室，周恺的办公室里到处可见建筑模型以及富有个性的摆件，有很强的手工工房的感觉（图 5–14）。加上咖啡和音乐，整个工作室设计氛围浓郁，周恺每天就在这个空间里与助手们共同讨论设计，手绘草图，感觉就像在学校里一般，这和周恺本身是在天津大学承担教学工作也有关系（图 5–15）。

华汇设计作为一家民营设计单位在天津比较保守的北方城市中有很高的社会影响力，这与整个中国民营设计机构往往没有话语权

① 徐洁，支文军 . 建筑中国 2：当代中国建筑设计机构 48 强及其作品（2006—2008），辽宁：辽宁科学技术出版社，218 页。

的现实形成鲜明对比。周恺是民营设计机构中第一位拥有“建筑大师”的称号，而这项殊荣长期以来为国有设计院所垄断。正与华汇长期以来实行周恺工作室模式不无关系，这一特殊的设置在很大程度上保证了华汇设计出品的高品质。

图 5–14　周恺设计工作室环境

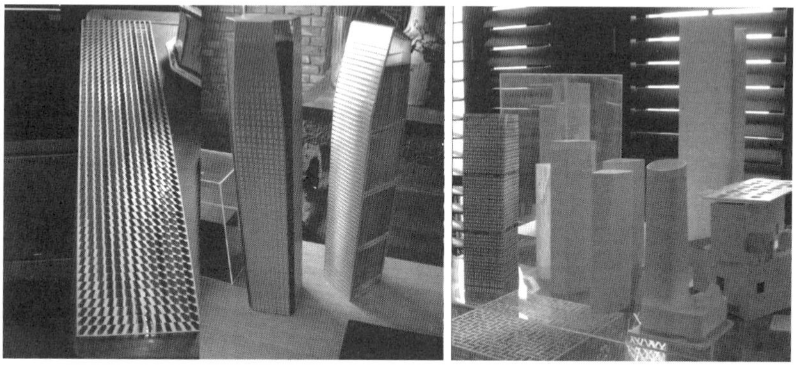

图 5–15　周恺设计项目模型

第四节 全面把控设计产生过程

对于组织型经营的建筑设计机构，保证最终设计品质必须从制度层面进行控制和创新，强化设计因素，最终导向结果优化。当下民营建筑设计机构积极学习西方先进项目管理模式，在机构管理体系、项目操作流程等制度层面进行积极创新和实践。这些借鉴来的西方模式在脱离了原先制度土壤之后，需要运用中国智慧并与国情相结合，因此需要一定程度的改良和变通。

一、用机制来保证设计品质

1. 品质时代的到来

虽然国内建筑设计市场一直处于高速发展阶段，但不少民营设计机构也认识到行业终将告别暴利时代，随着本土设计品牌的成长，必须将设计品质放在首位，依靠好的项目说话。民营建筑设计机构都将逐步经历企业化转型过程，许多民营建筑设计公司已经从原先几十人的小作坊发展成为具有一定规模的现代设计企业，其内部管理也逐步从人治转向制度化建设阶段，在这一过程中必须回归以建筑设计为中心，以建筑品质为核心竞争力的企业根本发展理念上来。企业规模小的时候可以通过简单的创始建筑师事无巨细的甚至自己作图的方式来保证设计品质，但当企业规模超过百人之后，就必须依靠制度。西方成熟的建筑设计机构在全球人数往往超过千人，其之所以能保证较高的设计品质，其根本在于其设立了一整套适合设计行业运行规则的、围绕设计品质的各项制度，包括组织构架、设计流程、技术标准等各个层面的制度。在其用这些制度建立起来的平台上，不同的资源团队和建筑师可以发挥其优势，借用其他优势资源，保证其最终的设计品质。在这种成熟的管理模式下产生出来的高品质建筑绝不是某个优秀建筑师的个人作用，而是整个机制带来的必然结果。而当下我国民营建筑设计正处在这一历史性阶段，西方的成熟管理经验可以提供很好的借鉴，但与中国文化和企业自身文化的接轨考验中国经营者的智慧。

2. 机制保证设计品质

任何行业的成熟都会经历制度和体制的不断成熟。选择规模化经营模式就不能仅仅通过主创设计师的事无巨细来达到最终

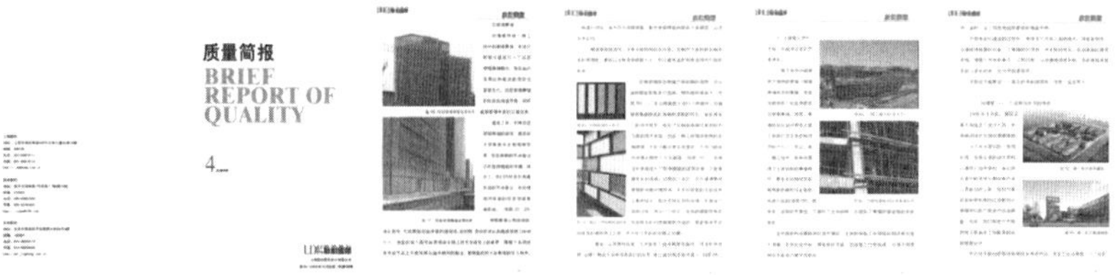

图 5-16 联创国际通过质量简报方式来加强质量管理

品质控制，主创设计师由于不信任下属，而只让下属从事很简单的辅助工作的管理方式，长此以往，会限制员工的发展，无法培养中坚设计力量，带来企业无法进入良性扩张的发展瓶颈中（图 5-16）。

此外，设计企业在制定制度时必须以建筑设计品质为主导，巧于利用市场因素的推动作用。市场化因素会使建筑设计企业内部制度建设向效率高的方向集中，这本身会推动企业向更好的方向发展，效率的提升必然带来经验积累的加速，也使企业面对市场不断提升竞争力。建筑设计品质更多体现在出发点和最终结果层面，而市场因素则是“器”。通过“市场”这个有效工具，以设计品质为准则，共同推动企业运作，最终达到两者平衡。

二、设计机制创新——管理体系模式创新

在当下民营建筑设计公司性质上，往往为有限责任公司、合伙制企业。源自合伙制企业的合伙人制度在当下往往转变为企业内部的管理系统，这种合伙人内部管理制度和有限责任公司性质的结合，成为西方成熟管理经验和中国设计行业现实相结合的产物。小型设计企业，一般规模在 100 人以下，往往可以采用合伙公司性质，由 5~6 个合伙人控制，最大程度控制所有项目，这一模式对于百人规模以内的小型设计公司非常适合。

当设计机构规模提升后，为规避合伙性质公司的无限连带责任，其公司性质一般为有限责任公司，其内部可以采取合伙人管理体系或者技术骨干持股的模式。这两种模式都可以较大发挥技术骨干的工作热情，使其具有归属感。而合伙人管理体系则可以更大程度强调对设计品质的严格把控，是当代建筑设计机构基于中国现实下的体制创新。合伙人制度与 2002 年后兴起的技术骨干持股模式相比更多强调集体创作的优势，对设计品质保证作用更明显。这样的管理方式可以运用于总部在 200~300 人，加上全国

分支后总企业人数在千人以下的设计机构采用。随着规模从 200 人发展到千人，其过程中往往由 5~6 个合伙人成长到几十人的合伙人团队。这一模式在绿城东方上运用得很好。

而以华汇建筑设计的周恺工作室为代表的工作室模式则相对更为灵活，其最大优势在于可以最大可能发挥知名建筑师个人创作能力，使建筑师个人品牌和企业品牌并存。这种模式可以运用在各类规模的设计机构上，但由于其必须有合适的、具有一定知名度的设计师作为支撑，而企业则更多是创建一个平台，知名设计师能够将更多精力集中在创作层面，比自主创业更有吸引力。

三、设计机制创新二——选择合适的项目操作流程

全过程控制是保证涉及品质最重要的方式，但由于中西方建筑设计行业对建筑师工作范围的不同界定，导致中国建筑师往往停留在方案设计阶段，现场建造阶段的介入往往不深。但随着建筑设计行业发展进程，基于自身品牌的需要和业务范围延伸的原因，许多设计企业推出“设计总包”、“精品建筑全程控制”等相近的概念，其核心都是建筑师将工作范围向前、向后延伸，保证设计落地性和最终完成度。这样的做法确实对于整个项目的控制更为有利，但由于原本对建筑师职业范围传统认知还需要市场认可和接受，建筑设计项目本身的饱和，甲方并不“买单”等问题造成不少设计机构在现阶段更多以自贴腰包的方式来追逐自身的建筑理想等不利因素，“设计总包”“精品建筑全程控制”等尝试全过程覆盖的项目操作方式的普及还需时日。此外，这样全过程项目覆盖的方式由于其对建筑师提出更高的要求，需要建筑师对除了建筑设计以外有更广的专业能力，因此不同规模和发展阶段的设计企业应根据自身的情况来选择适当的方式。

设计总包的项目操作模式需要设计企业具有较大的规模以及相对全面的各专业团队。目前已提供这种服务模式的民营设计企业包括：汉嘉设计集团、绍兴华汇设计集团、CCDI 等，规模都在千人以上，各项资质证书齐全，具有良好的各团队合作机制，提供菜单式服务，可以根据业主的需要选择全部，或者几项专项服务。这种模式也主要适用于一些大型或者专业度较高的项目情况。对于规模小的建筑设计机构则往往可以根据自身团队情况，提供几项可以衔接的环节，或者在某些单项建筑类型上提供比较全程

的服务。

“精品建筑全程控制”概念，与设计总包概念相近，但更多聚焦在建筑设计范畴。同时，还有一个特点是，其往往更多体现对项目的选择，这些项目本身会给建筑师比较大的创意空间，或者建筑设计公司本身就是甲方之一，这种条件下，往往可以最大程度释放建筑师的创意。这种方式也可以为设计企业打造品牌，是现阶段还无法大幅提高要价能力的情况下，建筑设计企业可以选择的方式。这种项目操作方式适用于中大型设计企业，选择有条件的项目，着力打造。

而对于规模更小的、人数在百人以下的建筑设计专项事务所则可以学习日清设计的做法，专注于建筑设计本身，其他的结构设计、室内设计、景观设计等专项设计交给其他专业事务所来完成，通过市场方式来完成优质资源最有效的组合方式。但这样的模式在中国还很不成熟，国内没有大量的、优质的单项专业事务所的供给，虽然国家在 WTO 之前曾积极推动专项事务所设立，但效果并不明显。因此日清选择的合作方不少是境外的，造成成本较高（图 5–17）。

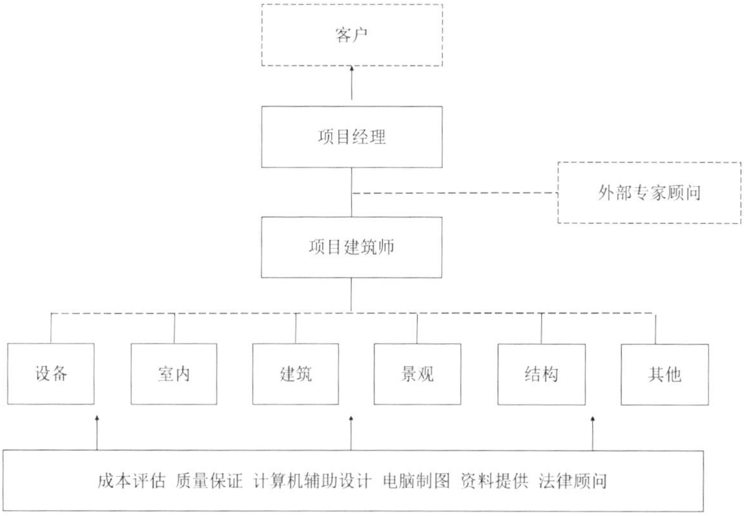

图 5–17　日本九米设计公司采用扁平化的项目管理模式

四、行业标准建立和管理的不断完善

建筑设计行业之所以产生“设计跑量”的现象，建筑师为了追求利益而不断压缩单个项目工作时间，究其根本原因是我国建筑设计行业的标准还不够完善。西方建筑师职业化水平较高，其设计费的设定源自于其能准确测算出每个项目所需要的人力成本。市场像一个无形的手，导致所有要素按照特定的规律不断发展。当下，许多设计机构通过制度调整来保证设计品质，但其前提都是降低企业利润率为条件，这样的做法对于一些执着于建筑师理想的公司是奏效的，但从更广泛的范围来看，要想从根本上解决这一问题，行业标准的不断完善才更为重要。行业标准包括：设计收费标准、建筑师薪酬标准、企业利润率标准，等等，只有这些标准系统的建立，给予设计单位以参考标准，使得企业准确了解到企业的运行状态，进行合理调整。也能更好规范企业行为，避免建筑师到处寻价的恶性挖人，使设计生态趋向健康。境外设计行业协会在这方面发挥比较大的作用，以德国为例，如果行业中出现哪家设计单位恶意降低设计费用，大量跑量设计，其他设计协会会员单位可以向协会举报，协会也将采取一定措施，通知和阻止该企业继续这种恶性竞争的商业行为。从而，使整个设计行业处于合法竞争的市场环境中（图5–18）。就当前国内设计行业现状而言，要建立成熟的建筑设计市场，提升职业化程度将是一个漫长的过程。

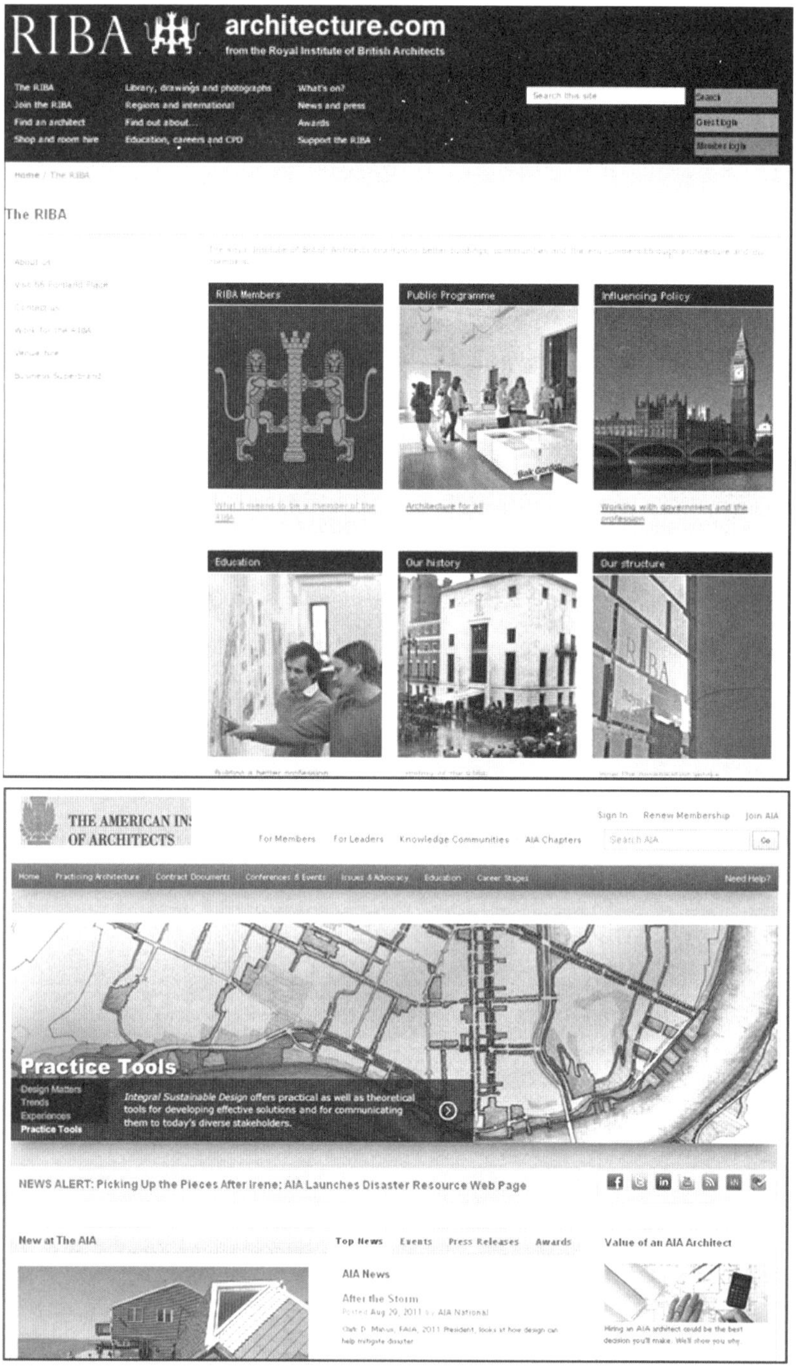

图 5-18　国际设计行业协会网站图

第六章　中国建筑设计行业将经历阵痛：从“市场化”逐步转向“设计化”

进入发展新时期，以设计为核心的建筑设计机构运作模式需要管理体系的建设和不断细化，积极从市场营销、客户关系、财务管理、成本管理、流程管理、组织架构、人力资源、绩效管理、知识管理、研发创新等方面全面进行调整，搭建更好的创作平台，使建筑师用更好的心态投入创作本身去。

在这一转型过程中，中国建筑设计行业的职业水平将得以提升，也将在当代民营建筑设计机构中涌现出能够反映这个时代特征，从市场和设计双方面都取得良好效益的优秀本土建筑设计机构。

第一节　西方现代建筑设计机构的发展模式

西方现代建筑设计机构诞生于20世纪初，经历了快速发展阶段和多次经济周期的考验，已经走过百年发展历程。当今许多知名建筑设计品牌大多诞生于第二次世界大战之后，经历半个多世纪的发展历程。同中国当下建筑设计量井喷的现状相似，西方发达国家以及近邻日本都经历过设计行业繁荣的历史阶段，同样也出现过建筑设计机构追逐利润的恶性市场化倾向，存在设计品质下降的行业现象。

在经历了本土建筑市场饱和及全球经济衰退之后，西方建筑设计市场管理日趋成熟，建筑设计机构发展模式也趋向多元，现代企业的管理模式与建筑设计行业特征结合，在商业模式、项目管理、设计品质保证等制度方面建设都日趋完善。

中国建筑市场持续火热，不少民营建筑设计机构过于追求企业利润，市场化倾向严重。这些背离建筑设计行业本质的做法在遭遇行业寒冬之时，将使企业面临巨大危机。反观西方现代建筑设计机构在面临经济低潮时所采取的积极模式调整无疑值得当下中国本土民营建筑设计机构借鉴和学习。

一、西方现代建筑设计机构的发展历程

西方现代建筑设计机构诞生于20世纪中期，伴随社会经济快速发展经历了萌芽期、发展期、经济危机期、跨国企业发展期、全球企业发展期、资本化运作期等几个阶段。

1. 萌芽期

现代建筑设计机构的雏形最早出现于18世纪末到19世纪初的英国，产业革命带来契约化社会分工和社会化大生产，直接导致将建筑设计作为商品进行交易的现代建筑设计机构雏形诞生。19世纪晚期,更为接近现代建筑设计机构的大型建筑事务所在美国出现，这类综合性公司是以建筑师为主导的，涵盖其他配合专业的综合性建筑设计服务机构。

2. 发展期

20世纪初到第二次世界大战后期，西方社会正处于高速经济建设和城市化进程中，设计市场项目井喷，是欧美国家建设高峰期，与我国20世纪90年代开始的建设高潮持续至今的情况相似。在这一繁荣建筑设计市场环境中，西方现代建筑设计机构大批诞生，其中包括许多现有著名建筑设计企业，如NBBJ（1943年）、RTKL（1946年）、HOK（1955年）、GENSLER（1965年）、GMP（1968年）等。这些现代建筑设计机构与之前的综合性建筑事务所相比，更具有建筑设计的经济性特点，隶属于现代服务业，通过组织规模化的建筑设计生产来换取企业利润，其建筑设计作品的评价导向也更倾向于经济性、业主满意度等。

西方二战后过热的市场也造成一些建筑师的逐利行为，当时欧美国家也出现了类似于当下中国建筑设计行业现象，“使建筑师丧失了作为一名建筑师所应当具有的社会意识和科学态度，使建筑师逐渐退化成为业主雇用的匠人。他们不关心建筑的社会效益、经济效益，不关心使用者的使用心态和模式，不关心建筑的未来发展，而只是埋头于图纸……”①

在这一过程中，西方现代建筑设计机构迅速扩张，积极在国内各地市场开设分公司，业务量饱和。西方建筑设计行业经历了从行会手工业，到工场手工业，再到机器大工业的发展阶段，逐渐开始

① 李晨光 . 中外建筑设计机构经营模式及生产体制之比较研究 . 天津大学 . 2004

进入现代企业化运作。同时，西方建筑设计行业职业化水平快速发展，形成现代、系统化、分工合作的行业模式，各类设计咨询机构纷纷出现。

3. 经济危机期

20 世纪 70 年代中期爆发第二次世界大战之后最严重的全球经济危机，西方建筑业出现大衰退，[①]面对市场不景气，西方现代建筑设计企业也开始积极自身改革，增强核心竞争力，不断提升建筑设计和服务水平，来适应不景气的建筑市场环境，求得企业生存。

有些企业则通过改变或者扩展业务类型，从事与建筑设计相关的其他工程领域的设计，来获得利润，如英国 Atkins 从原先结构设计转向更为全面的设计领域，包含规划、工程科学、建筑及项目管理的专业服务，增强自身的服务能力。当时不少企业还通过缩减人员和开支来勉强度日。

西方国内市场的饱和，建设的放缓使得西方成熟的现代建筑设计企业开始谋求本国市场之外的新兴市场，开始进入国际化发展阶段。

4. 跨国企业发展期

20 世纪 90 年代起，日本的建筑业兴起，设计市场繁荣吸引大批西方建筑师的蜂拥而至，在日本完成了大量重大项目的设计工作，日本的设计业繁荣成为其全球业务的重要支撑。与此同时，中西间的设计交流也使日本本土的建筑设计企业迅速发展，诞生了一批具有国际影响力的日本本土设计企业。随着 20 世纪 90 年代末日本经济大萧条，建筑业迅速萎缩，带来大批工程停工，日本建筑业一蹶不振，导致大批西方建筑设计机构的离开。

而同期，同处亚洲的中国开始进入迅速城镇化进程，西方建筑设计机构将其全球化战略重心开始从日本转移到中国，凭借先进的设计理念，迅速占据了高端设计市场。

互联网技术的快速发展和普及，改变了原有工作方式，为跨国公司的全球化战略提供技术支持和保证。境外建筑设计事务所进入从地区性公司向世界性企业扩张的阶段（图 6-1—图 6-3）。

5. 全球企业发展期

早期境外设计机构凭借设计创新性、技术和管理的成熟经验快速占据市场份额。而随着本土建筑设计机构迅速崛起，对境外设计机构形成竞争关系，更多跨国企业认识到地域文化的重要性，积极

① 李晨光 . 中外建筑设计机构经营模式及生产体制之比较研究 . 天津大学 . 2004

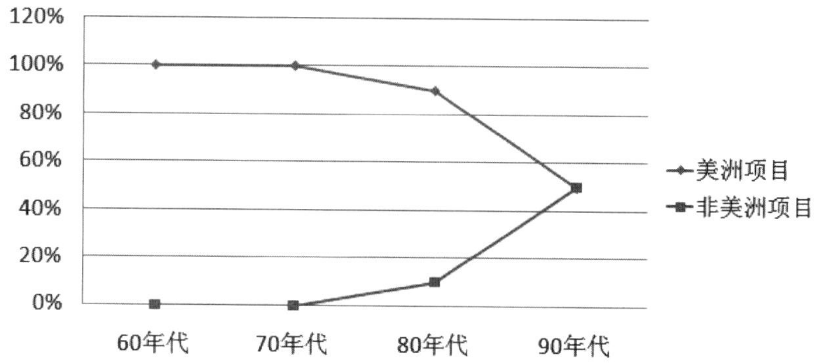

图 6-1 RTKL 事务所项目分布变化图

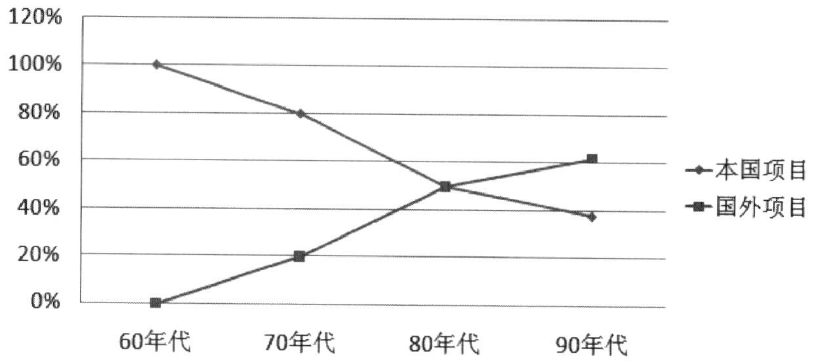

图 6-2 Norman Foster 事务所项目分布变化图

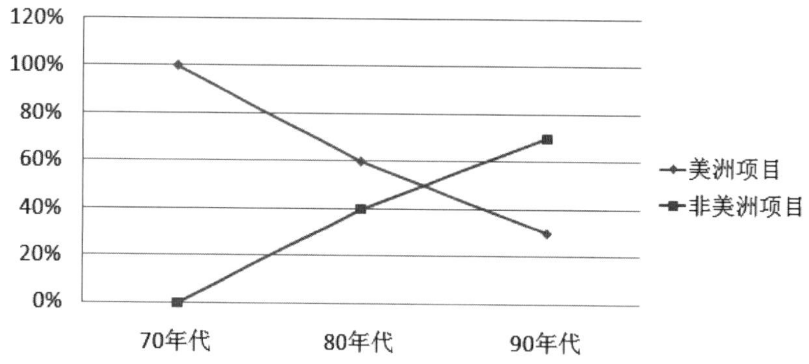

图 6-3 KPF 事务所项目分布变化图

从跨国企业向全球性企业转变，强调更多关注地域文化，将国际经验与当地文化相结合，使自身融入地域文化，取得当地的认同感，更好为地域发展做出贡献。

6. 资本化运作期

20 世纪晚期，资本的力量开始影响设计咨询业，更多收购、并购经济活动的出现使得原有传统优质设计品牌得以汇聚在同一平台上，形成国际性、综合性大型的咨询工程公司。AECOM 的上市和迅速崛起，就是这一类典型事件，其接连收购了易道、城脉等优质设计团队，得以最大程度地快速进入各类细分设计市场，打造完整产业链，进行全球布局，实现利益快速增长。

二、建筑设计机构的发展周期

回顾当下许多成熟的境外建筑设计机构，从其发展历程来看，都是随着宏观经济和市场变化，积极结合自身资源，通过收缩或者战略转型，重新定位，经历多个经济周期和自身企业周期变化，获得持续性发展。

1. 阿特金斯公司（Atkins）发展历程

1938 年，阿特金斯公司由 William Atkins 及其合伙人在伦敦成立。在创立初期，公司仅开展土木及结构工程设计。第二次世界大战后，迫于经营压力，William Atkins 及其合伙人扩大了业务范围，从原先结构设计转向更为全面的设计领域，包含规划、工程科学、建筑及项目管理等专业服务。进入 20 世纪 90 年代，国内建筑设计市场业务量萎缩，全球尤其亚洲地区开始出现建设高潮，阿特金斯将目光转向全球，进入全球化时代。1990 年起，阿特金斯在全球范围内进行了几项重大收购，其工程咨询领域服务范围的进一步扩展，向工程咨询公司的商业模式转变，其中包括了项目和造价管理咨询公司 Faithful+Gould。经过 60 多年的运营，阿特金斯于 1996 年在伦敦证券交易所成功上市。2009 年阿特金斯被任命为 2012 年伦敦奥运会的官方工程设计服务供应商，稳居英国设计公司排名第一。

2. 晋思建筑事务所（Gensler）发展历程

同样稳坐美国建筑设计机构排名前三的 Gensler，从其近 50 多年发展历程来看，同样积极应对外部市场环境，不断调整自身发展模式，赢得更多发展空间。Gensler 从室内设计公司起步，以优质服务获得客户认可，逐渐扩张到美国全域，同时，业务链逐渐延伸，业务范围涵盖咨询、建筑设计、室内设计、标识设计等全设计链。在发现中国建筑设计巨大市场后，全力进军中国市场，其承接的上海中心项目使其名声大噪，使其成功进入超高层建筑设计业务领域，为其扩大建筑设计业务提供条件，也使中国市场成为其全球战略中的重要组成部分。这些全球性跨国企业在呈现巨大市场竞争力的同时，在其发展过程中也难免不断遭遇危机，其面对危机时往往采取紧缩政策，调整业务部门，最大程度规避企业风险，积极等待和寻找新的发展机遇。21世纪初伴随其快速成长，Gensler一度全球员工达到3500多人，但在遭遇2008年金融危机的时候，其本土市场受影响巨大，全球裁掉1000多人，之后随着经济好转，又扩充到2000人左右。Gensler中国区高层在谈到这一裁员问题时表示，这一过程更像是一次企业内部人员的梳理，留下最适合的人，而原先那些表现并不太理想的员工只能离开，整个企业更新了一次，为下次再发展做好准备。

3. 日本建筑设计机构发展历程

日本经济在20世纪80年代末泡沫破裂的之后，建筑设计企业连续十年营业额持续下降，整个建筑设计业处于萎缩状态。设计界内广泛引发思考，如何通过企业自身内部的转变来适应由卖方市场向买方市场的转变，转变包括：组织机构的创新、设计的精专化以及业务领域的拓展。以日建设计为例，日建设计由原先的金字塔结构中20人组成的基本设计单元转变为10人左右的设计小组，以便追求灵活性和弹性（图6-4）。而石本设计则采用“倒金字塔”结构，使每一名建筑师像董事和高管一样直接面对客户，更好为客户提供专业化的技术服务，提高积极性[1]（图6-5）。

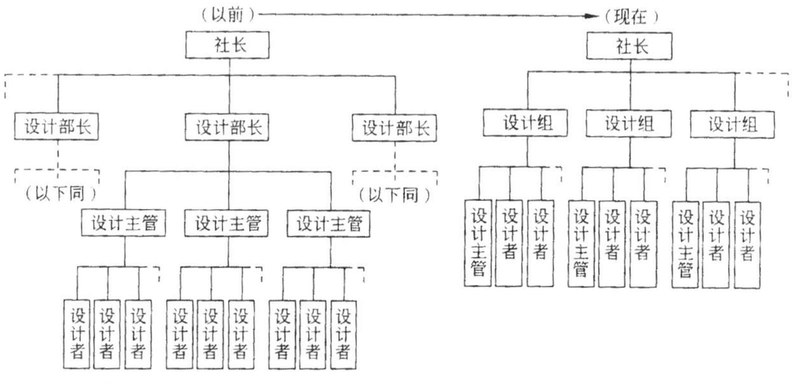

图6-4 日建设计小集团化示意图

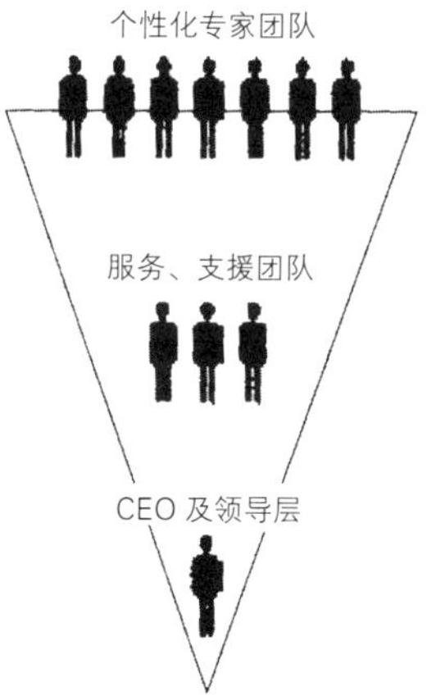

图6-5 日本石本设计的人事改革

境外建筑设计机构在遭遇经济发展和企业发展周期时，积极调整自身的发展战略，在业务范围、经营模式、服务模式等方面运用创新思维，其本质都是为社会提供符合当下市场经济条件的高品质建筑产品和高水准服务。立足建筑设计行业核心，不断增强核心竞争力，注重设计品质提升，使建筑设计机构获得长足的发展。

① 姜涌．日本建筑设计界的变革与启示．新空间．2007年11期

三、西方建筑设计机构：多元、成熟的经营模式

伴随社会经济和技术发展，市场需求呈现多元化特征，因此多类型、服务于不同客户和项目类型的建筑设计企业应运而生，在整个体系中出现了多元的商业模式，形成层级化、系统化的商业体系。在这个多元化的组织系统中，各设计事务所不单纯靠规模来衡量其实力，而是发掘各自创作特点或技术优势来参与市场竞争，共同构建了一个多元的、社会化的、相辅相成、优势互补的组织体系。

按照不同的商业运作模式，境外设计咨询机构一般可以分为：国际工程公司、工程咨询设计公司、专业事务所、专业化精品事务所、技术劳务服务型设计公司几种类型（表 6–1）。

表 6–1　境外设计咨询机构分类及简介

	定义	代表企业	与中国企业之差异
国际型工程公司	以工程技术为基础，以工程建设为主业，具备工程项目 EPC 总承包能力，项目管理科学化等主要特征的国际型公司	美国的柏克德公司、福陆丹尼尔公司，中国成达工程公司、中国寰球工程公司、中国石化工程建设公司等	一般不拥有施工队伍； 国际上的工程公司具有很强的工程设计能力，它的项目运作和项目管理能力比国内的设计院强得多； 具有 EPC 全功能
工程咨询设计公司	遵循独立、科学原则，运用多学科技术和经验、现代科学技术和管理方法，为建设项目决策和管理提供智力服务的公司。这类公司一般建筑、结构、水、暖、电等所有专业齐全，包括了城市规划、城市设计到建筑、景观和室内等各类设计	日建设计、SOM、RTKL、德国欧伯玛亚、法国 ADP 等	国际通行的工程咨询设计集团和我国现在的咨询设计公司在业务范围、组织形式、治理结构以及经营手段等方面存在一定差异
专业事务所	建筑师事务所、结构工程师事务所、机电工程师事务所等，业务范围也不仅限于做设计，通常也承担项目建设过程中的监督工作	贝格付建筑事务所、墨菲·杨建筑师事务所、加拿大的 PPA 建筑师事务所、B+H 建筑师事务所、丹下键三建筑事务所等	目前，国内专业事务所已经有不少，在大型建筑设计单位中也出现了专门的名人事务所、工作室等组织形式
技术劳务服务型设计公司	与高端建筑设计企业进行社会化的分工协作，专业承担施工图图设计、建筑渲染图或三维动画设计、建筑模型设计制作等技术劳务工作的设计公司	一些中西部设计单位长期通过战略联合等方式从大型设计单位承接设计分包任务、沿海中小设计单位直接分包大型咨询设计集团业务或承接海外事务所施工图任务等	一些自身缺乏专有技术特长，也缺乏对高层次创造型人才的吸引力，缺乏向高端市场进军实力的中小建筑设计单位，转变成为技术劳务服务型设计公司

（资料来源：李云 . 国内建筑设计单位战略发展模式选择研究 [J]. 建筑设计管理 . 2009 年 07 期）

· 国际工程公司。以工程技术为基础，工程建设为主业，具备工程项目 EPC 总承包能力，通过组织项目的实施，创造价值并获取合理利润，一般为具有经营方式国际化、业务范围多元化、技术装备现代化、项目管理科学化等主要特征的国际型公司。代表性企业包括美国的柏克德公司、福陆丹尼尔公司，国内的中国寰球工程

公司、中国石化工程建设公司等。

·工程咨询设计公司。遵循独立、科学原则，运用多学科技术和经验、现代科学技术和管理方法，为建设项目决策和管理提供咨询服务的公司。这类公司建筑、结构、水、暖、电等所有专业齐全，包括了城市规划、城市设计到建筑、景观和室内等各类设计。代表性企业包括日本的日建设计、美国的SOM、RTKL、德国欧伯玛亚、法国ADP等。

·专业事务所。主要指专业建筑师事务所、结构工程师事务所、机电工程师事务所等，如美国的福斯特建筑师事务所（图6-6）、贝格付建筑事务所、墨菲·杨建筑师事务所、加拿大的PPA建筑师事务所、B+H建筑师事务所、日本的丹下键三建筑事务所等。小型建筑师事务所往往由结构工程师事务所、设备工程师事务所与其配合共同形成一个相对稳定的社会化合作体系，完成高品质的建筑作品。[①]在建筑事务所中还有一类集中于某一类建筑类型的中小型建筑设计事务所，如住宅设计事务所、园林景观设计事务所、医疗建筑事务所、体育场馆事务所等，甚至还可以更细分到住宅小区规划所和高档住宅设计事务所等。

建筑师事务所规模不一，规模小的可以是只有几个人组成的，私人经营的、无限责任的、专业化的小型设计事务所。规模大的可以是几个注册建筑师合伙的、无限或有限责任的、专业化或与工程师合营的设计事务所，其规模可从十几人到千人以上。

有些建筑事务所平时规模不大，由几个核心建筑师组成，一旦通过投标，承接重大工程项目，则可以适时从社会招募人力，欧洲不少明星建筑师事务所都采用这种模式。德国的贝尼什设计事务所，平时坚持保持12人左右的规模，在慕尼赫奥运会设计竞赛获胜后，就临时增加人力，完成后又恢复到原来规模。[②]

·技术劳务服务型设计公司。与高端建筑设计企业进行社会化的分工协作，专业承担施工图设计、建筑渲染图或三维动画设计、建筑模型设计制作等技术劳务工作的设计公司。

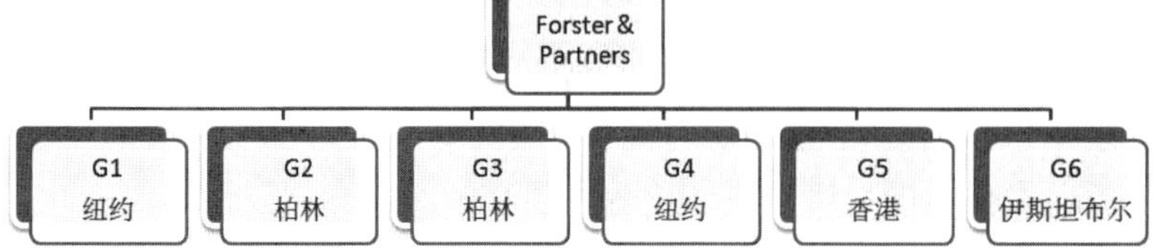

图6-6 福斯特建筑师事务所全球组织架构图

① 王兴田．日本建筑事务所的构成形式．时代建筑．2001年01期

② 张钦楠．对中国当今建筑设计体制的认识．时代建筑．2001年01期

四、多元化的项目运作模式

相比国内单一的项目运作模式，国际上多年来针对不同项目特点已形成多种项目运作模式，并且这些模式正在不断得到完善和创新。

1. 传统模式（Traditional Method）

传统的项目管理模式又称设计－招标－建造方式（Design-Bid-Build Method），这种项目管理模式在国际上最为通用，世界银行、亚洲开发银行贷款项目和采用国际咨询工程师联合会(FIDIC)合同条件的项目均采用这种模式，是一种传统模式。由业主委托建筑师（Architect）或咨询工程师（Consultant）进行前期的相关工作（如进行机会研究、可行性研究等），待项目评估立项后再进行设计，在设计阶段进行施工招标文件准备，随后通过招标选择承包商。业主和承包商订立工程施工合同，有关工程部分的分包和设备、材料的采购一般都由承包商与分包商和供应商单独订立合同并组织实施。业主单位一般指派业主代表（可由本单位选派，或由其他公司聘用）与咨询方和承包商联系，负责有关的项目管理工作，有的也把有关管理工作授权给建筑师或咨询工程师（监理工程师）。

2. 建筑工程管理模式（Construct ion Management Approach，CM模式）

建筑工程管理模式是国外广泛流行的一种管理模式，与过去那种设计图纸全部完成之后才进行招标的传统模式不同，而是采取阶段性发包方式，其特点是：

（1）由业主和业主委托的CM经理与建筑师组成一个联合小组共同负责组织和管理工程的规划、设计和施工，但CM经理对设计的管理起协调作用。在项目的总体规划、布局和设计时，考虑到控制项目的总投资，在主体设计文件确定后，随着设计工作的进展，完成分项工程的设计后，即对这一部分分项工程进行招标，发包给承包商，由业主直接就每个分项工程与承包商签订承包合同。

（2）CM经理负责工程的监督、协调及管理工作，在施工阶段的主要任务是定期与承包商会晤，对成本、质量和进度进行监督，并预测和监控成本和进度的变化。业主与承包商、设计单位、设备供应商、安装单位、运输单位签订合同。业主与CM经理、建筑师之间也是合同关系，而业主任命的CM经理与施工、设计、设备供应、安装、运输等承包商之间则是业务上的管理和协调关系。

（3）CM 模式的最大优点即是可以缩短工程从规划、设计到竣工的周期，节约建设投资，减少投资风险，可以比较早取得收益。一方面整个工程可以提前投产，另一方面减少了由于通货膨胀等不利因素造成的影响。

CM 模式可有不同的实现方式，业主可根据工程项目的具体情况选用，最常用的两种形式有代理型 CM（Agency CM）方式和风险型 CM（At-Ri sk CM）方式。

3. 设计—建造（Design-Build）与交钥匙（Turnkey）工程模式

设计—建造方式是一种更便捷的工程管理总模式。在项目原则确定以后，业主只需选定唯一的实体团队负责项目的设计与施工。设计—建造承包商对设计阶段的成本负责并以竞争性招标的方式选择分包商或使用本公司的专业人员自行完成工程实施。同样，设计工作亦可由承包商的内部机构完成或由与设计—建造承包商签订合同的专业设计机构完成。近年来，设计—建造方式在建筑业的应用越来越广泛。设计—建造方式的基本特点是在项目实施过程中保持单一的合同责任。竞争仍然存在，因为在大多数情况下，大部分的实际施工工作都要以竞争性招标的方式分包出去。

“交钥匙”方式（Turnkey）是具有特定含义的设计—建造方式，即承包商为业主提供包括项目融资、土地购买、设计与施工直至竣工移交的全套服务。

4. 设计—管理模式（Design-Manage）

设计—管理模式类似 CM 方式但更为复杂的，由同一实体向业主提供设计和施工管理服务的工程管理方式。在通常的 CM 方式中，业主分别就设计服务和专业施工过程管理服务签订合同。采用设计—管理模式时，业主只签订一份既包括设计也包括 CM 服务在内的合同。在这种情况下，设计师与 CM 经理是同一实体。这一实体常常是设计机构与施工管理企业的联合体。

5. BOT 模式（BuiId-Operate-Transfer）

BOT 模式即建造—运营—移交方式。这种方式是 20 世纪 80 年代国际上兴起的一种基础设施建设主要依靠私人资本的一种融资、建造的项目管理方式，或者说是基础设施国有项目民营化工程。它是指东道国政府开放本国基础设施建设和运营市场，吸收国外资金，授予项目公司特许权，由该公司负责融资和组织建设，建成后负责运营及偿还贷款。在特许期满将工程移交给东道国政府。

6. EPC 模式（Engineering–Procurement–Construction）

设计—采购—建造即 EPC（Engineering–Procurement–Construction）模式。

在 EPC 模式中，Engineering 不仅包括具体的设计工作，而且可能包括整个建设工程内容的总体策划以及整个建设工程实施组织管理的策划和具体工作。在 EPC 模式下，业主只要大致说明一下投资意图和要求，其余工作均由 EPC 承包单位来完成；业主不聘请监理工程师来管理工程，而是自己或委派业主代表来管理工程；承包商承担设计风险、自然力风险、不可预见的困难等大部分风险；一般采用总价合同。EPC 模式特别适用一般规模较大、工期较长，且具有相当的技术复杂性的工程，如工厂、发电厂、石油开发等基础设施。

7. 合伙模式（Partnering）

合伙（Partnering）模式是在充分考虑建设各方利益的基础上确定建设工程共同目标的一种管理模式，于 20 世纪 80 年代中期首先出现在美国。它一般要求业主与参建各方在相互信任、资源共享的基础上达成一种短期或长期的协议，通过建立工作小组相互合作，及时沟通以避免争议和诉讼的产生，共同解决建设工程实施过程中出现的问题，共同分担工程风险和有关费用，以保证参与各方目标和利益的实现。合伙协议，不是严格法律意义上的合同，一般都是围绕建设工程的三大目标以及工程变更管理、争议和索赔管理、安全管理、信息沟通和管理、公共关系等问题做出相应的规定，而这些规定都是有关合同中没有或无法详细规定的内容。

8. 项目总控模式（Project Controlling）

项目总控（Project Controlling）模式是于 20 世纪 90 年代中期在德国首次出现并形成相应的理论。Peter Greiner 博士首次提出了 Project Controlling 模式，并将其成功应用于德国统一后的铁路改造和慕尼黑新国际机场等大型建设工程。Project Controlling 模式是适应大型和特大型建设工程业主高层管理人员决策需要而产生的，是工程咨询和信息技术相结合的产物。它的核心就是以工程信息流处理的结果指导和控制工程的物质流。Project Controlling 方实质上是建设工程业主的决策支持机构。Project Controlling 模式，不能作为一种独立的模式，取代常规的建设项目管理，往往与其他管理模式同时并存。[①]

① 王妍．中国建筑事务所运作模式及发展对策研究．天津大学．2009

第二节 中国建筑设计行业经历阵痛：从“市场化”逐步转向“设计化”

中国建筑设计行业经过市场化发展期后，将逐步进入一个相对稳定而漫长的行业转型期。在这一转型过程中，竞争加剧，差异化竞争和核心竞争力更为重要，规模扩张速度将放缓，进入一个不断“夯实”良性扩张过程。

一、转型期到来

1. 品牌企业出现

当代中国民营建筑设计机构中出现一批有品牌、规模化运作、发展势头良好的公司，包括 CCDI、联创国际、上海天华设计、深圳筑博等品牌民营建筑设计机构。这些成熟设计机构的出现，提高了建筑设计行业的门槛，在下一阶段的竞争中，将出现资源更为集中化的趋势，对提升职业化水平起到很好推动作用。

2. 初创发展阶段的结束

规模化的民营建筑设计机构大多完成了原始积累，走过了机会性发展阶段，完成物质和规模基础积累，占据了一定的市场份额和人才资源。下一阶段，其将更多关注内部制度和管理建设，进入以设计化为核心的良性发展阶段，将注意力集中于设计品质提升，提高其核心竞争力。

3. 地产业转型升级

开发商告别疯狂的暴利时代，逐渐成熟，转向更具挑战的其他建筑类型。2005 年开始的对住宅市场的宏观调控在进入 2010 年后越来越明显，使得不少地产开发企业陷入资金流断裂的危机中。而同时，随着生活品质的上升和宏观经济转型影响，商业地产、创意地产等新型地产类型也将受到地产商的关注。而这些物业类型对建筑师提出更高要求，设计机构需要调整原先以住宅设计为主的业务类型模式，为业务转型做好准备。

4. 国有设计院竞争力提升

国有设计院开始积极调整战略，创新机制，塑造更强的竞争力。在民营建筑设计机构快速发展过程中，从国有设计院中吸收大量高端人才，并开始逐步进入原先属于国有设计院的市场份额。因此，国有设计院在近年来开始积极尝试机制改革，吸收境外和民营发展经验，进入发展快车道。

5. 国有、民营、境外同台竞争

下一阶段，随着民营建筑设计机构的战略性投入和规模积累，民营建筑设计机构已经具备了同国有设计院、境外设计机构同台竞争的能力。在承接一些大型公建工程设计之后，民营建筑设计机构也将在建筑技术层面得以提升，完成自身技术、人才积累，形成知识沉淀。

6. 行业管理更规范

伴随国家法制化建设和行政管理的细化和调整，建筑设计行业的管理也必将更为规范和严格，促进建筑设计行业良性发展。

这些因素将导致行业告别粗放式发展状态，从市场化导向追求利润逐步转向设计化导向，谋求质的提升，在竞争中优胜劣汰。

这一转型期的特征为：

1. 在建筑设计市场层面，竞争加剧，市场准入门槛提高。

伴随业主水平的上升和建筑设计行业竞争加剧，整个设计市场将表现出建筑设计机构准入门槛抬高，资源向品牌设计机构集中，没有核心竞争力的中、小型或者“作坊型”的团队将面临很大生存压力。民营建筑设计机构必须通过差异化竞争，在整个生态系统中清晰定位，确定自身的竞争优势。

2. 在设计机构层面，从“市场化”向“设计化”转变。

加强企业定位，增强核心竞争力，更注重设计品质，全面提升企业管理水平，完善各项制度建设，规模扩张速度放缓，在一个不断“夯实”的基础上良性扩张。

3. 在建筑师个体层面，设计心态趋向平和。

职业化水平不断提升，恶性跳槽现象会减少，明确自身的职业生涯定位，设计心态会趋向平和。

纵观西方建筑设计行业发展，经历过爆炸性增长之后，放缓增长速度，逐步走向职业化、专业化的行业调整阶段，设计企业的利润率将趋向于正常水平。中国建筑设计行业在经历转型期后，真正优秀的建筑设计企业将会持续发展，而原先更多依赖市场机遇、一味追求利润的设计企业将被淘汰，最终也将倒逼整个行业职业化水准大幅提升。

二、发挥市场因素的积极作用

民营建筑设计企业的快速发展得益于直面市场，没有过多资源的民营设计企业必须通过迎合市场需求来实现自身发展。市场就像无形的手，渗透在企业制度的各个层面，调动资源向着有利于市场利益最大化的角度发展，具体表现在：

1. 高度市场化的体制优势

面向市场，使得民营设计机构确立了以追求更好服务为自身立命之本，效率至上，市场化运作模式，改变过去传统设计院在计划经济时代是国家机关的传统观念，体现出体制优势。

2. 规模效应显现

规模化发展，企业生存必须依赖其良好运营状况，市场化发展会使企业追逐规模效应，而规模化发展会带来设计效率上升、技术高度以及抗风险能力的提升，促进企业的进一步发展。

3. 设计品质提升

设计品质的保证，充分市场化竞争必然导致设计品质的提升，遵守优胜劣汰的市场法则，使民营设计企业必须关注设计品质。

从这些意义上来说，市场因素对于处于企业成长来说有许多促进作用,经营者可以积极利用市场调节能力来推动企业更好的发展。

但我们也必须看到过分追逐市场效益最大化，也会带来许多不利的因素，损害企业更为长远的发展，尤其对于建筑设计企业来说，由于其不同于流水线生产的制造类企业，其一旦被过多的利益、市场因素干扰，其设计的独立性和价值将受到影响。

市场可以促进企业不断发展，但不能成为设计创新的障碍。建筑师常常抱怨业主不尊重其设计，无法与之沟通；企业管理者往往为了企业发展，承接更多项目，使建筑师长期处在很大的工作压力之下；设计流程拆分，在提高企业效率的同时，遏制了建筑师的创作热情，使其成为完成某个单元工作的“零件”。这些都是市场因素在企业中被过多强调后产生的现象。管理者应当关注经济数字指标的同时，尊重设计企业的特殊性，使管理细化和更适合设计行业本身。一个专注于建筑设计的企业从经济回报角度来衡量，一定不是暴利的，即使在境外上市的工程咨询类企业，工程咨询业务板块在总收入中所占比例不高，但其往往在整个公司层面上有很高的地位，因为其创造了企业良好品牌形象，代表着企业文化，在整个业务链上起到龙头和带动作用，如世界知名工程咨询品牌 AECOM、

ATKINS 等，其涵盖的工程咨询业务非常广泛，作为其众多业务门类之一的建筑设计咨询业务，虽然在利润角度与其他门类无法抗衡，但在企业宣传册、宣传片中的出镜率非常高，起到企业形象代表的作用。

因此建筑设计企业除了利润之外，其获取更多的应当是建筑师精神上的愉悦和成就感。如果建筑设计企业背离了这一核心价值观，其发展必然不能长久，无法保持设计创新和活力。

三、由“市场化”向“设计化”转变

中国市场从改革开放以来，各领域的市场化、开放程度不断提升，但民营设计企业从其诞生以来就比国有和境外企业的发展之路更为艰难，其近几十年的发展过程是其经营者不断积聚各方资源、构筑发展平台，使企业从生存到规模化不断演进的过程。而其先天性在技术、人才、经验方面的短板使这一过程显得更为不易。因此，纵观民营设计机构的发展历程会发现，其各自的发展策略都极为不同，而造成不同的根本受制于其所拥有的资源和积累。

在民营建筑设计机构积累原始资本的过程中，不乏投机取巧的做法。20 世纪 90 年代初期，大量公司选择挂靠在国有设计院之下，打着某院某地分院的旗号开拓市场，是想沾些国有体制的光，显得师出有名。20 世纪末期涌现大量带国际二字的设计机构，迎合了国门初开崇洋媚外的甲方心态，像样点的在国外注册或是和国外不知名的事务所达成协议，鱼目混珠的往往就简单地在公司名称上加上国际二字，公司与境外毫无关系。进入 21 世纪头十年，国内建设高潮吸引大量境外工程设计咨询公司的关注，夹带着大量资金的国外公司认识到资质重要性，大量收购、并购国内中小型设计企业。资金带来短时间内企业实力提升让许多国内设计机构看到了新的发展方式，照学照搬者不少。同时，按照国外设计咨询工程公司发展到最后上市的经验，在经历十几年快速膨胀的国内“巨型”民营设计企业家又看到新的希望，IPO 上市成为他们追求的目标，将上市看作企业实力和品牌快速提升的强心针，但同时也受到业内许多设计师的质疑。

这些纯市场化方式在市场一片向好的情况下效果确实立竿见影，但传统建筑设计行业的特点注定只依靠这种方式无法使设计企业长久发展，其必须不断强化自身的核心竞争力和与之相匹配的企业内部管理的调整。不论企业发展采用什么样的扩张方式、经营模式、企业文化，作为设计咨询企业，其根本之道是应当追求符合这个时代特征、符合中国文化、高品质、高完成度的建成项目，这也是这个时代赋予设计企业的历史使命。只有顺应时代要求，立足于自身职业要求，不断提升职业水平，不断创作出高品质、具有广泛社会影响力项目的企业才有可能成为这个时代的代表。只有涌现了一批这样有社会责任感的企业，才能提升中国建筑师在国际的影响力，具有话语权，成为中国崛起的组成部分。

由“市场化”向“设计化”转变，并不是指只关注设计品质，回避市场因素，而是需要运用当代中国民营建筑设计机构经营者的智慧，权衡“市场化”和“设计化”的关系，结合建筑设计企业的特殊性，不断在当下设计行业现状和企业自身发展阶段过程中寻找在设计与市场之间求得平衡的机制方法，使建筑设计企业既遵守普适的经济发展规律又强化设计核心，保证设计的独立性和品质，坚守建筑师的职业道德底线，最终促进行业良性、可持续发展。建筑设计企业将告别粗放式增长方式，从市场营销、客户关系、财务管理、成本管理、流程管理、组织架构、人力资源、绩效管理、知识管理、研发创新等方面全面进行调整，搭建更好的创作平台，用更好的心态投入创作本身。

市场是现代企业管理的工具，设计是规模化建筑设计机构的核心利益，以设计为本，以市场为器，将全面提升当代组织型民营建筑设计机构的核心竞争力，促进其可持续发展，最终提升当代中国建筑设计的职业化水平。

第三节 设计导向挑战传统企业管理水平

当代中国民营建筑设计机构从其企业产权结构来说与西方现代建筑设计机构最为相似，相比国有设计院具备体制上的优势，因此将在我国建筑设计行业职业化进程中承担更为重要的作用，从中将诞生能够代表当代中国建筑设计职业水平的优秀设计机构。在这一转型过程中，民营建筑设计机构必须准确定位，选择适当的商业模式，在企业制度建设和管理层面回归到以设计为核心，在企业文化和品牌塑造层面以设计为导向，积极探索符合中国国情和建筑设计行业本质的现代建筑设计机构管理模式。

一、明确企业发展定位

我国民营企业的管理者有几大特点：家族化、世袭化、缺乏现代企业科学管理的知识。这点在建筑设计行业也有所反映，民营建筑设计企业的创始者往往学建筑出身，创业之初和几个志同道合的设计师一起开创了建筑设计工作室，也没想过企业会发展到什么程度，会以什么样的方式去发展，长期以来处于随行就市的发展惯性之中。

1. 管理者个人影响

设计咨询行业作为智力密集型行业，其更多受到掌舵者个人风格和气质的影响，企业的长期发展对经营者的个人理想抱负、视野提出更高要求。作为国内几大建筑师聚集的城市，深圳、上海、北京建筑设计企业呈现不同的企业特质。以 CCDI 为代表的深圳民营设计企业家浸染城市气质，更为开拓，具备战略性眼光、勇于尝试，CCDI 从深圳起步，走向全国，进入高端设计市场，大胆向国际型现代企业转变，显示了经营者过人的勇气和智慧，呈现巨大活力。从早期左肖思建筑事务所到华森设计，再到 CCDI，深圳筑博、华阳国际等大型民营设计企业也是行业中的佼佼者。上海作为全国经济中心城市，吸引大量高素质建筑师聚集，国有、外企、民营设计机构的竞争非常激烈，在市场化进程中孕育了许多有竞争力的民营设计机构。由于上海城市文化，本地的民营设计企业更具有国际化特征，在作品完成度、实现度上占优势，但企业文化更多显示出稳健、不张扬的特征。许多有活力的在上海的设计企业其创始人往往来自东南大学、天津大学等院校，完成学业后来上海发展，相比土生土长的上海本地的企业反而更具有拓展力。

中国建筑市场从 20 世纪 90 年代初发育，经历了近十几年的高速发展，让中国建筑师长期面临巨大工作强度和压力，许多创业于 20 世纪 90 年代中后期的设计企业经营者在世纪之交正值其创业初期，充满激情，全身心投入，企业呈现很快发展势头。在进入 2005 年之后由于创始人自身工作疲劳，加之仍处于设计第一线，出现较大的精神疲倦，导致企业发展缓慢，在市场竞争激烈的情况下，落后于后起之秀。

2. 管理经验缺乏

创始者如何根据企业自身的特征和文化，制定出适合的企业组织构架，确定企业发展战略，授权于下属，是对创始人的巨大考验。作为教育背景为建筑学的大多数民营设计企业创始人来说，重设计、轻管理是长期以来的存在的现象，将个人型企业转变为社会型企业，将个人经验转化为组织基因，实现企业品牌的永续发展将挑战创始人的胸怀和度量。目前，国内设计企业仍处在转型的关键期，管理、制度的建设和完善将经历较长的、反复的过程，但向现代企业发展的趋势将是必然，在这一过程中，企业创始人的发展眼光、战略制定、博大的胸怀将对企业未来发展起到关键性作用。

3. 明确企业发展定位

伴随设计行业成熟和细分，设计行业将涌现不同定位和规模的设计机构，形成良好的生态系统。下一阶段，管理者应当准确定位，确立合适的规模和模式，在整个建筑设计产业生态系统中，寻找适合自身的发展模式，寻求自身差异化定位，打造自身核心竞争力。

4. 设计品牌延续

境外知名的设计企业大多成立于第二次世界大战之后，其发展经历了超过半个世纪，许多创始人早已去世，但并不影响其品牌的延续和发展，在其成长过程中，顺利完成了由个人创作作坊向现代企业的转变，使企业运作更为规范化和制度化，实现了股权的更替和企业永续发展，成就了卓越的、在全球享有美誉度的品牌，这也将是中国民营设计企业未来发展道路。

二、以设计为核心的管理细化和创新

中国民营设计企业经历了规模扩张和全国布局的发展过程，但还没有遭遇真正行业寒冬期。近两年来，许多企业认识到管理的重要性，开始借用“外脑”或者招募管理专业的人才，填充到企业中来，为企业管理水平的提升做了许多有益的尝试。但从设计企业的核心部分，围绕以设计为核心展开的各项流程和机制，却并没有发生太多的变化，除一些设计企业选择矩阵式结构，或者产业链延伸等做法外，大多数企业还是沿用原先比较传统的院所制体系，并没有太大的创新。

1. 以设计为核心的管理细化与创新

建筑设计机构的管理必须以设计为核心，与其他行业的管理存在较大差异，管理者可以借鉴其他行业的管理经验，但在使用时需要更为谨慎。比如，设计企业的市场营销更多是专业性营销，必须由通晓专业的人员才能进行有效的营销，很多中等规模的设计企业其回头客往往会占到60%以上，因此对这些客户的维护往往显得更为重要。再如其品牌宣传，也更多呈现出在专业范围内的传播，表现出专业性。建筑设计企业的管理必须回归到“以人为本”，在管理上更多关注建筑师的感受，在有章可循的同时具有人性化和弹性特征，保证设计师本身所具有的创意性。这些都是设计企业的在管理上的特殊之处，企业规模较小时往往对管理没有太高的要求，但随着企业规模扩张和市场竞争加剧，企业必须建立符合自身特征的管理方式，并通过管理层面的不断细化与创新，同时，伴随企业发展进行动态调整，才能保证设计业务量大的同时质量的不稀释。

2. 建筑师管理特殊性

同时，建筑师作为创意类人才，其管理也具有一定的特殊性，管得太死容易扼杀创作，同时其本身的精英意识，又使其对管理类人员存在抵触情绪，在设计机构中，行政人员和建筑师往往沟通很少，建筑师也不太愿意配合。有些企业甚至出于管理目的，加大了管理人才的引进，其数量和比例非常高，造成了巨大的管理成本。

3. 薪酬系统调整

在企业初创时期，许多企业采取了类似“所承包”制的做法和产值主导的计薪方式，通过所与所之间的竞争关系，快速提高了工作效率，使企业规模迅速扩张。有些企业甚至发展到大小不等的十几个小团队。但这一做法在未来并不能持续，其最大的问题是面对较大项目，院层面无法快速积聚优势力量，体现规模效应。同时，各个小团队之间甚至会出现相互压价竞争的局面，损害了企业品牌形象。因此，未来趋势将打破这一做法，通过组织构架调整，使企业做到名副其实，大院像大院，具有规模效应，发挥大企业的作用，小企业像小企业更多致力于创意性的项目的操作。

近两年来，不少企业都致力于建筑师职级和薪酬制度的调整，梳理原有人才的同时，为企业未来发展预留更大的空间。建筑师职级体系呈现层级化和调整性强的特点，而薪酬体系也逐渐向年薪制靠拢，与国际通行方法结合。但在制定企业制度的同时，必须考虑到中国国情和文化，如西方建筑师可以严格执行工时记录，但中国建筑师还做不到。又如西方建筑师遵守契约，有较高的敬业精神，因此广泛使用年薪制，但中国建筑师有较长时期大锅饭时期遗留下来的思维定势，更倾向于产值制，因此在奖金和基薪之间应精准拿捏，确定多项牵引因子起到调节作用（图 6–7、图 6–8）。

4. 知识管理和技术研发

建筑设计过程是典型的知识生产过程，知识管理对于建筑设计机构，尤其是缺乏工程经验积累的年轻的民营建筑设计机构显得更为重要。知识管理是一种新的管理理念，是一种运用集体智慧提高应变能力和创新能力的方法。随着信息技术的蓬勃发展，知识管理可以借助网络技术、数据库技术和人工智能技术等工具，成为积累知识财富，提高竞争力的有力手段。将个人掌握的隐形知识转化为显性知识，固化下来成为企业知识资源，提高技术基础和积累。[①]西方成熟的商业性建筑设计机构在知识管理方面有很多经验，长期以来制度化的知识管理体系，帮助其搭建起强有力

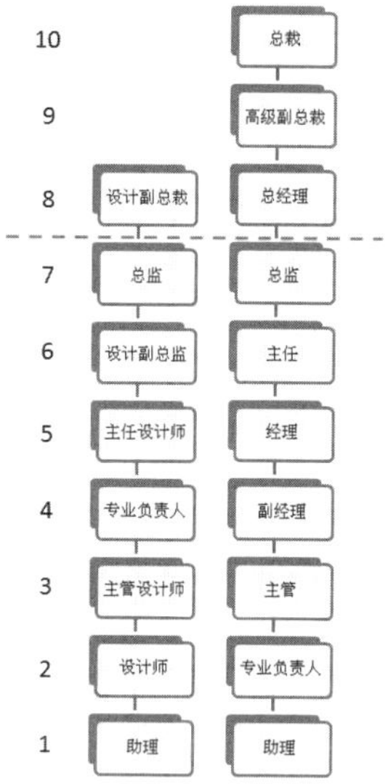

图 6–7 常见设计机构职级图

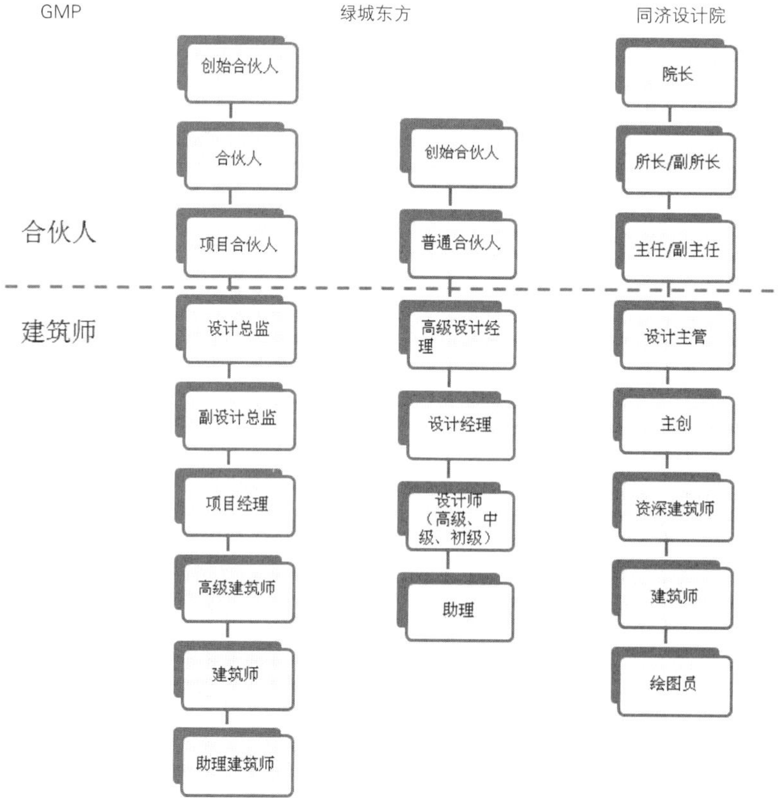

图 6–8 GMP、绿城东方、同济设计院职级图

① 季征宇 . 建筑设计企业的知识管理 . 设计管理 . 2006 年 02 期

的技术支持，也是其在参加竞标时可以在很短时间内拿出大量研究成果的原因。

持续、长期的技术研发是支撑境外设计企业拥有领先技术的重要手段。国外许多设计企业技术储备雄厚，它们和科研单位紧密结合，掌握了一些高新技术，譬如钢结构、超高层设计等等专门技术，在精细化程度、细部处理上也都有保证。有些设计企业就是工程公司里的设计队伍，整个科研、技术、施工一体化，能随时把科研成果运用到工程上去。① 国内不少民营建筑设计机构这两年也开始认识到技术研发的重要性，尤其对于那些希望从住宅设计类型中转型的设计机构更是如此。规模的扩张也使其有充裕的资金可以投入技术先期研发中去。目前，民营建筑设计机构的研发主要集中在新建筑类型或者绿色技术方面。如水石国际出版了《无缝对接——城市主题产业园发展》一书，里面涵盖了其结合自身已有的设计实践和对前期策划和后期运营层面的研究，内容详实，体现建筑师的设计态度。上海中房建筑设计有限公司则研究了保障房设计方法，在企业内部制作了保障房设计导则，供年轻建筑师学习和借鉴，促进设计水准的提高。

这些做法都是当代民营建筑设计机构认识到研发对于企业未来发展的重要性后开始积极尝试的做法，对于支撑民营建筑设计机构更长远的发展大有裨益。

5. 注重“设计感”细节

工作环境将对建筑师产生心理影响，反映了企业文化。日建每个工作单元往往控制在 12 米 ×8 米的空间内，16 人左右，平均 6 平方米 / 人。（图 6–9—图 6–10）而在 KPF，则采用每组一个大

图 6–9　日建新楼办公区

图 6–10　日建工作讨论情形

① 吴刚 . 中国建筑事务所——在成长中走向市场 . 时代建筑 . 2003 年 03 期

图 6–11　KPF 标准办公区及工作环境

隔间，面积为 6 米 ×6 米，8 人左右，4.5 平方米 / 人，讨论区较小，以组为单位（图 6–11）。对于办公环境的要求，东方公司显得“整齐、个人空间明确，有规定的会议室”，而且“领导有单独的办公室”，而西方公司显得“布置灵活、随意、交流空间很大”，而且“领导与下属混杂在一起区分不大”或“领导与下属在同一空间的不同区域”。东方公司对员工较为约束，而且等级分明；而西方公司对待员工则相对自由，而且领导与员工少有距离感。[1]宽松和便捷的讨论空间有利于建筑设计创作氛围，更符合建筑设计企业的特质。

当下中国民营建筑设计机构有些采用和普通办公环境相似的布局方式，缺少建筑师画图、修改图纸和讨论的空间，没有考虑到建筑设计的特殊性，不利于营造促进设计的环境。

三、以设计为导向的企业文化塑造

企业文化是每个企业的隐性基因，在企业发展过程中，产品类型、业务模式、战略制度都可以变化，而其长期以来培育的企业文化却不会轻易变化，由内而外影响了企业硬性制度层面的建设，从内在决定了企业发展道路。在麦肯锡著名的“7S 框架”中，包含战略、结构和制度三个硬性要素，而剩余 4 个的均为软性要素，而企业文化中的价值观则是粘合 6 大要素的关键要素（图 6–12）。企业在确定了共同价值观后，对内呈现为企业文化，对外则呈现为企业品牌。

图 6–12　麦肯锡著名的“7S 框架”

1. 企业文化对于建筑设计行业的重要性

建筑设计行业属于创意性行业，相比其他行业，高智力员工的管理更需要企业文化的引导，在制度建设同时，强化企业文化建设，

① 向上 . 浅谈东西方建筑事务所之差异 . 建筑创作 . 2007 年 01 期

图 6–13　富有思考性的 OMA 出版物

可以达到柔性管理的目的。由于建筑设计机构需要创意创新，通过企业文化塑造可以在企业内部营造较好的创作氛围，从而促进建筑师更好发挥设计水平。同时，有些设计机构规模较小，太多的硬性制度规定会削弱建筑设计机构应有的创作氛围，而通过企业文化就可以形成较好的、充满人情味的工作环境。

在西方知名建筑设计品牌中，具有独特企业文化的例子不在少数，这种独特的企业文化反过来往往会促进建筑设计机构具有独特的建筑思考和建筑设计方式。如库哈斯主持的 OMA 事务所，以其特有的工作方式和设计方式在全世界享有盛誉，承担学术研究和媒体传播的 AMO 成为 OMA 的支撑团队，在全世界范围内传播和维护着 OMA 的品牌形象（图 6–13）。

又如 FOSTER 建筑设计事务所，同样也具有独特的企业文化，在企业内部宣扬多元化文化共存，企业内部悬挂多国国旗、服务电话有多国语言、员工来自全球各个地方，在 FOSTER 建筑设计事务所共同工作，打造其全球性公司的品牌特征。

这些具有个性的建筑设计事务所，通过各个层面的细节处理来感染新来的建筑师，使其很快融入其中，使其设计保持一脉相承的风格。

作为西方成熟的商业性建筑设计公司中，如 SOM、GMP 等，虽然与明星建筑师所具有强大个人魅力不同，也都非常注重企业文化的塑造（图 6–14）。GMP 是德国最大的拥有大量具有影响力的作品的商业性建筑设计咨询公司，其强调在企业内部营造充满人情味的企业文化，没有太多硬性制度，管理较为人性化，强调人与人之间的信任。在这种充满人情味的企业文化影响下，GMP 拥有许多供职超过 20 年以上的员工，事务所的创始合伙人冯德康每年还

图 6–14　SOM 长期坚持的系列丛书

要与从全球而来的青年建筑师座谈，形成很强的文化认同感。而正是这种人性化、讲究情感的管理方式和企业文化，使得 GMP 的建筑师流动率较低，尤其是在合伙人层面，使其设计风格高度统一，严谨、理性的建筑设计风格得以很好的发扬，成就了 GMP 的品牌特点。

2. 停留在品牌意识阶段

与西方先进、成熟的企业文化和品牌建设相比，国内民营建筑设计机构在这方面还显得非常稚嫩，存在较大差距。伴随企业快速成长，不少民营对于品牌的关注度快速提升，愿意在专业媒体上投放广告，开始在每年计划开支中预留出专项用于品牌建设的资金，在企业内部设立专门品牌部，与市场部联动，共同塑造鲜明的企业特征。各类宣传企业作品的出版物大量涌现，虽然表达还欠专业，但已呈现出巨大品牌推广热情。

但这些努力仍处于起步阶段，民营建筑设计机构的企业文化和品牌现状存在不少问题，如品牌特征不够鲜明、品牌与战略协同比较弱、企业文化与品牌建设协同弱等问题，但最为突出的问题在于对企业品牌和文化进行建设时没有很好结合建筑设计行业的特殊性。每年只是简单出个作品集，把所有项目罗列一遍，厚厚一本，没有时间去整理图纸，文字说明也只是简单的项目介绍，与西方建筑设计机构精心策划和编排的出版物相差甚远。更别提为了出版，而对图片和图纸进行重新梳理和调整等表现建筑设计特征的质感的细节把握了。建筑设计企业文化和品牌建设不是一朝一夕，通过简单出台一些制度，或者投入一些费用就可以完成的，其更多需要建筑师静下心来，通过对自身所设计的作品进行反思，重新品评，用富有建筑感的表达语言来最终感染阅读的人。这样的心态和境界，在国内忙于建筑设计的建筑师根本无效顾及，因此，当下以简单的项目堆砌为主的建筑设计机构出版物的大量出现也就不奇怪了。

台湾的潘冀联合建筑师事务所由著名建筑大师潘冀主持，在从业过程中，潘冀始终保持良好设计心态，抵御外界市场诱惑和恶劣的创作环境。同时，在事务所内部营造了充满人情味和建筑创作氛围的企业文化和品牌形象。长期以来，潘冀事务所非常注重项目归档，为出版高质量的事务所作品集做好充足准备。其已经出版了 3 种高品质作品，所挑选的项目、照片拍摄角度、图纸的处理、辅助图纸的使用、版式设计都通过长时间的推敲，认真程度不亚于完成一个设计项目。而这些高品质的出版物也为事务所树立了良好的品牌形象，将企业文化有效传递出去。同时，潘冀事务所还长期坚持建筑文化的传播和参与社会事务，其还出版一本面对公众的书《承诺》，来向公众解释其所设计的医院的理念和功能布局。此外，潘冀先生本人还出版了《人生基本功》的个人励志传记，将其卓有成果的职业生涯介绍给公众，树立了正面形象，该书由台湾著名作家历时 2 年完成，取得很好的社会反响，是对建筑师走出专业领域的一次有益尝试。此外，潘冀事务所的营销渠道也很多样，包括许多公共传播平台，同时，也尝试在网络上进行品牌传播，树立了良好的、专业品牌形象。这些企业文化和品牌建设能力和经验都值得民营建筑设计机构学习和借鉴（图 6-15）。

3. 以设计为导向的企业文化和品牌建设

企业文化和品牌建设归根结底需要为设计企业发展服务，因此必须基于设计行业本身的特殊性，采用建筑设计行业特有的方式来达到提升企业文化和品牌的效果，使文化和品牌建设更为有效。企业文化建设可以与设计工作相切合，起到事半功倍的效果。

如天津华汇工程设计公司就通过多种方式来提升创作设计氛围。很多大院或事务所因为任务非常饱满不太愿意做投标项目，而华汇的建筑师们则经常乐于接受这种挑战，有时他们甚至还参加一些纯学术性的设计竞赛并取得过很好的成绩。为了能更多地接触到

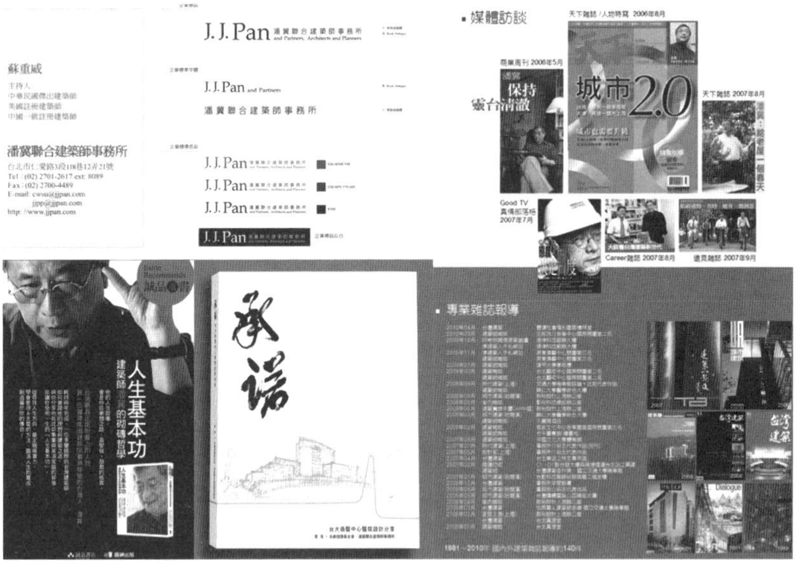

图 6-15　台湾潘冀联合建筑师事务所成熟的媒体宣传经验

学术研究的前沿，总建筑师周恺率领事务所的骨干设计师们从天津跑到北京来听学术报告。几年来，从华汇选择离开继续求学深造的年轻建筑师就有十来人，对此周恺是非常鼓励的，他把建筑师的素质提升看得十分重要，深造后是否还回华汇并不重要。华汇公司内设有模型制作车间，在设计过程中就能提供模型上的比较和推敲，为建筑师作研究和与甲方沟通提供更直观的感受。[①] 这些做法使得在平时工作中就可以营造促进创作的企业氛围和文化。

联创国际在这方面有一些比较具有前瞻性的做法。很早在企业内部建立研究学院，为企业未来发展积蓄可能性。2005 年联创成立非盈利性质的联创国际研究中心，研究领域包括新都市主义，商用和高层等建筑设计发展，推进新都市主义与商用建筑的设计发展、倡导城乡人居环境中的人本需求、务实开发等日益广泛渗透设计领域的理念。联创研究院积极开展合作研究，鼓励国内与国际间的互动和社会文化交流，联系国内及国际的高校及相关研究组织和人员，共同合作。相关人士都可以带着课题，成为研究中心的研究员、咨询员或客座研究者，同时提供机会给在校研究生来联创国际研究中心研究和实习。近年来，已完成了《阅读新都市主义》上、下两册，《都市主义》一册（图 6-16）。

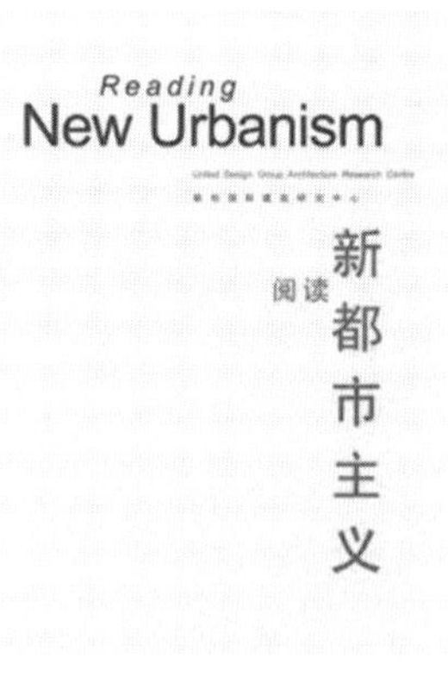

图 6-16　2009 年出版《觉联创 未来的国度》联创作品集

在高校设立奖学金，塑造联创国际在高校中的影响力；联创在人才吸引方面投入大量精力，与东南大学联合设立联创国际奖学金，在东南大学建筑学专业学生中通过作品集和面试选择优秀在校

① 吴刚．中国建筑事务所——在成长中走向市场．时代建筑．2003 年 03 期

图 6–17　联创 – 无界工作室为联创国际注入活力

学生，资助其去欧洲游学，参观当代西方优秀建筑，感受不同国家各异的文化和城市建设，为其在学生时代开阔视野，增强信心。游学过程中，联创结合自身资源安排参观国外建筑事务所，与境外设计师交流等活动。这一活动的持续开展，为联创树立了“回馈社会、重视人才培养”的品牌形象。

在企业内部植入“原汁原味”的境外设计团队，打造国际化的工作环境，形成多元化的文化（图 6–17）。这些做法都是企业管理者在思考设计行业特殊性后，将企业文化和品牌与企业各项制度相结合，起到事半功倍的效果。这些创新性做法，值得借鉴。

四、注重技术积累和质量控制

伴随建筑设计市场的不断成熟，竞争门槛将进一步提升，科技技术水平将成为决定建筑设计机构竞争力的重要组成部分。重视技术层面的积累是国外建筑设计企业的发展战略的重要组成部分，经过多年积累，其技术储备雄厚，在实际工程中与科研单位紧密结合，掌握了一些高新技术，譬如钢结构、超高层设计等专门技术，使得项目在精细化程度、细部处理上也都有保证。日本的发展经验是，有些设计企业称为工程公司里的设计队伍，使得整个科研、技术、施工形成一体化，能随时把最新的科研成果运用到工程上去。不少国内建筑设计机构在与境外设计公司进行项目竞赛时，几轮下来，发现对手往往能在很短时间内拿出大量成熟的研究成果，使国内设计人员感到惊讶无比，而这正是源于其长期的知识管理和知识体系建构工作。

1. 对未来设计市场投入

随着国内建筑设计行业不断成熟和设计水平的不断提升，不少民营建筑设计机构希望能突破自身传统优势，在新的设计领域抢得先机。随着国内外交流增加和国内环保意识的不断增强，绿色节能、BIM 等新的发展方向引起不少民营建筑设计机构的关注。此外，在建筑类型领域，也开始涌现如城市综合体、地铁上盖物业、养老地产等新专项化领域，让不少民营建筑设计机构看到突破自身业务类型的新希望，但由于我国建设行业受政策影响较大，不少机构不敢轻易在新领域进行投入。同时，对于研发和积累的方法和技巧不成熟，也使得一些民营建筑设计机构在一段时间后，往往停滞不前，未能凸显其给工作实践带来优势。

2. 知识固化和体系建构

尽管与西方发达国家在行业管理和政策层面存在差异，但相比前几年，民营建筑设计机构在完成原始积累后，开始重视技术积累和质量控制，同时，规模的扩张也要求其重视知识体系的管理。而这需要民营建筑设计机构在企业发展战略层面上明确其重要性，在企业内部管理层面上落实到具体机制建设之上，在企业文化层面对员工进行引导，对企业管理深化和细化提出更高的要求。近年来，不少传统的国营建筑设计院开始在知识管理和经验固化方面上作了不少工作，积极通过网络等先进数据库工具进行自身知识系统管理，与西方知名设计品牌相接轨。相比之下，民营建筑设计机构本身就存在工程经验和知识积累短板，如何尽快建立自身的知识管理系统和积极投入高新科技研发是决定其发展潜力的重要挑战。

3. 注重管理工具落地性，易操作性

作为建筑设计机构，在进行知识研发与积累时需要与设计实践紧密结合，才能保证所积累经验的实用性与时俱进。同时，在设置日常机制时，也应当注重建筑师的工作习惯和特征，使其更便于操作和使用，才能使研发工作有效和可持续。栖城国际就在设计 ERP 系统时，与软件工程师共同工作，在信息填入和获取等方面作了创新，起到吸引建筑师使用的目的。

第七章　提升当代中国建筑设计行业的职业水准：“市场”与“设计”融合

我国建筑设计市场持续高速发展，正处在转型期，在高速发展期中迅速成长的、已具规模的民营建筑设计机构将面临更大的挑战，规模膨胀本身带来经营的风险，市场的转型更加剧了风险，民营建筑设计机构必须从“市场化”逐步转向“设计化”导向，建筑设计市场将告别暴利时代，走向更为平和的、靠实力的良性发展期。

第一节　当代中国建筑设计行业发展趋势

经历20世纪90年代开始的高速城市化进程，当代中国建筑设计行业开始由粗放式高速发展期转入更为理性的转型期，从注重建筑表现、求快求猛的“渲染图时代”进入关注建筑品质的“建造品质时代”，这一转型将进一步改变中国建筑设计行业的版图。民营建筑设计机构凭借体制优势将逐步克服品牌、人才、技术短板，争取更大的市场份额，发挥更为重要行业角色。而由于经济体制改革深化，投资主体的多元化，现代企业的管理运作方式，业务模式和生产模式的趋同，相互取长补短，让国营和民营设计机构的界限逐步变得模糊，都朝着建构企业核心竞争力、不断追求企业更好更高发展的目标前进。当代中国建筑设计行业将与西方模式接轨，构建更为完善的生态体系，行业协会和行政管理也将更为完善，进一步规范行业，为企业创设更为良好的发展环境。

一、从“渲染图时代”进入“建造品质时代”

回顾我国建筑市场的发展过程，20世纪90年代中后期，建筑设计市场属于买方市场，业主往往为求得一张效果图，直接带钱找上设计师的现象也不足为奇。21世纪初对民营设计机构政策层面的不断放开，催生了一批大大小小良莠不齐的设计机构。但随着设计市场竞争愈发激烈，这样的个人作战方式已经没有了市场，业主更看重其后期一系列服务工作。2008 年金融危机之后，随着许多设计企业都有了一定的品牌积累，使得许多还未完成项目积累的十几人的小公司的处境愈发艰难，其利润空间被严重压缩，没有足够项目支撑，很难维持下去。

建筑设计行业门槛的提高。企业要想跟上市场发展，必须提升自身的设计品质。设计行业已经过了用效果图就能蒙混过关的发展阶段，必须要靠建成作品来说话。随着城镇化进程放缓和发展模式进入新常态，地产商们在告别的住宅暴利时代之后，转投商业地产等领域，这些新物业领域的复杂性会使其利润大幅下滑。建筑设计行业也将告别靠住宅来跑量的阶段，需要在新的建筑类型领域先期投入，抢得一席之地。同时，随着许多知名民营设计品牌的崛起，为后来者设置了很多标准，没有知名度的设计企业面临更大挑战。这些都表明下一阶段的设计行业竞争将更为激烈，需要设计单位付出更多的努力。而应对这些问题的方法只有一个，就是全面提高服务能力，即设计企业的核心竞争力——建筑设计品质。只有脚踏实地认真对待每个项目，踏踏实实在实践过程中不断积累和总结，才能够在这个行业中持续发展。

二、民营设计企业扮演更重要角色

中国过去经济高速发展不仅仅是国有企业改革的功劳，更应归功于中国建立了一个日益市场化的环境，非国有企业在这个环境下得以存活并快速发展，民营企业已经成为推动中国经济增长强劲的动力。民企迅速发展后，国企在工业总产值中的比重从 1978 年改革开放开始时的几乎 100% 降至 1990 年的 54.6%，在 2003 年只有 33.04%。国企生产总值占国内生产总值的比重在 1995 年低于 50%，2000 年则为 33.3%。根据《中国经济年鉴》（2002 年、2003 年国务院发展研究中心）公布的数据，2003 年国有部门、集体部门、私企加个体企业加外企三大部门为中国贡献了 1/3 的国民生产总值，即广义的民营部门占中国国民生产总值的 2/3。[①] 截至 2018 年年底，中国民营企业贡献了 50% 以上的税收，60% 以上的国内生产总值，70% 以上的技术创新成果，80% 以上的城镇劳动就业和 90% 以上的企业数量，民营经济的重要性不可撼动。在国家政策支持下，民

① 徐淑英等主编，中国民营企业的管理和绩效，北京大学出版社 2008，2-5

营经济将迎来更加广阔的舞台。[1]以上数据表明，民营企业在国民经济中发挥着越来越重要的作用。2019 年年底发布的《关于营造更好发展环境 支持民营企业改革发展的意见》，为民企发展释放了更大改革红利和政策空间，各地方政府一系列支持民营企业改革发展的相关政策不断出台，都为我国民营经济发展提供更大、更好的生存环境。

作为国民经济组成部分的建筑设计咨询业伴随国家经济高速增长，从建国初期学习苏联模式的设计院体制，到 20 世纪 80 年代尝试经济承包制，由事业单位逐渐向企业化发展，20 世纪 90 年代初开始尝试私营设计事务所模式开创了民营设计机构的先河，巨大的设计市场催生了大量民营设计机构的诞生。从改革开放桥头堡的深圳特区，到浦东开发的上海，原有民营经济发达的浙江一带，到北方，全国涌现了大量民营设计机构。政策层面，从 1993 年印发《私营设计事务所试点办法》，2000 年颁布《建筑工程事务所管理办法》扩大事务所申请范围，到 2003 年的《关于受理工程勘察、设计企业资质申请等有关问题的通知》资质申请全面放开，民营设计机构进入发展快车道。从 2000 年到 2010 年，我国工程勘察设计行业企业数比 2001 年增加了 25.2%，从业人员增加了 71.6%，2009 年的营业额是 2001 年的 9.5 倍。1998 年国有经济单位占到总数的 84%，2002 年这一数据变为 62.7%，2005 年变为 41.4%，2010 年变为 36.4%，国有企业呈现逐年下降趋势，占企业总数的 1/3，而同期民营设计机构却得以快速发展。在机制灵活的优势下，通过近十几年的发展，在人才、技术经验、管理、品牌等方面都得到了长足进步，涌现了一批知名的民营建筑设计机构，民营优势开始凸现。伴随中国市场经济不断深入，许多原先由一些专业院垄断的领域也将逐渐向民营经济开放，民营设计机构必将在国营、境外、民营三分的市场格局中占据更大的份额，扮演越来越重要的角色（图 7–1）。

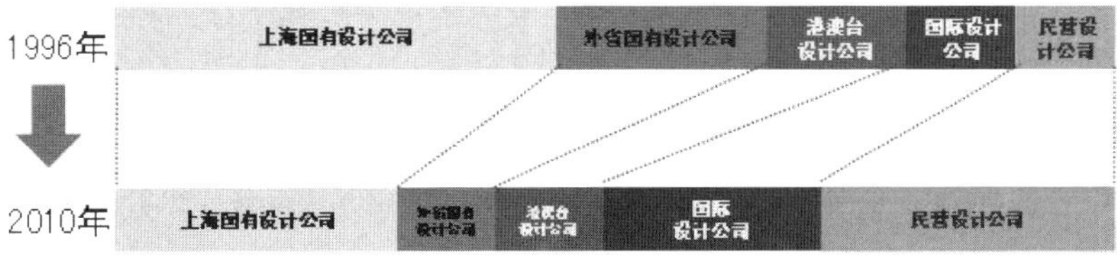

图 7–1　民营建筑设计企业快速崛起

① https：//baijiahao.baidu.com/s?id=1618010541817188092&wfr=spider&for=pc

三、民营建筑设计机构与国有设计院界限模糊

当代中国的建筑设计两大力量——国有建筑设计院和民营建筑设计机构虽然产生的历史环境不同，企业性质不同，但随着时代发展，由于①业务生产模式趋同，②市场化属性，③投资主体多元化，④现代企业管理运行模式等原因，开始出现界限模糊的发展特征。

20 世纪的最后十年建筑设计咨询行业发展围绕两条线展开，一边是国有设计院的建企改制，另一边是民营设计机构的蓬勃发展。在中国加入 WTO 之后，建筑设计领域将全面向境外设计公司开放，政府从 20 世纪 90 年代就开始积极探索促进本土建筑设计水平快速提升的方式，通过促生大批具有竞争力的个人设计事务所来与国有设计院形成竞争关系，从而促进国有设计院向更为市场化的方向发展。从 2001 开始的在全国范围内兴起的 MBO（Management Buy-outs 管理层收购）方式改制过程中，许多原有地方或部门的设计院直接改制为民营设计机构，体制的变革极大解放生产力，企业迸发出巨大生命力。而一些未完全转变为民营设计机构的国有设计院，随着市场经济不断深入，通过资本运作，转变为股份制企业，投资主体呈现多元化特征。而同时，一些较大的民营设计机构在发展到一定阶段，也会通过股份制改革来理清股权关系，呈现投资主体多元化，为其更大发展奠定基础。

中国市场经济不断深化发展，使得不论是国有设计机构还是民营设计机构在发展到一定规模后，都开始向着现代企业发展规律进行发展，同西方经济运行模式接轨。虽然国有和民营设计机构在体制上有着本质的不同，但属于同一建筑设计行业，作为传统行业，长期以来其业务模式并未发生根本性的改变，因此造成民营和国有设计机构的在生产组织模式上的趋同，不管管理矩阵如何搭建，其本质还是建立在单位项目运作单元基础上的生产模式（图 7-2、图 7-3）。

四、国有设计院与民营建筑设计之间相互学习

在感受到民营建筑设计机构迅速成长带来的竞争压力的同时，国有建筑设计机构也在体制不变的情况下，积极在企业内部进行机制创新。同时伴随当代民营建筑设计机构的快速发展，国有设计院也开始积极学习民营设计机构的创新做法，不断调动内部人员积极性，提升自身竞争力。

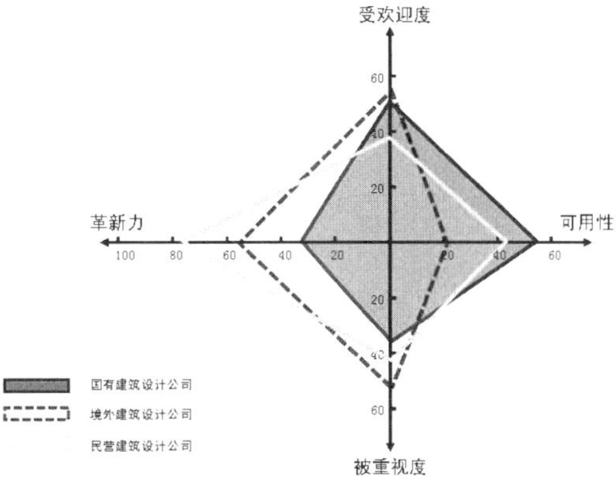

图 7-2　民营与国有优劣势比较

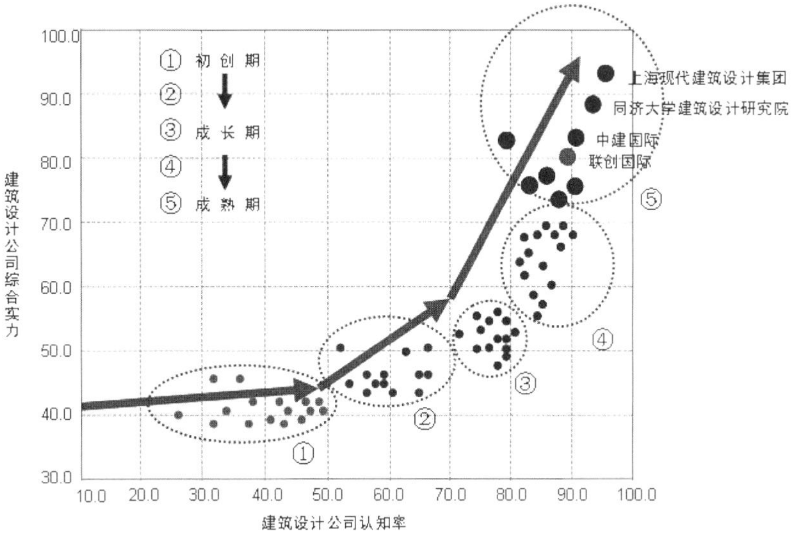

图 7-3　国有和民营建筑设计机构都在现代企业发展方式上运行

1. 国有体制下的机制创新

中国建筑设计研究院是以建设部原建筑设计院、中国建筑技术研究院为母体，吸纳中国市政工程华北设计研究院、建设部城市建设研究院为所属单位，于 2000 年 4 月组建的科技型中央企业。近年来，其也积极推进机制创新，2000 年年初就在企业内部建立了几个工作室作为对原有体制的有效补充，在同一个品牌平台上，形成更多元化的服务。2011 年，中国建筑设计研究院撤消原来多个综合设计所，改组了国家住宅与居住环境工程技术研究中心，新组建了“五院一中心三个工作室”：一个管理中心即建筑设计工程项目管理中心，主要承揽设计项目、协调设计进度（图 7–4）。五个专业设计院分别为建筑专业设计研究院，结构专业设计研究院，机

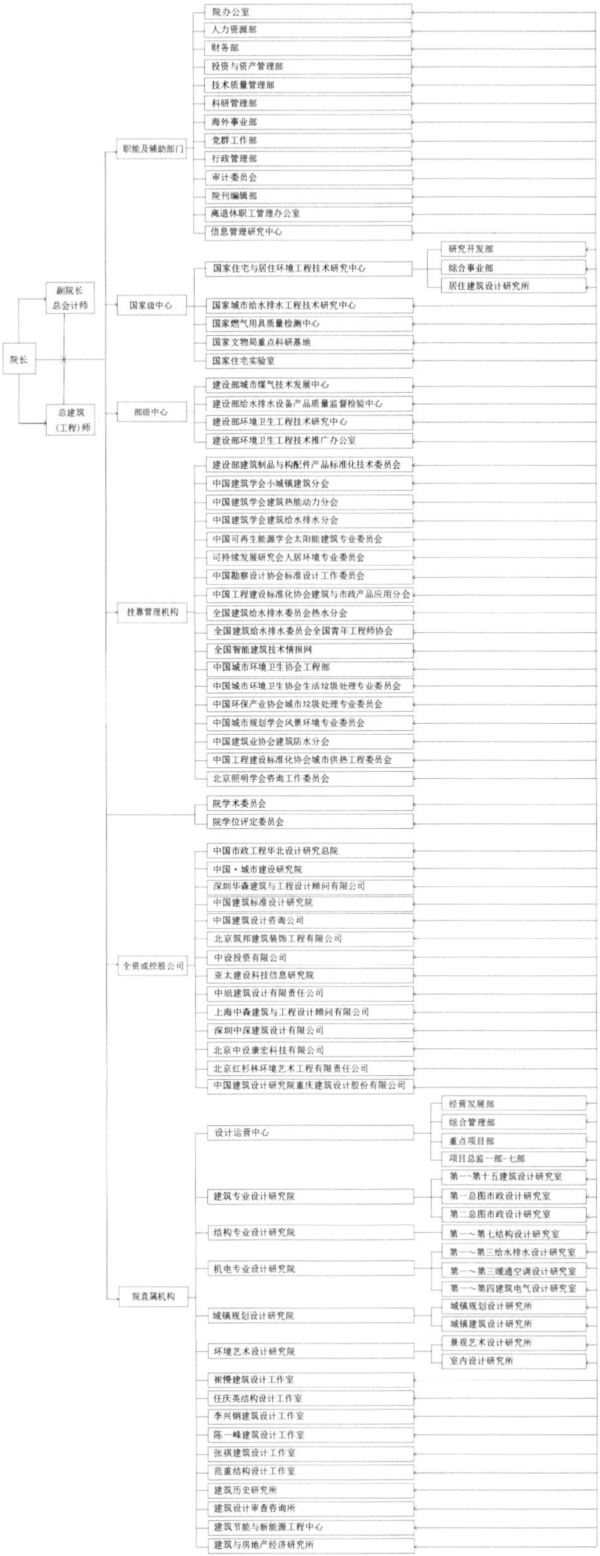

图 7-4　中国建筑研究院通过多种运营模式探索，打造平台，促进效率提高
（2011 年，摘自官网）

电专业设计研究院，城镇规划设计研究院，环境艺术设计研究院，三个名人工作室是崔愷建筑设计工作室、李兴钢建筑设计工作室、陈一峰建筑设计工作室。调整组织结构，改革生产经营模式，实行专业优化重组是为了逐步把设计业务做强做大，提升核心竞争力，其优势非常明显：①有利于专业发展，把具有相同专业的人才调集在一起，"责权利"统一、精干高效、协调，知识与职权结合、适应性与创新性结合；②有利于集中优势、突出特色，在人员调派上极有优势，能够集中创作突击工作，便于沟通意见，解决复杂技术问题，集中技术优势力量确保项目快速完成。这种专业化设置，在人才使用和发展空间上也是一个非常好的平台，对培养人才的专业素养、协调能力、分工与合作紧密结合的适应能力极为有利。强调了建筑产品个性化特点，强调了建筑师个人的艺术创作特点，在不削弱全院整体实力的情况下，更好发挥该院院士、设计大师和著名建筑师的作用，留住人才。[①]这种对优秀人才高度重视，打破传统体制内僵化风险，为年轻建筑师提供更大发展空间。

华建集团华东建筑设计研究总院从2000年开始积极进行组织构架的改革，实现建筑和其他专业分离，学习西方大型建筑设计企业的发展模式，向专项化、高端化方向发展，效果显著，品牌价值提升很快。2002—2006年是华东总院专项化发展的起步阶段，也是摸索阶段，主要针对建筑类型的专项化，2002年院内增设医疗卫生建筑设计部、规划设计所、室内景观设计所等部门，对全院的优势资源进行整合，在原创设计、重大工程设计、项目带动和外地市场开拓方面等不断强化，同时也为其后的发展奠定了坚实的基础。2007年，华东总院发现各生产所的发展达到一个限值，其原因是因为专业能力不集聚，使企业更多依靠规模的发展而不是质量的提升做大。2008年机电专业与土建专业分离，2009年结构和建筑分离，形成3个建筑所和2个结构所，实现建筑、机构、机电各专业集中（图7–5）。

华东总院还积极进行资源的整合，地基所、机电中心、绿色中心、结构中心等先后成立，专项化力量不断加强，提升了市场竞争力。同时，在院内部积极搭建知识管理平台，强调资源的共享，实现专业资源的全面整合。通过近几年不断的实践和努力，华东总院完成了"以项目为中心"到"以客户为中心，以市场为导向"的管理导向转型。民营建筑设计机构在人力资源管理方面的经验也受到

① 成立"五院一中心三个工作室" 中国建筑设计研究院顺利完成专业优化重组．小城镇建设．2003年08期：74–75

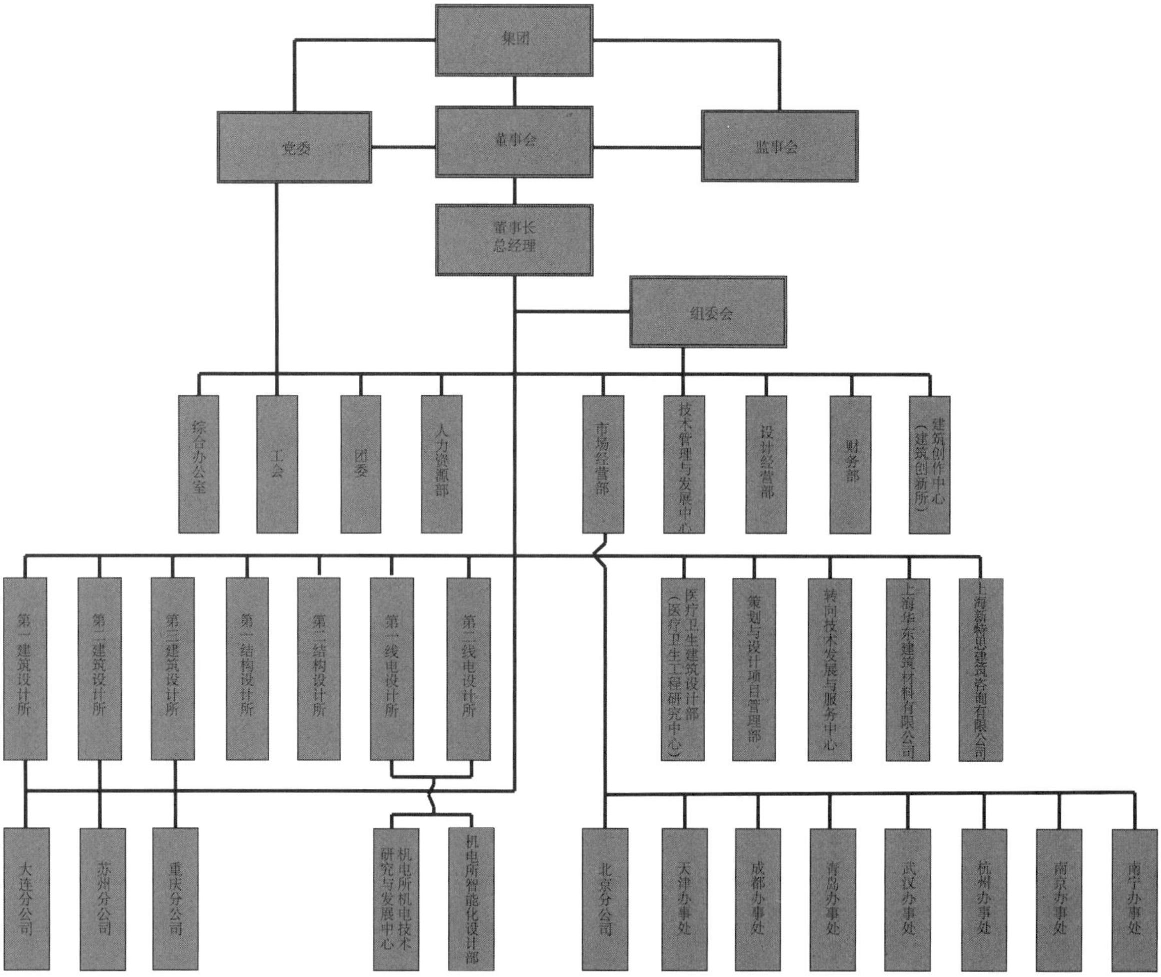

图 7-5　2000 年开始华东设计院开始进行组织架构改革，实行专业所布局和专项化集中（2011 年，摘自官网）

华东总院关注，其也积极借鉴民营设计机构的薪酬体系进行自身的薪酬体系优化，对人才具有更高吸引力。

2. 民营建筑设计机构对“软实力”重视

民营企业在经历十几年的发展青春期后逐步走向成熟，不少管理者都有在国有院工作的经历，开始感受到国有设计院的内部长期积淀下来的企业文化和技术积累对于企业发展来说是宝贵的财富，值得年轻的民营企业所学习。一些民营建筑设计企业开始重视对“软实力”的塑造，积极对内部氛围的营造，重建师傅带徒弟的传统培训模式，有些还设置了类似大院总师办的部门，对技术进行控制和整理。

五、完善设计生态体系逐渐形成

成熟的行业需要建立完善的生态系统，不同规模和类型的企业来应对细分的市场需求。对于建筑设行业来说，大型的设计机构的优势在于提供全方位、全过程的服务，满足大型工程的技术性要求，在建筑美学与工程技术之间寻求平衡。而一批中小型的设计机构，则以创意见长，应对市场上建筑规模相对较小，对建筑造型和品质有更高要求的业主。不同类型的建筑设计机构共存的局面，可以提供多元化的服务，使各种需求得以满足。

1. 西方成熟的设计生态体系

欧美建筑设计市场主要呈现金字塔式，根据美国国家注册建筑师委员会（NCARB）的统计，截至 2004 年年底，美国约有 1 万家建筑设计事务所(公司)。其中约 85% 的建筑设计事务所在 6 人以下，最小的建筑设计事务所只有 1 人，最大的建筑设计公司(HOK 公司)1800 人。[①] 近年来国外建筑界发生了很大变化，青年建筑师的发展道路因此也产生了许多不同于传统的模式。这些年轻人并不是放弃了建筑这个行业，而是在更广泛的领域探索建筑的新方向：他们有的针对城市的复兴问题，有的围绕可持续发展问题，有的展望未来的虚拟建筑……令建筑界再次出现了生机勃勃的局面。

以库哈斯为首的荷兰青年建筑师最为活跃。他们的特点是广泛地与城市规划、建筑历史、产品设计和艺术的群体组合，反对教条地接受现有理论，注重对现状问题的思考，并始终如一地坚持创意在设计中的重要地位。他们的成果不仅表现在建筑作品上，还以文字、展览和论坛等形式，活跃于各种媒体。这批青年建筑师不但没有被经济侵蚀，还掀起了现被称为“第二次现代主义”的热潮，引起了公众对建筑学的再次关注。

2. 国内单一的发展模式

纵观当下中国建筑设计行业，红火的市场使许多企业无暇思考自身的定位和核心竞争力，一味追求规模化和综合性，都朝着成为综合性工程设计咨询企业的模式前进。在扩张规模的同时，不断延伸业务链，力求做大、做全，认定发展模式只有一种。大批企业都在互相进行规模上的竞争，造成行业内人才抢夺战，互相挖人，造成行业内浮躁的气氛。借鉴西方成熟的经验会发现，最终能够成为超大规模的设计咨询企业少则又少，更多的是中小型规模的商业性设计公司。这些商业性公司都有自身擅长的设计类型，具有自身的

① 方东祥．工程勘察设计市场管理：中国工程勘察设计市场准入管理制度改革研究．北京：知识产权出版社．2005

核心竞争力，是某方面的专家，脚踏实地地完成一个又一个高品质的项目。因此，国内设计企业应当将目光放得更为长远，红火的市场形势不会长时间持续下去，等到行业洗牌的那天，是否具备核心竞争力才是真正考验企业的关键。

3. 多元化层级发展模式

多元化意味着不同类型的设计企业拥有自身的核心竞争力，在各自的细分市场共生。多层次的生态体系使得整个行业系统具有不断学习的自我提升能力，处于学术前端的小型设计工作室为金字塔下的大多数商业性机构提供源源不断地思想、创作等层面的源泉，而这些先锋性的设计实践通过商业性公司的应用和实践，最终得以改良社会，惠及大众。

中国城市品质的提升需要大量高品质的建筑物，需要完善和成熟的建筑设计行业。这还需要很漫长的一段过程，需要在各个层面上涌现一批高水平的设计企业。

六、行业协会作用不断提升

对于一个成熟的行业来说，需要有除了政府管理机构之外的行业协会组织的存在，它可以维护整个行业利益，起到服务、引领、标准制定、与管理部门沟通的作用，对于成员单位起到管理的作用。

1. 行业协会发挥重要作用

在西方成熟建筑设计行业，行业协会对建筑设计机构起着重要的规范和保护作用，其中包括英国皇家建筑师协会（RIBA）、美国建筑师协会（AIA）、日本建筑师协会（JIA）等，行业协会通过协助政府制定、执行法律规范，促进良性竞争，在保证提高设计水平的同时，使得建筑设计的生产经营有了坚实的依托。[①] 在德国，建筑师协会在实践中支撑着建筑师工作的开展。联邦及各州都设有建筑师协会。它不是官方组织，却起着各种重要的协调作用。它的宗旨是保障注册建筑师的权益，为会员及时提供各类信息，组织各类学术活动。建筑师申请加入建筑师协会并获得许可，按期缴纳会费便成为会员及注册建筑师，有权开业，并拥有图章权。协会为会员免费提供与业务活动有关的各种法律咨询，以及建筑设计中的风险保险业务。协会还为会员提供优惠的退休养老保险。[②]

2. 我国行业协会功能有限

在我国当前的勘察设计行业管理体系中，目前勘察设计、工

① 李晨光．中外建筑设计机构经营模式及生产体制之比较研究．天津大学．2004

② 蔡永洁．德国建筑事务所的组织及运作方式．时代建筑．2001 年 01 期：16–17

程咨询和施工监理分别由不同的行政部门管理。行业协会也是多种多样，中国勘察设计协会、中国国际工程咨询协会、中国监理工程师协会等负责管理勘察设计、咨询单位。虽然有关部门号召建筑工程勘察设计单位形成"为固定资产投资活动全过程提供技术性、管理性服务的咨询设计服务体系""开展可行性研究、规划选址、招标代理、造价咨询、施工监理、项目管理和工程总承包等业务"，但现行政府管理体制和行业管理体制仍沿袭旧制，各自为政，多头管理、条块分割的局面变化不大，行业管理未能与国际惯例接轨。①

3. 服务功能提升空间大

伴随建筑设计行业深化发展，必将改变当前中国建筑设计行业协会的功能只限于每年组织几次活动，服务内容和对整个行业规范作用十分有限，与西方成熟的行业协会相差甚远的现状。

我国建筑设计行业的成熟要求行业协会作用提升。首先必须提高服务能力，为成员单位及建筑师提供更多的服务，促进行业交流和经验分享，成为建筑师获取咨询的平台；协助政府制定标准，目前国内建筑设计行业出现恶性挖人、低价竞争等破坏市场秩序的现象，行业协会有责任帮助政府管理部门制定相应的设计收费标准、建筑师职业能力和薪酬体系标准等，促进行业规范、良性发展；保护成员单位集体利益，对不良企业进行谴责，要保护行业的集体利益就必须对破坏规则的企业进行某种形式的谴责和处罚，长此以往才能确保行业的诚信，促进行业可持续发展。

第二节　当代中国民营建筑设计企业发展趋势

当代中国民营建筑设计机构凭借体制优势，在过去十几年蓬勃发展过程中，形成了国有、外企、民营三分天下的市场格局，占据了较大市场份额。十几年发展历程使民营建筑设计机构积累了人才和技术，下一个五年计划，中国经济将持续在高位运行，民营建筑设计机构将突破更多设计类型壁垒，形成良好发展势头。但同时，民营建筑设计机构面临管理、项目类型转型、人才培养、知识管理、文化和品牌的挑战。在高速发展过程中，民营建筑设计机构积极学习了西方管理模式，但在下一个阶段面临如何将其真正与中国国情

① 周蓉 . 关于中小型建筑设计企业完善管理制度之探讨 . 中国科技信息 . 2009 年 10 期：220–221

及企业文化相结合的问题。民营建筑设计机构从其诞生开始就具有与西方现代建筑设计企业相似的产权结构，这一本质上优势决定其将肩负成为代表当代中国建筑设计职业水平的历史使命。一批优秀的民营建筑设计机构将与传统国有建筑设计院一同为推进当代中国建筑设计行业的历史进程作出努力。

一、机遇与挑战并存

1. 三分格局将持续

进入 21 世纪，建筑设计市场逐渐形成国有、外企、民营三分天下的市场格局。国有设计企业虽然难以摆脱机制带来的不利影响，但通过近十年的不断体制改革，加上其在人才、技术、品牌等方面仍然具有年轻的民营设计机构所不能比拟的优势。近年来，国内奥运、世博等重大事件所带来的大量项目工程中，国有院承接其中大部分项目，而民营所获无几。境外建筑设计机构在 20 世纪 90 年代初进入中国市场后，凭借丰富工程经验和管理优势，牢牢占据国内高端设计市场，这一优势随着更多国际性工程设计咨询的进入和国内市场需求提升，在相当长的一段时间内还将对国内设计机构造成压力。

2. 迎来更好发展机遇

从国内稳定的经济形势来看，民营设计机构将迎来有利于其进一步健康成长的环境，但同时机遇与挑战并存。其机遇来自：首先，民营体制决定了发展动力和应对市场的决策更为直接，体制优势相较国营更为明显；其次，原先民营设计机构的人才短板经过近十几年的发展有效增强；再次，民营设计机构由于体制灵活也较容易与相关专业设计资源进行对接，从而进入原先与民营设计机构无缘的设计领域，同国有大型设计院同台竞技；随着大量项目的积累，民营设计机构中涌现了一批有一定品牌号召力的公司，有了品牌优势，对人才吸引和业务承接进入良性循环；随着开发商从传统住宅市场逐渐转型进入商业、酒店、超高层等领域，给民营设计机构更多的业务空间，许多民营设计机构正在经历快速积累经验的学习阶段。

3. 面临更多挑战

民营设计机构也面临着不少挑战：管理的挑战，十几年的高速发展带来企业规模快速增长，但管理水平不高导致企业发展存在巨大瓶颈；项目类型转型的挑战，民营设计机构在过去十几年发展得益于中国房地产经济快速增长，其业务类型以住宅为主，业务类型单一造成其项目流程、组织生产模式都与住宅对应，形成巨大惯性，而其他业务类型更强调前期策划以及各专业团队配合，这些都将对民营设计机构带来挑战；人才培养的挑战，在规模扩张的过程中，许多民营设计机构都从其他单位吸收了大量较为成熟的人才，自身并未建立完善的人才培养机制，很难形成企业凝聚力；知识管理的挑战，许多民营设计机构处于粗放式增长过程中，各个设计团队分头作战，疲于项目，没有意识和精力去完成已有经验的积累和整理，没有及时将个人经验转化成组织知识，为企业资源浪费和核心竞争力的建构造成不利因素。企业文化和品牌的挑战，设计机构之间的竞争是设计人才的竞争，而企业文化和其构建的平台是吸引人才的重要因素，因此形成独特的企业文化和品牌是每个企业在向现代设计企业转变过程中的必修课。

二、寻找适合中国设计机构的发展模式

从改革开放到加入 WTO，与西方世界的交流不断扩大加深，中国建筑设计机构开始以自己的方式出现在世界面前，更为自信、开放地向世界展示自己。

1. 学习"由表及里"

20 世纪 50 年代，中国引进苏联综合所得设计院模式，看重其体制模式的高效性，为当时国家大量的建设工作做出巨大贡献。20 世纪 90 年代大型设计院开始建企改制，打破原先事业单位大锅饭的现象，学习西方市场经济体系下的大型工程设计咨询企业运作方式，逐步形成专业所组织机构模式。20 世纪 90 年代回国创业的"海归"，在学习了西方建筑事务所经验后，回国建立了模式相同的建筑设计事务所，由于其设计理念先进，并深谙中西文化，成为当时许多处于萌芽状态的民营设计机构学习的榜样，西方建筑事务所合伙人制的组织形式也给国内建筑师留下深刻印象。20 世纪最后 10 年的中外合作设计频繁，国内红火的建筑设计市场吸引大量国外知名企业的涌入，在 20 世纪 80 年代还只能通过杂志有限了解境外设计机构，到了世纪之交，许多知名国外建筑设计机构已出现在眼前，加上许多本土建筑师进入境外公司工作，更促进了中西交流，不仅仅是建筑设计层面，在公司经营、运作方

式等管理层面的经验也给国内设计机构很大启发，许多设计机构开始思索自身的战略、发展模式以及核心竞争力等问题。21 世纪初国际著名工程咨询企业 AECOM 强势进入中国，一系列的快速收购、扩张让国内设计机构开始关注资本的巨大作用。凭借资本的运作可以快速使设计企业获得人才、技术、客户等重要因素，国内也掀起企业之间收购、并购风潮。民营设计机构的成长伴随国家市场化程度不断加剧，在寻找自身发展经验的过程中，向西方先进设计企业学习成为企业家们在思考自身企业发展模式时的首选。如联创国际就将其目标企业定位为 HOK，希望成为综合性，而且在某些建筑类型领域具有优势的国际性企业。又如绿城东方将其目标定位在 SOM，其高度认同 SOM 的价值观，不仅仅学习其建筑设计层面，更在组织架构、人力资源等角度借鉴了 SOM 的做法，支撑好作品诞生的是整个企业运作的方式。进入 21 世纪国内设计机构将目光投向境外设计公司作品的背后，探究产生如此结果的运作模式。

2. 学习基础上的反思

在进入中国设计市场多年之后，境外设计公司的设计创新能力在国内设计市场已经不再具有压倒性优势，中国民众崇洋的心态也伴随中国经济发展逐渐回归理性。境外设计公司开始认识到在国际化的同时，应当更为本土化，从“跨国企业”转变为“全球企业”，将国际的经验真正用于当地，融入当地文化。同样，本土快速崛起的民营设计机构也认识到，在经历了十几年的对西方成熟经验的运用之后，本土企业必须寻找到一条适合自身社会文化，发挥文化优势的企业发展模式，西方经验虽然经过验证，但国家文化背景不同、时代不同，只有在不断发展过程中，不断保持思考能力，根据自身发展情况，建立适合自身企业的“适当”的发展模式，成熟的经验不一定适用，走得太快也会带来副作用，这将极大考验民营设计机构领导者的智慧。

第三节　孕育代表中国文化的卓越的建筑设计机构

在经历了快速成长之后，民营设计机构中已崛起了一批员工规模在500人以上，甚至过2000人的巨型企业，每个企业成长的轨迹不同，发展的时段不同，但都完成了自身企业的原始积累，有了一定的品牌影响力，建立了较为完善的人才梯队，拥有一批较有影响力的建成项目，初步建立了自身的核心竞争力。伟大的时代孕育伟大的企业，每一个国家在走上时代前沿的时候，其背后一定有一群卓越的企业在支撑。

本土民营设计机构在走过机会型发展阶段、自然生长期、品牌初步建立期后开始向管理型现代企业转变。2005年之前大多数民营设计机构还处于机会型发展阶段，为生计奔波，目标就是抓住一切机会存活下来，2005—2007年伴随市场持续向好，进入快速成长期，这一阶段的特征表现为规模快速扩张和全国性布局，设计倾向于跑量状态。2008年金融危机让许多企业开始思考自身核心竞争力，但随之而来的项目井喷又让整个行业陷入更为疯狂的膨胀期。

经历十几年的高速发展，民营设计企业已积累一定的人才和技术能力，在技术层面为进一步发展奠定基础。原始积累的完成也使民营设计机构的目光可以放得更为长远，统筹考虑，为企业未来发展提供更大空间。同时，物质上的积累也让建筑师可以将更多精力集中于出好的作品上，培养出脚踏实地的工作心态。从社会更大环境来看，国人追求“炫耀性”建筑的猎奇心态逐步回归理性，讲究建筑物的实用和永恒的审美价值。这一切外因和内因为孕育本土卓越建筑设计企业奠定了基础。行业水平的提升需要大时代背景和作为细胞的企业共同努力，崛起一批具有国际建筑设计水准的优秀企业才能真正提升中国建筑设计水平。实现我国建筑设计行业走在国际前端的目标，还需要付出许多努力，21世纪前十年这些响当当的建筑设计企业肩负为实现这一目标贡献自身力量的使命。虽然即使是这批现在走在行业第一集团军的企业仍存在着管理薄弱、精品建成项目少、住宅类型仍占较大比例等不尽如人意之处，外部执业环境仍不尽如人意的状况下，从西方发达国家的经验来看，在经济体快速成长过程中，必将出现一批卓越的企业。

长江后浪推前浪，各领风骚三五年，虽然民营建筑设计机构发展历史不长，也有许多经验和教训，不同时期诞生了几批领军企业。如今，在这一群体中涌现了一批优秀民营建筑设计机构，它们吸取上一波机构的发展经验，拥有更为广阔的胸怀和志向，承载推动我国当代建筑设计行业水平提升的历史使命。

纵观西方成熟建筑设计行业发展历程，好市场可以孕育一大批企业的诞生，但一个坏时代却可以孕育出卓越的企业。我国建筑设计市场持续十几年高速发展，目前正处在转型期，在高速发展期中迅速成长的、已具规模的民营建筑设计机构将面临更大的挑战，规模膨胀本身带来经营的风险，市场的转型更加剧了风险，民营建筑设计机构必须从“市场化”逐步转向“设计化”，建筑设计市场将告别暴利时代，走向更关注发展内涵的良性发展期。

只有在这样一个相对平和的环境和心态下，回归到建筑设计本身，而不是希望通过“跑量”“先做大再做强”的投机心态，建筑企业和建筑师才能真正设计出符合这个时代特征和技术水平的作品。

民营建筑设计机构凭借体制优势和强劲的发展势头，将成为未来建筑设计行业发展的代表。一批优秀的民营建筑设计机构将与传统国营建筑设计院一同为推进当代中国建筑设计行业的历史进程作出努力。

结 语

VUCA时代下向光生长、有机进化

在《世界是平的》一书中托马斯·弗里德曼指出，当今世界改变的速度已与过去不同，每当文明经历一个颠覆性的技术革命后，都给这个世界带来了深刻的变化。过去数年很多遭受失败的高科技公司给我们敲响了警钟：它们现在面对着无法回避甚至无法预测的挑战，但是缺乏适应这些挑战所必需的领导、灵活性和想象力。不是因为它们没有意识到这些问题，也不是因为它们不够精明，而是因为变化的速度超过了它们。不少意见领袖都指出，当前我们已经进入了“VUCA 的世界”。“VUCA”指的是不稳定（volatile）、不确定（uncertain）、复杂（complex）、模糊（ambiguous）。在VUCA 时代里，不管是公司还是个人都需要不断的学习、成长和进步以抵抗多变而模糊的外部发展环境。

一、行业发展放缓，调整期成为新常态

任何企业发展离不开外部经济环境，当代本土民营建筑设计机构蓬勃发展和欣欣向荣得益于中国 40 年改革开放以来稳定的经济环境。任何经济体都面临周期性发展规律，1998 年经济危机、2008 年全球金融危机都是经历短暂停顿后迅速复苏，之后的 2012 年、2015 年建筑设计行业都再次经历增长下滑，其中 2015 年的下行趋势尤为明显，行业在稳定发展的大背景下危机四伏，进入发展新阶段。从 20 世纪 90 年代到 21 世纪前十年，民营建筑设计机构发展基本处于“发展黄金期”，企业体量也随之不断“膨胀”，涌现一批 “巨型”“大型”规模的设计机构。规模的急剧扩张必然带来内部管理和制度建设的滞后，导致设计品质下降，阻碍了品牌的可持续发展。在内外挑战夹击情况下，告别发展黄金期的民营建筑设计机构经营者开始纷纷选择进入调整期，更多致力于建设内部管理制度建设和对人才的培养，放缓了发展速度，行业内的超级民

营建筑设计机构不约而同地集体进入了“软扩张”时期，为下一轮竞争中抢得先机储备能量。

2011 年 CCDI 员工超过 2000 人，三益中国员工接近 800 人，天华设计员工超过 1400 人，联创国际员工超过 800 人，绿城设计员工接近 600 人……2011 年年底的国内建筑设计行业出现了令许多境外设计公司不敢相信的超大规模设计企业。2012 年起中国 GDP 增速破七，经济增长放缓，高歌猛进的城镇化建设开始进入转型期，加上中国房地产市场持续调控，大拆大建式城市建设转变，外部市场环境的低迷让持续高速发展的民营建筑设计机构发展猛踩了刹车。相较国有设计院和境外事务所，面临更大的困境，一是其强大住宅业务惯性，二是高速发展所带来企业内部管理问题，三是对市场乐观情绪导致不少企业在前一发展阶段大胆投入，现金流面临巨大压力。无疑在各种规模的民营企业中，受冲击最大的是缺乏设计核心竞争力，随波逐流的中型企业。2012—2015 年，民营建筑设计机构经历了前所未有的调整期，行业格局发生巨大变化。2016 年后，建筑设计市场逐步回暖，但经历过这一调整过程，不少巨型航母级企业已不再盲目乐观，有些甚至规模、人员大大萎缩。前一阶段中迅猛增长，谋求业务转型，试图跳出自身建筑设计业务跨界发展的企业也不再那么雄心勃勃。虽然外部市场环境有所好转，但经济新常态下，面对新技术、新发展模式的快速更迭，以往认为凭借好设计创意就能成功，企业规模没有边界的时代一去不回了。

近年来，行业的外部市场环境发生深刻变化，城乡建设进入新常态，中国房地产市场持续调控，楼、堂、馆、所兴建的严格限制，国家为实现稳增长投资的领域基本是铁路、公路等基础设施项目，与建筑设计领域吻合度有限，对建筑设计企业扩张影响甚少，加上工程勘察设计收费价格标准的放开，也进一步增加了建筑设计企业市场竞争度。同时，也可以清晰看到，这一阶段设计业务发生巨大变化，随着国家对特大城市、超大城市永久性开发边界的划定，城市空间发展的硬约束逐步形成，北京、上海、深圳等一线城市将面临规划建设用地总规模的“零增长”。“后城市化时代”，发展模式从“大拆大建”的造城转向规划建设管理统筹发展，增量存量并重，更关注精细化管理和现代化治理，老龄化、环境保护和生态建设成为重点。“后工业化时代”与数字化时代带来互联网思维，智慧城市、大数据、云计算等信息技术的广泛应用推动了在智慧政务、智慧城管、智慧交通、智慧医疗、智慧养老、智慧环保等领域的应用。“后全球化时代”全球治理体系变革对世界市场竞争带来全新挑战，新的全球格局要求我们对外进一步开发、国内市场深度一体化，将资本、技术、人力资源进一步市场化，重塑市场竞争格局。

随着经济发展进入调整期，行业监管及国企体制机制改革大幕已经徐徐拉开，相关政策频频下发：2019 年 3 月《国务院办公厅关于全面开展工程建设项目审批制度改革的实施意见》，同月，发改委、住建部联合印发《关于推进全过程工程咨询服务发展的指导意见》，进一步推行工程总承包模式，积极推广及试点全过程工程咨询和建筑师负责制，行业监管逻辑、生产模式将发生更大变化。

这样的发展背景下，行业还未从原有业务惯性中转变过来，传统业务产能出现过剩，同质化竞争问题突出，虽然近几年行业整体保持平稳发展态势，但未来可持续发展存在巨大挑战。根据《工程勘察设计行业年度发展研究报告（2018）》数据显示，2018 年我国工程勘察设计企业共实现营业收入 5.19 万亿元，同比增长 19.6%，继 2015 年触底回升后继续保持高速增长态势，总体呈回暖平稳趋势。其中工程设计收入 4609.2 亿元，同比增长 14.9%，但利润率呈现下降趋势，2018 年利润率和净利率分别为 4.7% 和 3.9%，较 2011 年分别下降了 3.2% 和 2.5%，行业竞争程度上升，且行业整体向 EPC、PPP 业务拓展，从而拉低了整体利润率。这些数据也表明，工程设计行业从过去的普遍式增长进入明显分化期，两级分化趋势愈加明显。

外部市场环境、行业管理导向以及近年行业发展数据都对当代民营建筑设计机构提出全新的挑战，犹如第二次创业，如何在复杂市场环境中保持敏锐洞察力，谋求自身核心竞争力，调动自身资源，形成差异化竞争，创新业务模式积极应对成为能否可持续发展的关键。

二、坎坷的上市之路

2007 年 5 月 AECOM 的上市并通过资本力量展开一系列收购，其收购了易道、城脉等优质设计团队，最大程度快速进入市场，统一形成 AECOM 品牌，打造完整产业链，进行全球布局，实现利益快速增长。这一系列举措让国内设计机构首次感受到了资本的力量。

国内专业设计服务行业也开始了上市之路。2007 年国内轻工业设计龙头企业中国海诚上市，成为国内专业设计服务业第一股。2012 年苏交科上市。2015 年华东建筑集团股份有限公司在上交所成功上市。2017 年 7 月深圳市建筑科学研究院股份有限公司在深交所创业板上市交易。

同期，锐意进取的民营建筑设计企业也在谋求上市道路。

中衡设计集团股份有限公司（原苏州工业园区设计院）2003 年 4 月 9 日成功改制为由员工持股的有限责任公司；2011 年 9 月 28 日完成股份制改造；2014 年 12 月 31 日公司于上交所成功上市。

启迪设计集团股份有限公司（原苏州市建筑设计研究院）2012 年公司更名为苏州设计研究院股份有限公司，2016 年 2 月在深交所上市。

山鼎设计股份有限公司源于 1999 年成立于新加坡的山鼎设计工作室 2008 年，分别成立了北京山鼎和西安山鼎两家子公司。2015 年 12 月 23 日登陆深交所创业板。

汉嘉设计集团于 2018 年 5 月完成上市，登陆资本市场。

自 2012 年苏交科登陆资本市场起，每年都有设计院陆续登陆资本市场。截止 2016 年中，有超过 10 家（不含工程公司和科研院所）传统设计院登陆主板和创业板，有超过 50 家（不含工程管理公司）登陆全国中小企业股份转让系统（新三板）。基本形成第一梯队（市值 100 亿元以上），以苏交科为代表。第二梯队（市值 50 亿元至 100 亿元），以勘设股份、设计总院、华建集团等为代表。第三梯队（市值 50 亿元以下），以城建设计、山鼎设计等为代表。

设计院上市的原因主要包括几方面：投资、融资能力是设计院在业务竞争中的进一步补充；投资、融资能力是快速补全业务短板、充实能力储备的有力手段；有利于完善公司治理结构，走可持续平衡发展的路线；设计院上市后，会丰富员工激励手段。

就总体而言，相较国营设计机构规范的管理、人才、雄厚发展基础和未来可期的发展前景，民营设计机构的上市之路更多坎坷，甚至是无果。

筑博设计股份有限公司成立于 1996 年，2012 年正式改制为股份制公司。先后于 2014 年 6 月，2016 年 3 月，筑博二次提出申请，披露招股说明书。同年 6 月，IPO 申请被否。证监会公布主要原因包括合同中止但收入被确认、营收下降而利润上升、承包挂靠纠纷等。2019 年 3 月，公司再度冲击 A 股，披露 IPO，2019 年 11 月 8 日，公司最终在创业板上市。

汉嘉设计的IPO闯关之路，可谓一波三折。2012年，汉嘉设计发起IPO冲刺，作为当时“建筑设计”领域第一家申报上市的公司，受到了当时各方的高度关注。2012年3月，汉嘉设计首次上会，被暂缓表决，一个月后，二度上会，被发审委否决，发审委给出的否决理由为汉嘉设计在招股说明书中披露的成本核算方法，与实际操作的方法不同。2015年6月，汉嘉设计再度冲刺IPO，过程中更换保荐机构导致此次IPO申报与最终上会间隔两年半之久。

2017年12月上海悉地工程设计顾问股份有限公司IPO首发未通过。悉地设计2015—2017年近三年来营业收入和净利润已经出现连年下滑趋势。对此悉地设计仅称“受市场需求景气波动的影响”，此外，高离职率、补充流动资金比例过高等都成为此次IPO拦路虎。

从这些案例也可以看出，设计行业的发展逻辑、评判标准与资本市场的逻辑、标准存在着相当的差异。在上市审核不断趋严的背景下，民营设计机构在外部资源整合、市场开拓、企业管理、人员瓶颈等方面的存在的问题也导致其上市之路更为坎坷。

三、坚持创新，凸显体制优势，谋求新出路

积极发挥设计原创能力强的特点，鼓励优秀设计师早日成名成家，企业品牌和个人品牌优势叠加。民营建筑设计机构创始人往往拥有出色建筑方案设计能力，其迅速崛起成为行业第三股力量也得益于此，其也是从诞生就最接近设计行业原始雏形的组织模式，因此原创设计能力是其不可比拟的优势。未来行业发展必将走向两个极端，一种是大而全“全产业链”设计服务集成商，而另一种则是更倾向于“设计化”的专业建筑设计企业。其个性化、艺术化，充满想象力的设计是其核心竞争力。无论时代如何变化，建筑艺术性特征弥足珍贵，这也是西方存在大量建筑专业事务所原因所在。民营建筑设计机构应不断平衡“设计”与“市场”两个因素，随着工程经验不断积累，在更成熟职业水平上驾驭这两个相辅相成因素，向西方设计同行对标。

积极发挥“船小好调头”的体制优势。民营企业体量小，决策快，纵观其发展历程，不少卓越企业的领军人物都拥有超凡智慧和胸怀，有胆识，善于捕捉机会，对市场发展具有超高预见性和明锐度。面对未来发展不确定性和多变性，民营建筑设计机构

更积极布局，针对市场变化做出应对之策，在产品类型、服务模式上积极创新，营造创新文化风味，在不断打破和重构过程中提升敏捷适应性。

积极创新，转变产品类型、生产服务模式，谋求新出路。20世纪90年代诞生的民营建筑设计机构与生俱来充满创新精神，风靡一时的“南方住宅风格”“飘窗”“绿城风格”都是其在设计手法上的不断创新的代表，三益首推的商业地产策划运营业务模式，水石国际的创意产业园策划设计运营一站式服务，联创国际更开始涉猎互联网零售领域，打造“尖叫设计”品牌，都是其应对市场变化积极探索。新发展阶段带来新机遇，反映新时代要求，承载新内容，重视新传承，满足新需求，涌现大量城市更新业务要求从项目策划、设计、建造到运营、管理全过程，其中蕴含许多市场空白点。民营建筑设计机构具有良好服务意识，无疑在这一领域具有先天优势。

生态发展、空间环境、绿色城市、海绵城市、智慧城市等一批具有前瞻技术领域成为未来发展驱动力，成为某一细分领域先行者无疑也能民营建筑设计机构制胜法宝。

四、抓牢时代机遇，顺势而为

改革进入深水区，迎来国企改革加速的时代机遇。“十三五”期间，国家全面推进企业改革，相关政策制度频发，2018年发布的《国企改革“双百行动”工作方案》在更深层次、更广范围、更大力度推动国有企业深化改革，聚焦混合所有制、职业经理人、股权激励、岗位分红激励等方面机制改革。“十三五”收官之年也是国有企业“双百综合改革”完成年和新一轮“国企改革三年行动方案”起始年，将诞生一批新的设计集团、工程建设全产业链集团。混合所有制改革成为改革重点，优势重组，资源共享，打造全产业链，提升企业能级是改革核心，这对于行业格局重构意义重大。21世纪初AECOM一系列漂亮收购本土设计企业的动作让国内同行兴奋不已，而这一阶段国企改革也将为不少优秀民营建筑设计机构谋求更大发展提供可能。前有悉地国际加入中建，后有国内7家工程设计企业登录资本市场，兼并重组让传统设计行业见识资本力量。而加入更大平台无异于登上巨人肩膀，可以获取更多资金、业务、团队支持也无疑成为不少民营建筑设计机构在遭遇发展瓶颈后的一种理想选择，当然也会面临体制、管理、文化上的挑战。

五、期待代表“中国设计”卓越企业出现

改革开放40年过程中，中华大地面貌一新，民营经济是极其重要的发展力量。2019年年末中共中央、国务院正式印发《关于营造更好发展环境 支持民营企业改革发展的意见》，充分肯定了我国民营经济的重要地位和作用，提出有力举措，为民营企业未来发展指明方向。其中提道：进一步放开民营企业市场准入；实施公平统一的市场监管制度；鼓励民营企业转型升级优化重组，支持民营企业做优做强，培育更多具有全球竞争力的世界一流企业，支持民营企业参与国有企业改革；完善民营企业参与国家重大战略实施机制，在重大规划、重大项目、重大工程、重大活动中积极吸引民营企业参与。对于本土民营建筑设计机构而言，也将迎来全新历史发展机遇，共建“一带一路”、京津冀协同发展、长江经济带发展、长江三角洲区域一体化发展、粤港澳大湾区建设、黄河流域生态保护和高质量发展、推进海南全面深化改革开放等重大国家战略，积极参与乡村振兴战略。无论是超大型城市区域发展还是重塑文脉乡村振兴建设都需要更多优秀规划师、建筑师集体智慧，会创造出更多服务空白点，提供给当代优秀民营建筑设计机构施展能力的舞台。

适应变化者生存，变革创新者长青，持续进化者长盛。愿中国本土民营建筑设计机构不忘创业初心，永葆企业活力，向光生长，有机进化，在新发展阶段再创辉煌，诞生能够代表“中国设计”力量卓越企业。

战略谋划、协同执行，保持企业整体活力，向光生长、有机进化，努力做时代的企业。

附 录

中国勘察建筑设计行业大事记
（1979—2011）

1979 年

6 月，国家计委等发布《关于勘察设计单位实行企业化取费试点的通知》，全国 18 家勘察设计单位成为全国首批企业化管理改革试点单位。

1980 年

8 月，深圳特区成立，深圳、海南、厦门出现建设高潮。

中外开始交流（如香山饭店、上海商城等），酒店类建筑大量需求。

1981 年

在深圳和广州实施商品房开发试点，取得空前成功。

1985 年

1 月，第一家中外合作经营的建筑设计单位“大地”建筑事务所在北京成立。

12 月，建设部发布《推进城乡勘察设计改革实施要点》。

1987 年

11 月，建设部、财政部联合印发《工程勘察设计人员兼职的有关规定》。

1990 年

4 月，国家作出了“以上海浦东开发开放为龙头，进一步开放长江沿岸城市，尽快把上海建成国际经济、金融、贸易中心，带动长江三角洲和整个长江流域地区经济新飞跃”的决策。

1992 年

邓小平南方谈话，我国出现第一次房地产热，大批房地产开发经营公司纷纷设立，其中国有房地产企业占了大多数，民营房地产企业则初露头角。深圳民营建筑设计机构相继出现。

1 月，东北一些勘察设计单位自发地与当地行业主管部门协调，开始承包经营，将勘察设计业由 1984 年起实行的“技术经济责任制”变为“技术经济承包责任制”。

1993 年

建设部印发《私营设计事务所试点办法》的通知，鼓励知名建筑师独立开业。

海南房地产市场出现失控情况，年底开展宏观调控。

1994 年

浦东改革开放，境外设计企业涌入。

9 月，国务院发布《关于工程勘察设计单位改建为企业的批复》，明确要求实行事业单位企业化管理的工程勘察设计单位逐步改建为企业，逐步向现代企业制度过渡，建立以适应社会主义市场经济体制的中国特色的勘察设计新机制。

建筑事务所试点开始，全国批准 16 家先行试点。

1995 年

海南经济不景气，建筑和房地产市场整体萎缩，经济热点转移到上海浦东。

苏州新工业园区建设，苏州园区院成立。

5 月，建设部发布《关于确定 30 个大型勘察设计单位作为现代企业制度试点单位的通知》，确定了首批 30 个大型勘察设计单位作为勘察设计行业建立现代企业制度的试点单位。

1996 年

国家政策不支持，市场开发度不够，大院、分院、省市院、部委为主流，港资、台资挂靠多。有混合体制事务所（天华、大境）出现，无品牌。

1997 年

东南亚金融危机爆发。

11 月，全国 16 家私营建筑设计事务所在深圳成立了私营建筑设计协会。

1998 年

7 月，《国务院关于进一步深化城镇住房制度改革加快住房建设的通知》国务院发布，全国全面实行住房分配货币化。

1999 年

12 月，国务院办公厅转发了建设部等六部委《关于工程勘察设计单位体制改革的若干意见》，大力推动国有设计单位改企建制，要求各国营设计院快速完成建起改制过程，从事业单位转变为现代企业。

2000 年

国有设计院实施企业化改革，国外建筑设计事务所进入中国市场，国内第二批建筑设计事务所获批成立。

10 月，中共十五届五中全会通过的《中共中央关于制定国民经济和社会发展第十个五年计划的建议》，把实施西部大开发、促进地区协调发展作为一项战略任务。

12 月，建设部正式颁布《建筑工程事务所管理办法》《建筑工程专业设计事务所资质标准》。

2001 年

11 月中国加入 WTO 组织，承诺 5 年后国内市场对国外建筑事务所全面解禁。

北京申办第 29 届奥运会成功。

2002 年

国有企业改制年，不少地区勘察设计单位的体制从事业单位改为企业并建立完善现代企业制度。

华东建筑设计研究院、中国建筑设计研究院、西北建筑设计研究院、大连市建筑设计研究院等一批设计院欢度 50 周年庆。

奥运会项目之一奥林匹克公园设计方案，由美国 Sasaki Associates.Inc 与天津华汇工程建筑设计有限公司联合设计的方案获得一等奖。

11 月，建设部公布第二批提出申请的建筑工程设计事务所的审查结果，46 家建筑工程设计事务所获得批准，至此，我国由建设部批准的建筑工程设计事务所达到 70 家。

12 月，《外商投资建设工程设计企业管理规定》签发，外商投资的建设工程设计企业自 12 月 1 日起开始享受“国民待遇”。

12 月，上海获得 2010 年世博会举办权。

12 月，中央电视台宣布总部大楼由库哈斯中标，与华东建筑设计研究院合作设计。

2003 年

民营房地产企业开始占据主导地位。国务院发布“18 号文件”，首次公开肯定了房地产在国民经济发展中的支柱性地位。

CEPA 框架下香港和内地建筑师资格实现互认。

11 月，建设部颁发了《关于受理工程勘察、设计企业资质申请等有关问题的通知》，对新设立企业申请不受指标限制，意味着建筑专业设计事务所市场全面放开。

2004 年

CEPA 框架下完成首批内地与香港建筑师、结构工程师互认。

中国勘察设计协会发出《诚信宣言》。

上海世博会规划方案揭晓。

6 月，施行《外国企业在中国境内从事建设工程设计活动的管理暂行规定》，提出只要选择一家够资质的中国企业合作就可从事工程设计。

7 月，“中国勘察设计协会民营分会”在济南宣布成立，首批共 60 余家会员单位。

2005 年

国内房地产迎来第一轮调控。

民营建筑设计机构中涌现一批有核心竞争力的企业，开始走在行业前端。

张永和出任美国麻省理工学院建筑系主任。

2006 年

1 月，建设部出台《工程设计资质标准》，将资质分为工程设计综合资质、行业资质、专业资质和专项资质四个序列。

WTO 保护过渡期最后一年，对境外设计企业实现解禁。《外商投资建设工程设计企业管理规定》正式实施，内外设计企业接受统一的市场、资质管理。

地产调控“7090 政策“《关于调整住房供应结构稳定住房价格的意见》出台。

浙江勘察设计行业首评诚信企业，在全国勘察设计行业内迈出诚信建设第一步。

2007 年

1 月，《关于加强大型公共建筑工程建设管理的若干意见》提出当前大型公共建筑工程建设中存在的问题。

3 月，出台新的《工程设计资质标准》，设立了跨行业跨部门的工程设计综合资质。

《外商投资建设工程设计企业管理规定实施细则》出台，降低资质申请难度。

设计行业拉开外资并购序幕，AECOM 先后收购中国市政工程西北设计研究院部分股权，成为境外大公司并购大型国企的先例。12 月再次收购深圳城脉，成为首个外资独资甲级建筑设计公司。

五合国际集团收购华特设计院。

沈阳化工研究院并入中国中化集团公司，中国纺织工业设计院并入中国石油天然气集团。

2008 年

加拿大宝佳国际集团并购了中国建华设计院。

632 米的上海中心开工。

金融危机爆发，政府计划在两年内投资 4 万亿元，保增长，拉内需。11 月，建设部提出 3 年投资 9 千亿元，增加 200 多万套廉租住房、400 多万套经济适用住房等，每年保障性住房建设预计拉动投资近 6 千亿元，提供 200 多万个就业机会。

2009 年

启动天津于家堡金融区建设。

6 月，启动《工程设计资质标准》，设计行业市场准入门槛提高。

11 月，住房和城乡建设部勘察设计行业发展战略专家委员会成立。

2010 年

1 月，出台“国十一条”，地产进入调控期。

4 月，出台上半年调控力度最大的“新国十条”。78 家央企被要求十五日内退出房地产行业。

上海世博会盛大开幕，发布《上海宣言》。

广州亚运会召开。

上海发布规范商品住房预售行为通知。

上海公布经济适用房准入供应标准。

第二届中国建筑传媒奖颁布，杰出成就奖授予汉宝德，青年建筑师奖授予博筱。

2010 阿卡汉奖颁布，中国建筑师李晓东入选。

中国建筑学会 2010 年学术年会暨新中国成立 60 周年建筑创作大奖举行。

美国四大建筑事务所之一的 HKS 在上海设立办事处，成为其亚洲中心。

日本市场占有率最大建材厂商通世泰株式会社在中国开展业务。

7 月，华东院设计的虹桥枢纽全面建成并投入使用，规模宏大，功能复杂，日旅客吞吐量 110 万人次，成为集“轨、路、空”三位一体的超大型、世界级交通枢纽中心，引发行业关注。

10 月，五部委出台“新国五条”，业内称为二次调控。

12 月，日本建材和住宅设备机器领域最大的企业骊住集团成立骊住（中国）投资有限公司，进军中国市场。

2011 年

深圳大运会召开。

“十二五”期间上海将筹建 40 万套经适房。

南宁发布《南宁市人民政府关于促进超高层建设的意见》。

深圳大运中心落成。

中国当代建筑展在意大利开幕。

MVRDV 赢得中国动画博物馆项目。

美国 GP 赢得广州琶州新区总体规划竞赛。

参考文献

[1] 中国建筑业年鉴编委会 . 中国建筑业年鉴 [M]. 北京：中国建筑业年鉴社，2001.

[2] 中国建设年鉴编委会 . 中国建设年鉴 [M]. 北京：中国城市出版社，2002.

[3] 国家统计局固定资产投资统计司 . 建筑业统计年鉴 [M] . 北京：中国统计出版社 . 1997.

[4] 金维兴 . 21 世纪中国建筑业管理理论与实践 [M] . 北京：中国建筑工业出版社，2006

[5] 薛求理 . 全球化冲击 – 海外建筑设计在中国 [M]. 上海：同济大学出版社 . 2006.

[6] 薛求理 . 建造革命：1980 年以来的中国建筑 [M]. 北京：清华大学出版社 . 2009.

[7] 徐洁 . 建筑中国——当代中国建筑设计机构及其作品（2009–2011）[M]. 上海：同济大学出版社，2012.

[8] 姜涌 . 建筑师职能体系与建造实践 [M]. 北京：清华大学出版社，2005.

[9] 建设部勘察设计司 . 建设工程勘察设计咨询文件汇编 1992—1999[M]. 北京：中国计划出版社，1999.

[10] 朱小林 . 中国大型建筑集团战略规划研究 [M]. 北京：中国经济出版社，2010.

[11] 汪世宏，陈勇强 . 国际工程咨询设计与总承包企业管理 [M]. 北京：中国建筑工业出版社，2010.

[12] 上海市勘察设计行业协会 . 上海优秀住宅设计系列丛书 [M]. 北京：中国建筑工业出版社，2004.

[13] 中国勘察设计协会建筑设计分会 . 中国优秀建筑设计作品档案 [M]. 北京：机械工业出版社，2004.

[14] 建设部勘察设计司 . 中国建筑设计精品集锦 [M]. 北京：中国建筑工业出版社，1999.

[15] 李武英 . 英眼看设计行业 [M]. 武汉：华中科技大学出版社，2010.

[16] 修璐，沈荣芳，刘长滨 . 勘察设计行业调整与发展 [M]. 北京：机械工业出版社，2003.

[17] 罗剑宏 . 核心能力共享：民营企业扩张首选模式 [M]. 长沙：湖南人民出版社，2006.

[18] 建设部工程质量安全监督与行业发展司 . 中国建筑业发展研究报告 [M]. 北京：中国建筑工业出版社，2006.

[19] 金磊 . 1978—2008 中国建筑设计三十年 [M]. 天津：天津大学出版社，2009.

[20] 方东祥 . 工程勘察设计市场管理：中国工程勘察设计市场准入管理制度改革研究 [M]. 北京：知识产权出版社，2005.

[21] [法] 埃米尔・涂尔干 . 社会分工论 [M 渠东，译 . 北京：生活・读书・新知三联书店，2005.

[22] 金磊 . 中国优秀建筑设计作品档案：2001 年度建设部部级建筑工程设计优秀作品选 [M]. 北京：机械工业出版社，2003.

[23] 赖德霖 . 重构建筑学与国家的关系：中国建筑现代转型问题再思 [J]. 建筑师，2008（4）：37–40.

[24] 易冰源 . 建筑设计公司的国际比较研究 [J]. 建筑经济，2002（7）：25.

[25] 姜涌 . 设计事务所的两种模式 [J]. 世界建筑，2004（11）：96–99.

[26] 伍江 . 旧上海外籍建筑师 [J]. 时代建筑，2001（1）：6.

[27] 王健．大院工作室：路在哪里 [J]. 建筑设计管理，2010（11）：13–26.

[28] [美] 克里斯・亚伯．建筑与个性——对文化和技术变化的回应 [M]. 张磊，司玲，侯正华，等，译．北京：中国建筑工业出版社，2010.

[29] 焦卉．当代中国建筑师事务所创新设计的实证性研究——公共建筑设计组织[D]. 合肥: 合肥工业大学，2009.

[30] 徐洁，支文军．建筑中国 1：当代中国建筑师事务所 40 强 2000—2005[M]. 沈阳：辽宁科技出版社，2005.

[31] 易冰源．市场开放与大型民用设计企业的战略选择 [J]. 中国勘察设计，2002（8）：35.

[32] 马自强．建筑设计事务所——大势所趋 [J]. 时代建筑，2001（1）：10–11.

[33] 孙田．中国私营建筑设计事务所相关资料汇编 [J]. 时代建筑，2001（1）：30–31.

[34] 李武英．设计事务所发展空间很大 [J]. 建筑时报，2003–3–17（5）.

[35] 郭伟．品牌价值管理：中国品牌的困境与出路 [M]. 北京：中国人民大学出版社，2010.

[36] 吕国昭．中国建筑师执业制度的发展与趋势 [M]. 北京：中国建筑工业出版社，2011.

[37] 徐洁，支文军．建筑中国 2：当代中国建筑设计机构 48 强及其作品 [M]. 沈阳：辽宁科技出版社，2008.

[38] 周蓉．关于中小型建筑设计企业完善管理制度之探讨 [J]. 中国科技信息，2009（10）：220–221.

[39] 张钦楠．对中国当今建筑设计体制的认识 [J]. 时代建筑，2001（1）：28–29.

[40] 吴志强，崔泓冰．境外规划设计事务所近年在中国大陆发展的记录与思考 [J]. 时代建筑，003（3）：29–34.

[41] 陈瑛．上海中外合作设计杂谈 [J]. 时代建筑，2005（1）：19–21.

[42] 李冰．1978 年以来外来建筑师在北京建筑的相关研究 [J]. 时代建筑，2005（1）：14–18.

[43] 吴刚．中国建筑事务所：在成长中走向市场 [J]. 时代建筑，2003 年 03 期：36–39.

[44] 李武英，支文军．当代中国建筑设计事务所评析 [J]. 时代建筑，2001（3）：25–28.

[45] 易冰源．国内大中型建筑设计院之发展分析 [J]. 中国勘察设计，2004（1）：7–11.

[46] 赖德霖．重构建筑学与国家的关系：中国建筑现代转型问题再思 [J]. 建筑师，2008（4）：37–40.

[47] 深圳市建设局．冲破旧体制 开辟新天地——深圳市试办建筑师事务所的体会 [J]. 建筑设计管理，1995（2）：45–48.

[48] 杂志编辑部．墨臣设计．城市环境设计 [J]. 2006（6）：62–107.

[49] 徐永利．对职业理想的全程控制——海波建筑设计事务所的经营方式 [J]. 时代建筑，2003（3）：52.

[50] 刘士兴．执业的心态——有感于加拿大 C. P. C. 建筑设计顾问公司的经营 [J]. 时代建筑，2003（3）：76–81.

[51] 李汉林 渠敬东．制度规范行为——关于单位的研究与思考 [J]. 社会学研究，2002（5）：1–22.

[52] 中新网．中国建筑师效率是美国同行 2500 倍？ [OL].（2005–09–01）http：//www. chinanews. com/news/2005/2005–09–01/8/619299. shtml

[53] 李竞 张微 宋歌．骑哈雷，看天下：专访绿城建筑设计有限公司合伙人张微 [J]. 时代建筑，2011（4）：154–157.

[54] 范铁．英国建筑师事务所对新人培养的启示 [J]. 时代建筑，2001（1）：22–23.

[55] 蔡永洁 . 德国建筑事务所的组织及运作方式 [J]. 时代建筑，2001（1）：16–17.
[56] 邓刚，杨纯红 . 水滴石穿，一心成就全程设计 水石国际理事长邓刚访谈 [J]. 城市环境设计，2012（10）：236–237.
[57] 井建申 . 中外建筑设计体制比较研究 [J]. 建筑经济，2003（4）：56–57.
[58] 赵小钧 . 打造为客户提供优质服务的现代设计企业 [J]. 新空间，2007（11）：11–12.
[59] 唐海培 . 罗谦 . 浅析中外建筑事务所的管理与体制 [J]. 中国建设教育，2008（7）：45–46.
[60] 董艺 ，聂欣 . 摒弃标榜自身的粗糙纪念碑——上海天华建筑设计有限公司建筑师聂欣专访 [J]. 时代建筑，2011（1）：162–165.
[61] 姜涌 . 日本建筑设计界的变革与启示 [J]. 新空间，2007（11）：25–26.
[62] 向上 . 浅谈东西方建筑事务所之差异 [J]. 建筑创作，2007（1）：124–131.
[63] 唐海培，罗谦 . 浅析中外建筑事务所的管理与体制 [J]. 商场现代化，2008（23）：45–46.
[64] 王兴田 . 日本建筑事务所的构成形式 [J]. 时代建筑，2001（1）：52.
[65] 张钦楠 . 对中国当今建筑设计体制的认识 [J]. 时代建筑，2001 年（1）：32.
[66] 季征宇 . 建筑设计企业的知识管理 [J]. 设计管理，2006（2）：26.
[67] 徐淑英等 . 中国民营企业的管理和绩效 [M]，北京大学出版社 . 2008.
[68] 王蓓华 . 浅谈与海外建筑师合作设计——以金华市金东区交通局办公楼工程为例 [J]. 城市建筑，2006（4）：39–42.
[69] 舒东平 . 798 故事篇之“川三工作室”[J]. 北京规划建设，2004（5）：174–176.
[70] 大元联合建筑事务所 . 大元联合建筑事务所 [J]. 城市建筑，2004（3）：58–72.
[71] 中国建筑设计研究院无界工作室 . 中国建筑设计研究院无界工作室 [J]. 城市建筑，2005（3）：56–66.
[72] 金云清 . 浅谈建筑设计行业人力资源开发如何适应入世问题 [J]. 建筑设计管理，2002（1）：25–26.
[73] 冯致清 . 旧时北京的建筑事务所 [J]. 建筑工人，2000（5）：29.
[74] 张钦楠 . 小大由之——对我国建筑设计体制改革的一些浅见 [J]. 建筑创作，2001（3）：47–49.
[75] 冲破旧体制 开辟新天地——深圳市试办建筑师事务所的体会 [J]. 建筑设计管理，1995（2）：45–48.
[76] 范晶晶，袁旻煜 . 藏龙卧虎——当代建筑设计事务所（工作室）经验论坛 [J]. 时代建筑 . 2003（3）：44–45
[77] 李涵，任丽杭 . 浅议美国建筑事务所经营管理模式 [J]. 世界建筑，2006（3）：135–137.
[78] 唐海培，罗谦 . 浅析中外建筑事务所的管理与体制 [J]. 商场现代化，2008（23）：45–46.
[79] 李武英 . 设计事务所，大胆地往前走 [J]. 时代建筑，2003（3）：26–28.
[80] 马自强 . 建筑设计事务所——大势所趋 [J]. 时代建筑，2001（1）：10–11.
[81] 龚维敏 . 美国 SOM 事务所工作纪实 [J]. 世界建筑导报，1995（3）：8–10.
[82] 编辑部 . 空间的力量——大舍建筑 柳亦春和陈屹峰 [J]. 中国建筑装饰装修，2010（2）：30–31.
[83] 何莹 . 不再是边缘——访大舍工作室 [J]. 中外建筑，2007（3）：1–5.
[84] 何莹，宁中意 . 侯梁：中国建筑师对世界的回应 [J]. 中外建筑，2007（5）：1–8.
[85] 刘维仁 . 当代中国“建筑师”角色扫描 [J]. 职业时空，2007（11）：55.
[86] 梁炜强 . 建筑师在建设项目中的设计责任问题探讨 [J]. 南方建筑，2001（1）：75–77.

[87] 傅国华 . 北美的建筑师制度 [J]. 时代建筑，2001（1）：20–21.

[88] 范铁 . 英国建筑师事务所对新人培养的启示 [J]. 时代建筑，2001（1）：22–23.

[89] 龚小兰，龚红艳 . 21 世纪的住宅设计和小区建设 [J]. 中国房地信息，2001（11）：2.

[90] 赵冠谦 . 迈向新世纪的住宅——试点小区住宅设计的成就与展望 [J]. 城市开发，1997（5）：3.

[91] 邱长贵 . 浅议住宅设计的商品化 [J]. 科技信息（科学教研），2007（30）：69.

[92] 肖逸生 . 农村住宅设计与农民心理 [J]. 住宅科技，1993（6）：31+34.

[93] 王力 . 建设部副部长谭庆琏谈住宅设计五大要求 产品更新换代 创建一流住宅 [J]. 中国房地信息，1995（4）：1.

[94] 姚胜 . 住宅设计中的经济性分析 [J]. 当代建设，2001（5）：21.

[95] 袁永华 . 城市住宅设计的商品化初探 [J]. 中国勘察设计，2003（12）：35–37.

[96] 张元端 . 品牌视野下的中小套型住宅设计 [J]. 城市开发，2007（4）：53–54.

[97] 郑杰珂 . 商品房销售与住宅设计 [J]. 合作经济与科技，2009（15）：35.

[98] 毛冰，蒋纹 . 拓展·发展·持续发展——介绍美国著名设计事务所拓展业务实例和经验 [J]. 中外建筑，1999（4）：89–91.

[99] 曾坚，劳智权，陈涛，等 . 走向二十一世纪的室内设计工作室 [J]. 室内设计与装修，1996（1）：30–35.

[100] 黄律己 . 传宝方显不平凡——记江苏省“十佳文明职工”、金陵石化首席技师平传宝 [J]. 中国石化，2010（8）：78–79.

[101] 史巍 . 上海现象——对建筑设计公司的调研 [J]. 时代建筑，003（3）：20–23.

[102] 刘涤宇 . 设计介入运作——建筑创作的一个机遇 [J]. 时代建筑，2003（3）：42–43.

[103] 郑少鹏 . 基于转型期价值观转变的中国建筑创作研究 [J]. 南方建筑，2009（5）：51–52.

[104] 戴路 . 中国当代青年建筑师的群体特征 [J]. 天津大学学报（社会科学版），2003（2）：166–169.

[105] 何锦超 . 大型建筑设计企业生产组织管理模式的探讨 [J]. 中外建筑，2004（3）：117–118.

[106] 沈波立 . 改制后建筑设计企业发展的几点思考 [J]. 建筑设计管理，2006（3）：14–15.

[107] 李云 . 国内建筑设计单位战略发展模式选择研究 [J]. 建筑设计管理，2009（7）：3–4.

[108] 洪茹燕，吴晓波 . 建筑设计企业智力资本与企业竞争优势实证分析 [J]. 重庆大学学报（自然科学版），2005（11）：4.

[109] 张勇 . 建筑设计专业化与企业改革——探讨华森模式 [J]. 建筑设计管理，2003（5）：20–22.

[110] 中国建筑设计研究院办公室 . 成立“五院一中心三个工作室”中国建筑设计研究院顺利完成专业优化重组 [J]. 小城镇建设，2003（8）：74–75.

[111] 周蓉 . 关于中小型建筑设计企业完善管理制度之探讨 [J]. 中国科技信息，2009（10）：220–221.

[112] 王智芳 . DANNY DESIGN 建筑设计管理研究 [D]. 上海：华东理工大学，2011.

[113] 强伟 . 苏州市 MY 建筑设计院发展战略分析及对策研究 [D]. 江苏：苏州大学，2010.

[114] 李良亭 . 当代中国建筑师事务所创新设计的实证性研究 [D]. 安徽：合肥工业大学，2009.

[115] 王妍 . 中国建筑事务所运作模式及发展对策研究 [D]. 天津：天津大学，2009.

[116] 林佳 . 中国建筑设计企业设计竞争力的研究 [D]. 天津：天津大学，2007.

[117] 杨文军 . 项目管理在建筑设计院应用的研究 [D]. 天津：天津大学，2007.

[118] 吕伟生 . 加入 WTO 后，我国勘察设计行业面临的挑战机遇及调整对策研究 [D]. 四川：重庆大学，

2001.

[119] 罗祥蓉 . 当代中国建筑师竞争力剖析 [D]. 天津：天津大学 ，2007.

[120] 李晨光 . 中外建筑设计机构经营模式及生产体制之比较研究 [D]. 天津：天津大学，2004.

[121] 谢天 . 当代中国建筑师的职业角色与自我认同危机——基于文化研究事业的批判性分析 [D]. 上海：同济大学，2008.

[122] 余同元 . 中国传统工匠现代转型问题研究 [D]. 上海：复旦大学，2005.

[123] 李彬 . 日本建筑师专家责任研究 [D]. 湖南：湖南大学，2006.

[124] 刘桦 . 基于建设项目的组织群体生态理论与应用研究 [D]. 西安：西安建筑科技大学，2007.

[125] 张雪芹 . 基于市场主导的建筑业产业结构调整研究 [D]. 四川：重庆大学，2007.

[126] 李蕾 . 建设项目知识管理的理论研究与实证分析 [D]. 湖北：武汉理工大学，2007.

[127] 陈建军 . 建筑创作过程对设计作品的影响研究 [D]. 西安：西安建筑科技大学，2003.

[128] 陈列伟 . 面向建筑企业竞争力提升的竞争模式与竞争战略研究 [D]. 天津：天津大学，2006.

[129] 吕文学 . 我国大型建筑企业竞争力及其提升途径研究 [D]. 天津：天津大学，2004.

[130] 蔡志章 . 知识为核心之企业战略研究 [D]. 湖南：中南大学 . 2006.

[131] 张伟 . 建筑设计活动中的建筑师与业主互动及组织化机制研究 [D]. 北京：清华大学，2005.

[132] 牟中辉 . 中国第三代建筑师的建筑作品及创作思想的研究 [D]. 天津：天津大学，1999.

[133] 焦卉 . 当代中国建筑师事务所创新设计的实证性研究——居住建筑设计组织 [D]. 安徽: 合肥工业大学，2009.

[134] 聂华波 . 中国建筑设计事务所体制研究 [D]. 湖北：华中科技大学，2004.

[135] 程凯 . 某大型建筑设计企业营销策略研究 [D]. 湖北：华中科技大学，2006.

[136] 李云慧 . 江西建筑设计企业市场竞争战略研究 [D]. 江西：南昌大学，2010.

[137] 蒋燕 . 勘察设计企业人力资源管理研究与实证分析 [D]. 浙江：浙江大学，2005.

[138] COLIN ST. JOHN W. Architectural Reflections：Studies in the Philosophy and Practice of Architecture[M]. Boston：Butterworth Architecture，1992.

[139] MARTIN S，JOANNA E，ANDREW D. S. Architects and Their Practices：A Changing profession[M]. Boston：Butterworth Architecture，1995.

[140] JOHN E. H，PAUL R. N. The Executive Architect：Transforming Designers Into leaders[M]. New York：J. Wiley，1996.

[141] CHARLES E. N. TQM and ISO9000 for Architects and Designers[M]. New York：McGraw-Hill，1996.

[142] WILLIAM S. S，PETER G. R. Reflection on Architectural Pratices in the Nineties[M]. New Jersey：Princeton Architectural Press，1996.

[143] KENNETH A. Getting There by Design：An Architect's Guide to Design and Project Management[M]. New Jersey：Princeton Architectural Press，1997.

[144] PHILIP J. 100 Contemporary Architects：100 Zeitgenössische Architekten. 100 Contemporary Architects[M]. Colomiers：Taschen，2008.

[145] FREDERICK ALERT G. One Hundred Years of Architecture in America，1857-1957：Celebrating the Centennial of the American Institute of Architects[M]. New York：Reinhold Pub. Corp.，1957.

[146] Urban Redevelopment Authority （Singapore）. 20 Under 45：the Next Generation：a Selection of Works by Under–45 Singapore–Registered Architects[M]. Singapore ：Urban Redevelopment Authority，2010.

[147] HOWARD C. A Biographical Dictionary of British Architects，1600—1840[M]. New Haven ：Yale University Press，2008.

[148] ROBERT A. M. S. A decade of Art & Architecture，1992—2002：A Survey of Recent work by 100 Architects，Artists & Artisans Celebrating the Institute of Classical Architecture' s ten Year Anniversary[M]. New York：Institute of Classical Architecture，2002.

[149] LOWELL G. An Architect's Guide to Financial Management[M]. New York：Washington （DC）：American Institute of Architects Press，1997.

[150] JACK R. L. Architect's and Engineer's Office Practice Guide[M]. Upper Saddle River ：Prentice–Hall，1978.

[151] AVA J. A. Architect's Essentials of Contract Negotiation[M]. Hoboken ：John Wiley & Sons，2002.

[152] MICHAEL D. D. Architect' s Essentials of Cost Management[M]. Hoboken：John Wiley，2002.

[153] DAVID K. Architect's Essentials of Marketing[M]. Hoboken：John Wiley & Sons，2005.

[154] PETER P. Architect's Essentials of Ownership Transition[M]. Hoboken：John Wiley & Sons，2002.

[155] DAVID G. Architect's Essentials of Presentation Skills[M]. Hoboken：John Wiley & Sons，2002.

[156] PETER P，RADFORD P. Architect's Essentials of Starting A Design Firm[M]. Hoboken：John Wiley & Sons，2003.

[157] FRANK S. Architect's Essentials of Winning Proposals[M]. Hoboken：John Wiley & Sons，2003.

[158] M. PAUL N. Architect's Guide to Fee Bidding[M]. London：Spon Press，2003.

[159] ANTHONY S. Architect's Legal Handbook：The Law for Architects[M]. London：Elsevier Science，2009.

[160] JAMES R. F. Architect's Professional Practice Manual[M]. New York：McGraw Hill，2000.

[161] TERRY L. P. Architect's Studio Handbook[M]. New York：McGraw Hill，2002.

[162] KESTER R，ROBERT B，KIERAN L. Architects Today[M]. London：Laurence King，2004.

[163] COLIN B，LANCE W. Best of Architects Working Details[M]. Architectural Press，1982.

[164] HOK. Hok：A Global Design Portfolio[M]，London：Images Pub. ，2009.

[165] SANDRA M，WILLIAM O，MARY ANN L. The HOK Guidebook to Sustainable Design[M]. Hoboken：John Wiley & Sons，2006.

[166] NICHOLAS A，SKIDMOR E. OWINGS & MERRILL. SOM Since 1936[M]. New York：Electa Architecture，2007.

[167] ANTHONY I. Gensler：the Architecture of Entertainment[M]. Rome ：l'Arca Edizioni，1996.

[168] JAMES M，SCOTT W. A. A Practical Guide to Enterprise Architecture[M]. State of New Jersey：Prentice Hall Professional Technical Reference，2004.

[169] GLENN C and MICHAEL H. The Demography of Corporations and Industries[M]. Princeton ：Princeton University Press，2000.